마을에서 세상을 바꾸는 사람들

희망제작소 프로젝트
우 리 시 대 희 망 찾 기
08

마을에서 세상을 바꾸는 사람들
생태적 대안운동을 찾아서

| 구도완 지음 |

창비

우리시대
희망찾기
발간사

'현장의 목소리'에서 희망을 찾다

　민간 싱크탱크 희망제작소의 '우리시대 희망찾기' 연구 프로젝트는 민주화 이후 한국사회 현실을 심층적으로 진단하고, 이를 바탕으로 새로운 사회개혁의 전망을 모색하는 시도이다. 이 프로젝트가 같은 문제를 고민하는 다른 노력들과 구별되는 점이 있다면, 일상세계로 들어가 '현장의 목소리'를 듣고, 그 목소리가 들려주는 '아래로부터의' 경험과 지혜를 체계화하여, 우리사회의 문제와 애로가 형성된 역사적·문화적·제도적 조건을 해명하고, 그러한 구체적이고 풍부한 이해 속에서 희망의 단서를 찾고자 한다는 것이다. '현장의 목소리'에서 출발해 사회 현실을 그려보고자 하는 '우리시대 희망찾기'의 문제의식은 이 연구 프로젝트의 연구방법론이자 사회 현실을 이해하는 태도이기도 하다.

　이 연구 프로젝트를 기획한 것은 우리 두 사람이지만, 이 기획을 현실화시킨 것은 우리의 문제의식에 공감해 재능과 열정을 모아준 연구자들이다. 2006년 1월 희망제작소 내에 꾸려진 연구위원회는 집중 토론을 통해 모두 열네가지 주제 영역을 설정하였고, 이후 주제별로 관련 '현장'에서의 활동 및 연구경험이 있는 전문가들로 연구팀을 구성했다. 각 연구팀은 독자적인 방식으로 연구를 수행하면서, 필요할 때는 연구팀 사이의 공통의 문제의식을 확인하고 토론했다. 연구의 전과정에서 연구자들은 섣부른 주장보다는 현장 속에 유형무형으로 녹아 있는 다양한 목소리를 그려내고, 어렴풋하게나마 형성되고 있는 새로운 실천의 지향과 가능성을 드러내고자 노력했다.

주제별 연구자들과 연구과정 소개는 순차적으로 발간될 책에서 하기로 하고, 전체 프로젝트 진행에 참여한 분들을 간단히 소개한다. '우리시대 희망찾기' 첫권의 저자이기도 한 유시주 희망제작소 객원연구위원은 작가 특유의 지적 감수성과 깨어있는 시민적 사회의식을 바탕으로, '우리시대 희망찾기' 씨리즈의 주요 편집인을 맡아 연구내용을 감수했을 뿐 아니라 프로젝트 전과정을 실질적으로 이끌었다. 연구방법론 전공자인 이희영은 연구기획과 더불어 연구의 모든 주제가 '현장의 목소리'에 기초하여 재구성되도록 전체 연구내용을 감수하고 자문했다. 강현선 연구원은 섭외, 조직, 예산집행을 포함한 연구진행 실무를 책임졌다. 또 삼성은 '우리시대 희망찾기'의 연구가 실현될 수 있도록 연구기금의 지원을 아끼지 않았고, 창비는 경제적 효과를 기대하기 힘든 연구보고서의 출판을 기꺼이 맡아주었다.

생활세계의 구체성과 풍부함에 주목하고자 한 우리의 문제의식이 기존 연구방법에 대한 아쉬움에서 말미암은 게 사실이지만, 그렇다고 이 연구가 지금까지의 다양한 이론적·경험적 연구결과들과 무관한 것은 아니다. 오히려 기존의 다양한 연구성과들은 현장의 목소리를 재구성하기 위한 분석과 해석 과정에서 중요한 자원이 되었음을 밝힌다.

'우리시대 희망찾기'의 연구결과에 대한 평가는 독자들의 몫이다. 우리는 독자들과의 다면적인 소통을 통해 연구결과가 평가되고 재해석되는 과정이야말로 이 연구의 마무리라고 생각한다. 독자들의 날카로운 질책과 비판을 기대한다. 마지막으로, 낯선 연구자들에게 마음을 열고 '나의 이야기'를 들려준 구술자들이야말로 이 프로젝트의 기본 동력이었음을 밝히며, 귀한 시간을 내어 경험과 지혜를 나누어주신 분들께 진심으로 감사드린다.

2009년 5월
박원순(희망제작소 상임이사)
이희영(대구대학교 교수·사회학)

차례

| 발간사 | '현장의 목소리'에서 희망을 찾다　004
일러두기　008

책머리에 – 이야기로 들여본 새로운 세상의 꿈　009

제1부 새로운 삶을 사는 사람들　021
1장 마을에서 사는 사람들　023
2장 협동하는 대안경제　049
3장 농촌에서 희망을 찾는 사람들　109
4장 학교를 넘어, 대안학교를 넘어　147
5장 차별 없는 세상　167

제2부 불안한 사회에서 새로운 세상 만들기　195
6장 욕망과 불안을 넘어선 행복　197
7장 사람, 소통, 그리고 신뢰　217
8장 무엇이 문제인가, 누구의 책임인가　231
9장 국가와 시민사회를 넘어서　261
10장 새로운 세상의 꿈　285
11장 새로운 인간, 새로운 정치　309

맺음말 – 마을을 넘어서　331

주　350
부록1 구술자와 일터 소개　358
부록2 구술자에게 던진 주요 질문　375
참고문헌　377

일러두기

1. 구술자와 일터에 관한 자세한 소개는 본문 뒤 〔부록 1〕에 밝혔다.
2. 구술자 인용은 연구팀에서 작성한 녹취록을 바탕으로 했고, 해당 녹취록의 면수를 각 인용문 뒤에 밝혔다.
3. 구술자 인용은 녹취록을 그대로 따르는 것을 원칙으로 했으나, 가독성을 지나치게 해치는 부분은 빼거나 가다듬었다. 인용문 중 중략은 (…)로 표시했으며, 저자의 설명은 괄호에 넣었다.

책머리에

이야기로 들어본 새로운 세상의 꿈

대안사회

살다보면 마음이 편안하고 행복해 보이는 사람들을 더러 만난다. 좋은 기운을 풍기는 이런 사람들을 만나면 덩달아 기분이 좋아진다. 다들 바빠서, 돈이 없어서, 살기 힘들어서 찌푸리고 살아가는 요즘 세상에 이런 사람들은 한여름 수박같이 시원하다. 이들이 행복해하는 비결은 무엇일까? 이들은 무슨 일을 하기에 신나고 즐겁게 살아갈까? 좀더 많은 사람들이 행복하고 편안하게 사는 사회를 만드는 길은 없을까? 어떻게 해야 그런 세상을 만들 수 있을까?

우리 연구는 이러한 평범한 질문에서 시작되었다. 사람들이 어떤 일로 고통 받는지, 그 원인과 해결책은 무엇인지, 그리고 우리가 만들어가야 할 세상은 어떤 모습일지 알고 싶었다. 즉 지금 세상과는 다른 대안사회의 비전과 그것을 이루는 방법을 탐구하는 것이 우리 연구의 주제이다.

우리는 문제해결의 실마리를 대안사회를 만들기 위해 현장에서 일하는 사람들의 삶 속에서 발견할 수 있을 거라고 보았다. 현실을 변화시키는 힘은 바로 현실 속에서 싹트기 때문이다. 우리는 현장에서 살아가는 사람들의 체험 속에서 변화의 힘을 발견하고 이를 바탕으로 미래를 기획해보기로 했다.

지금까지 많은 이들이 대안발전, 대안사회 등을 연구하고 토론해왔다. 그러나 연구자들 대부분이 이론의 눈으로 들여다보았을 뿐 사람들의 체험에서 우러나온 '이야기'를 사회학적으로 해석하고 이번 연구는 사람들의 체험을 육성으로 듣고 그것을 바탕으로 대안사회 혹은 새로운 세상의 꿈과 현실을 그려보는 것이 특징이다. 우리는 그냥 말을 듣고 기록하는 데 머물지 않고 그 말의 의미를 해석했다. 해석을 통해 사회적 의미가 형성되는 과정을 밝히고, 이를 통해 지금 여기서 살아가는 사람들의 희망을 그려볼 수 있을 것이다.

연구 범위와 구술자: 대안사회를 만드는 사람들

우리의 연구 주제는 '대안사회를 만드는 사람들'이지만, 대안의 시공간적 범위가 너무나 넓어, 관심 영역을 어느 한 곳에 집중하기로 했다. 우리는 '생태적 한계를 인식하고 사회적으로 호혜·협동의 관계를 발전시키면서 경제적으로 지속가능한 대안을 모색하는 사람들'을 만나보기로 했다. 이런 관점에서 공동체, 마을, 협동조합,

사회적기업,[1] 대안교육 등에 관련된 일을 하는 사람들을 만나기로 했다. 이와 함께 비정규직노동자, 이주노동자, 여성 등 소수자운동에 참여하는 사람들을 만남으로써 대안사회를 좀더 폭넓게 탐구하고자 했다. 이들의 공통점이라면 모두 지역, 마을, 공동체에서 삶의 변화를 중시한다는 점이다. 이렇게 하여 우리는 스물네명의 구술자들을 만났다.

대안사회라는 큰 주제로 시작한 연구였지만, 장애인·성소수자·남북·평화·청소년 문제 같은 다른 중요한 문제들은 다루지 못했다. 또한 대안사회운동의 중요한 부분인 시민사회운동과 노동운동 분야는 '우리시대 희망찾기'의 다른 연구자들의 과제로 남겨놓았다. 결국 우리의 이야기는 수많은 대안 가운데 일부이다.

또한 우리가 만난 사람들이 하는 일 중에는 그리 새롭지 않아 굳이 대안이라고 하기 힘든 경우도 있다. 대안이라기보다는 일상적인 실험 같은 사례도 있고, 심지어 어떤 일은 지배적인 사회구조를 보완해주는 운동으로 보일 수도 있다. 성공 사례도 있고 실패 사례도 있지만, 보는 관점에 따라 성공이 실패의 시작이고 실패가 성공의 밑거름인 경우도 있다. 우리는 성공과 실패를 둘러싼 구술자들의 여러 체험을 이해함으로써 세상을 바꾸는 힘을 키울 수 있으리라 생각한다.

우리가 만난 사람들이 하는 일들은 물론 나름의 한계가 있으나 매우 중요하고 절실하다. 왜냐하면 이들의 실험은 민주화운동, 민중운동, 시민운동 등 기존 사회운동과 다른 새로운 특성을 보여줄 뿐 아니라 이론과 실천 면에서 기존 사회운동을 넘어서는 힘을 갖고 있기 때문이다. 이들은 '생태적 바탕 위에서 개인의 자유와 공동체의 우애가 함께 실현되는 세상'을 만들고자 한다. 여기서 '생태'는 단순히 자연이나 환경을 의미하기보다 인간과 자연, 인간과 인간이 서로 연결되어 있으며, 자연의 한계 안에서 인간과 인간, 인간과 자연이 공존 공생해야 한다는 원리를 가리킨다.

우리가 만난 사람들은 구체적으로 어떤 이들인가? 처음에 우리는 대안기업·농업·금융·행정·교육·의료·문화·공동체·소수자 운동 같은 주제로 접근할 계획을 세웠다. 그러나 구술자료를 분석해보니 각 구술자들의 삶의 중심은 우리가 기대한 것과 다른 경우가 많았다. 예를 들면 대안금융이나 의료 이야기를 듣고자 했는데 협동조합이 중심인 경우도 있었다. 그래서 우리는 구술자들의 삶의 키워드를 분석한 후, 그들의 이야기를 아래와 같이 묶었다.[2]

〈표 1〉 구술자들의 활동분야, 활동지역, 단체

활동분야		활동 지역 또는 단체
마을공동체[3]		서울 성미산마을, 부산 반송 희망세상, 부산 물만골공동체, 경남 산청 안솔기마을
대안 경제	협동조합	서울 한살림, 서울 신나는조합[4], 원주 협동조합협의회, 원주 밝음신협, 인천 평화의료생협
	사회적기업	아낙과사람들, 노리단, 페어트레이드코리아 노동자 지주회사(키친아트), 기업(애자일 컨썰팅)
농촌(농사)공동체		전북 부안 시민발전소, 경기 시흥 연두농장, 경기 안산 텃밭공동체, 전북 남원 한생명, 전북 진안군 마을만들기팀
대안교육		도서출판 민들레, 경남 산청 간디학교[5]
소수자운동		서울 여성의전화, 서울 이주노동자쎈터, 이랜드 일반노조

먼저 마을공동체를 만드는 사람들에게는 마을과 이웃이 삶의 중심이다. 이들은 마을에 살면서 세계를 바꾸어나가는 실험을 하고 있다.

다음으로 대안경제를 실험하는 사람들은 다른 말로 사회적 경제[6]의 주체들이다. 생산, 소비, 금융, 문화, 무역, 노동, 문화, 지식 써비스 등 여러 분야에서 이윤보다 개인의 자유, 사회적 호혜와 협동, 그리고 생태적 가치를 우선하는 사람들이 그들이다. 사익만을 추구하는 게 아니라 자유롭게 협동하며 생태적으로 살아가면서도, 경제적 자립을 이루고, 원하는 일을 하면서 인생을 즐기고 있다.

우리는 도시가 아니라 농사와 농촌에서 희망을 확신하는 사람들도 만났다. 이들은 재생할 수 없는 자원을 낭비하는 도시와 공업은 생태적으로 지속불가능할 뿐 아니라 도덕적으로도 올바르지 않다고 말한다. 왜냐하면 생태위기가 임박했을 뿐 아니라 도시의 생활방식은 자연과 미래 세대의 몫을 빼앗는 일이기 때문이다. 이들의 대안은 농경 혹은 농촌이 중심이 되는 사회이다.

다음으로 우리는 대안교육에 참여하는 사람들의 이야기를 들어보았다. 우리사회에서 교육문제는 단순히 여러 사회문제 가운데 하나가 아니라 사회의 문제를 투영하는 거울 같은 것이다. 즉 어른들의 불안, 욕망, 경쟁, 차별이 학교 안팎에서 뒤섞여 학생과 학부모를 불행하게 만들고 있다. 우리가 만난 사람들은 이런 악순환의 고리를 끊는 대안을 이야기해주었다.

마지막으로 우리는 여성, 이주노동자, 비정규직노동자 등 소수자들에 대한 차별과 그들의 권리 이야기를 들었다. 평등과 인권은 근대 민주주의와 정치적 자유주의의 기본 가치이지만 이는 우리사회에서 제대로 실현되지 못하고 있다. 중앙정치와 제도의 영역은 상당히 진보한 듯이 보이지만, 일상의 권력자들이 육체적·정신적 폭력을 현실에서 행사하고 있다. 이러한 문제를 붙들고 씨름하는 사람들의 이야기도 들어볼 것이다.

연구과정

사회과학자들은 보통 설문조사나 통계자료 혹은 개념과 이론에는 그런대로 익숙하지만, 사람들의 삶 속으로 들어가 그것을 해석하고 분석하는 일에는 대체로 미숙하다. 구술자의 삶을 그들의 관점에서 생각해보고 다시 해석하는 것은 어려운 일임에 틀림없다. 그런데 우리는 희망제작소의 '우리시대 희망찾기 프로젝트' 이야기를 듣고 관심을 갖기 시작했다. 보통사람들의 삶의 이야기를 듣고, 그것을 구술 생애사 연구방법으로 분석해 책으로 엮어낸다는 야심찬 기획이었다. 우리에게는 '대안사회'라는 주제가 주어졌다. 주제도 막연하고 방법도 생소하여 고민스러웠지만 뭔가 재미있고 새로운 연구를 할 수 있을 것 같아 용기있게 뛰어들었다.

2007년 8월에 연구를 시작해 6개월 안에 끝내는 것이 목표였다. 그러나 스물네명의 구술자를 만나 두세시간에 걸쳐 삶의 이야기를 듣고 그것을 녹취록으로 풀고 분석해 책을 쓰는 일을 6개월 만에 끝내기란 불가능한 일이었다. 구술자들의 텍스트를 읽고 해석하고 분석하는 데 많은 시간을 보내야 했다.

우리는 연구기획, 구술자 선정 등 첫 단계부터 희망제작소의 유시주 연구위원, 강현선 연구원 그리고 대구대학교의 이희영 교수와 토론하며 연구를 진행했다. 구술자는 연구주제에 맞추어 가장 풍부한 이야기를 들려줄 수 있는 사람을 뽑는다는 원칙에 따라 선정했다. 이 과정에서 공동체운동을 오랫동안 연구하고 실천해온 우리 연구진의 이근행이 중요한 기여를 했다.

인터뷰는 2007년 10월과 2008년 2월 사이에 실시했다. 처음에는 홍덕화, 하만조, 신필식 가운데 한 사람과 구도완이 함께 인터뷰를 했고 중반 이후에는 젊은 공동연구원들이 혼자 인터뷰하기도 했다. 그렇게 해서 우리는 모두 스물네명의 구술자를 만났다. 의도했던 것은 아니지만 우연히도 남녀 비율이 같았고, 서울 사람이 열세명, 지방 사람이 열한명이었다.

인터뷰를 모두 마친 후 오랜 녹취와 분석 과정을 거쳤다. 먼저 녹취록을 완성한 후 홍덕화, 하만조, 신필식이 1차로 구술 텍스트를 분석했다. 이때는 우리 연구진이 선정한 문제를 중심으로 텍스트 분석에 집중했다. 2차 텍스트 분석에서는 각 구술자의 특이한 체험과 주장을 좀더 자세히 분석하고 해석하는 데 치중했다. 이러한 여러차례의 텍스트 분석으로 구술자의 체험과 생각의 얼개를 그릴 수 있었다.

구술자별로 텍스트 분석을 마친 후 구도완은 각 텍스트를 주제별로 해체하고 종합하는 작업을 했다. 구술자들의 키워드를 메모지에 적고 그것을 주제별로 묶었다. 처음에는 모든 사람의 삶을 주제별로 묶어서 '분석'하려고 했다. 그런데 여기서 문제가 생겼다. 모든 사람의 삶을 해체하고 나니 그들이 왜 그렇게 살고 있는지, 무엇을 꿈꾸고 어떤 일을 하는지 알 수 없게 되었다. 그래서 생각을 바꾸어 구술자들이 무슨 일을 하고 왜 그 일을 하게 되었는지 좀더 자세히 쓰기로 했다. 그 결실이 제1부 '새로운 삶을 사는 사람들'이다. 제2부에서는 원래 의도대로 사람들이 하는 일의 어려움과 보람, 미래의 전망과 전략 들을 주제로 구술자료를 분석하고 종합했다. 원고를 쓰는 과정에서도 희망제작소 연구원들과 회의를 하며 수정·보완 작업을 계속했다. 구술자들의 표현은 가능한 한 고스란히 담되, 독자가 읽고 이해할 수 있도록 약간 가다듬었다.

책의 구성

이 책은 크게 네 부분으로 구성되어 있다. 머리말에서 연구의 개요를 소개한 후, 제1부에서는 구술자들이 주로 무슨 일을 하는지, 왜 그 일을 하게 되었는지를 중심으로 하여 그들의 체험을 들어본다. 즉 그들이 삶을 전환한 계기와 현재 하고 있는 일을 주로 분석한다. 마을을 만들고 마을에서 살아가는 사람들(1장), 협동조합이나 사회적기업 등 대안경제를 꾸리는 사람들(2장), 농사를 짓거나 농촌에 살며 자연과 함께하는 삶을 즐기는 사람들(3장), 대안교육을 실천하는 사람들(4장), 차별에 저항해서 인간의 권리를 찾는 사람들(5장)의 이야기를 들어볼 것이다.

제2부에서는 대안사회와 관련된 문제, 해결책 등을 개인(6장), 공동체(7장), 국가(8·9장) 차원에서 분석한 후, 새 세상에 대한 희망(10장)과 그 희망을 이루는 길(11장)을 이야기한다. 조금 더 자세히 소개하면, 6장에서는 구술자들이 개인적으로 어떤 일로 힘들어하고, 무엇을 할 때 행복해하는지 들어본다. 구술자 자신, 즉 '나'의 고통과 행복이 주요 분석대상이다. 7장에서는 구술자들이 마을이나 공동체에서 느끼는 어려움이 무엇이고, 그것을 어떻게 해결하는지 살펴본다. 사람 키우기의 중요성, 사람들 사이의 관계, 특히 소통의 어려움과

그 해결책을 들어본다. 8~11장은 국가와 사회 차원의 이슈를 분석한다. 먼저 8장에서는 공동체 차원을 넘어 사회 전체에서 볼 때 중요한 문제가 무엇인지, 그 문제의 책임은 누구에게 있는지를 검토한다. 9장에서는 사회구조적인 문제를 해결해야 할 국가와 시민사회를 구술자들이 어떻게 생각하는지 들어본다. 10장에서는 구술자들이 생각하는 이상적인 대안사회의 모습을 들어보고, 11장에서는 대안사회 만들기에 나선 새로운 주체와 그들의 정치에 대한 이야기를 분석한다.

마지막으로 맺음말에서는 좀 높은 곳으로 올라가 사람들이 사는 마을들을 내려다볼 것이다. 구술자 개개인의 작은 차이는 사라지고 좀더 큰 윤곽이 드러날 것이다. 이들의 정체성과 꿈은 무엇이고 그것을 향해 나아가는 전략은 어떠한지, 그들의 삶을 어떻게 평가할 수 있을지 종합 분석할 것이다. 이러한 분석을 통해 우리가 더 안전하고 행복한 세상에 살기 위해서는 무엇을 어떻게 해야 할지 함께 생각해보려 한다.

[부록 1]에서는 구술자들의 개인사와 그들이 주로 일하는 곳을 간략히 소개했다. [부록 2]는 우리가 인터뷰할 때 던진 주요 질문이다. 인터뷰는 부록에 제시된 질문을 기본으로 했지만 실제로는 구술자와 면접자의 관심사에 따라 자유롭게 진행되었다.

감사의 말

다큐멘터리 영화를 볼 때 우리는 객관적 현실을 보는 것처럼 느끼지만, 사실은 감독이 보여주고 싶어하는 것을 볼 뿐이다. 신문을 볼 때도 마찬가지다. 많은 공부와 사색을 하지 않으면, 기자가 보여주고자 하는 사실 너머를 보기 어렵다. 우리가 한 작업도 이와 비슷하다. 우리는 사람들의 목소리를 가능하면 날것으로 드러내고 싶었다. 그러나 날것은 날것대로 중요하지만 거기에서 의미를 찾아 해석하는 일도 그만큼 중요하다는 사실을 깨달았다. 그래서 우리는 메모지를 떼었다 붙였다를 반복하며 스물네명의 삶과 진실을 우리의 관점에서 재구성했다. 그들의 삶을 독자에게 가능한 한 잘 전달하고 싶었지만 지면과 능력의 한계로, 무능한 감독처럼 주인공들의 진실을 온전히 담지 못한 것 같다. 특히 구술자의 의도와 달리 해석했거나 맥락을 떼어내 의미를 잘못 전달하지나 않았는지 걱정이다.

이 책이 세상에 나오기까지 많은 분들의 사랑과 헌신이 있었다. 먼저 희망제작소 여러분들께 진심으로 감사드린다. 특히 유시주, 이희영 두 분은 구술사 연구에 익숙지 못한 우리에게 인터뷰 방법, 자료분석 및 원고작성 방법 등 세세한 부분까지 꼼꼼히 가르쳐주셨다. 우리 연구가 조금이라도 세상에 기여한다면 이 두 분이 상을 받아야 할 것이다. 두 분께 진심으로 감사드린다. 함께 연구한 홍덕화, 신필식, 하만조, 이근행의 노력이 없었다면 이 책은 세상에 나오지 못했을 것이다. 열정과 성실로 힘든 연구에 참여해준 이 분들에게 무어라 감사의 말을 해야 할지 모르겠다. 거칠고 딱딱한 글을 편집하느라 애쓴 창비의 김도민씨와 편집부 여러분께도 감사드린다.

마지막으로, 잘 알지도 못하는 연구자들에게 두세시간에 걸쳐 자신들의 속마음을 털어놓은 구술자들에게 진심으로 감사한다. 우리는 사실 그들을 만나면서 희망과 행복을 볼 수 있었다. 우리사회에 작은 예수, 작은 부처가 무척 많다는 사실도 알게 되었다. 그들에게 누가 되지 않는다면 이 책을 구술자 스물네 분께 바치고 싶다. 그 분들의 빛이 마을을 넘어 온세상을 밝게 비추기를 기원한다.

우리시대 희망찾기

제1부

새로운 삶을 사는 사람들

01장
마을에서 사는 사람들

'마을'이 사라진 시대에 '마을'을 만들고 그 안에서 이런저런 일을 하며 서로 도우면서 살아가는 사람들이 있다. 산업문명과 자본주의가 사회를 지배하기 이전에 사람들은 싫든 좋든 마을을 벗어나 살기 어려웠다. '마을'은 장소이자 상호의존적이고 호혜적인 사람들의 관계망이었다. 그러나 마을이 늘 평화롭고 평등한 공동체는 아니었다. 마을사람들은 자연의 위협과 배고픔, 질병에 시달렸고, 반상(班常)의 차별에 억눌렸다.

산업문명과 자본주의 그리고 근대국가는 이러한 마을을 해체했다. 어디 가나 마을이 있지만 마을은 이제 더는 경제적·사회적 공동체가 아니다. 두레와 품앗이의 전통은 약해졌고, 어촌계의 공동 어장 관리도 이전에 비하면 그 범위가 줄어들었다. 마을이 있던 자리에 개인과 가족 그리고 회사가 들어왔다. 이제 사람들은 마을에서 일하지 않고 회사에서 일한다.

그런데 언제부턴가 도시와 농촌에서 새로운 마을을 만드는 사람들이 나타나기 시작했다.[1] 박정희시대의 '새마을운동'과도 다른 뭔가 새로운 움직임이 일어나고 있다. 우리는 전근대적 마을과 달리 자유로운 개인들이 만나 함께 살아가는 새로운 마을 이야기를 들었다. 이 마을들은 '새벽종이 울리고 새 아침이 밝아오는' 박정희시대의 새마을과 무엇이 다를까? 왜 이들은 마을을 만들고 거기서 살고 싶어할까? 서로 싸우지는 않을까? 이제 그들의 이야기를 들어보자.

협동조합[2]으로 함께 아이 키우기: 서울 마포구 성미산 사람들

삭막한 도시에서 '마을'을 만들어 서로 도우며 즐겁게 살아가는 사람들이 늘고 있다. 먼저 '성미산마을' 사람들을 만나보자. 성미산은 마포구에 있는 높이 66미터의 작은 동산으로, 근처 마을사람들이 쉬러 놀러 올라가는 여느 뒷동산과 그리 다르지 않다. 그러나 2001년에 서울시에서 이 동산에 배수장을 건설하려 하자 마을사람들은 '우리 산을 지키자'며 모이기 시작했다. 그전에 이미 '마을'이 만들어져 그 안에서 사람들이 서로 사랑을 나누고 있었기에 가능한 일이었다. 사람들은 아이를 함께 키우면서 '마을'을 만들어가고 있었다. 우리는 '성미산마을'이라는 말이 생기기 전부터 이곳에서 살던 박미현씨를 만났다.

저는 결혼하고 (…) 큰아이를 처음 낳고 나서, 대안이 없잖아요. 제 남편도 시민단체 활동가로 활동을 했었고, 생협이랑 대학 생활협동조합[3] 일을 했었거든요. 시민단체 활동비라는 게 얼마 안되고 불규칙적이고. 저는 직장생활을 했고, 둘 다 맞벌이를 할 수밖에 없는 조건이어서 아이를 낳았는데 대안이 없잖아요. 그래서 시댁에서 키워줬어요. 세살 때까지 시어머니가 애를 청주에 데리고 가서 키워주셨는데, "이건 아닌 것 같다. 아이랑 같이 지내야 하는 게 아니냐" 이래서 우린 둘 다 일을 하고 월급도 얼마 안되는데, 맡길 만한 마땅한 믿음 가는 곳도 없고 그래서 대안을 찾던 중에……(박미현, 3면)

아이를 키우기 어려워 청주 시댁에 맡길 수밖에 없었던 박미현씨는 1992년경 우연히 한겨레신문에서 '협동조합 방식으로 공동으로 아이를 키우자'는 제안 글을 보았다. 당시 한겨레신문에 '한양대 정병호 교수가 연남동 주변에서 공동육아 방식으로 아이들을 키우려 한다'는 인터뷰 기사가 났다. 그 기사를 보고 서로 알지도 못하는 열다섯 가구의 부모가 모여 공동육아를 시작하게 되었다.

협동조합 방식의 공동육아는 사실 돈이 적지 않게 들었다. 아이를 돌보는 사람에게 맡기는 것보다는 싸지만 일반 유치원보다는 비싼 편이었다. 그럼에도 박미현씨 부부는 "공기가 탁하고 통제가 많은 어린이집이나 유치원, 요구르트 먹이고 간식으로 초코파이 먹이는 곳에는 별로 보내고 싶지 않았다"고 말한다. 비슷한 생각을 하는 부모들이 좀더 아기를 잘 키우기 위해 집을 구하러 다녔고 힘을 모아 집을 마련해 공동육아를 시작했다.

협동조합을 만들어 함께 아기를 돌보면서 전혀 모르던 사람들이 서로 친구가 되고 이웃이 되었다. 돈이 부족한 것이 걸림돌이 아니라 오히려 힘이 되어 그들은 함께 청소하고 미끄럼틀 만들면서 삶의 공동체를 만들어나갔다. 어린이집에 보내기 위해 멀리 강남구 개포동에서 이사 오는 사람도 생겼다. 주변에 전세 물량이 없다고 할 정도로 사람들이 모이기 시작했다.

> 교사와 부모가 직접적으로 소통이 되니까 '아, 이렇게도 운영이 될 수 있구나' 에너지를 막 모아서 주말만 되면 다들 모여서 우리가 돈도 별로 없으니까 일요일에 미끄럼틀이랑 시설들을 만들고 벽지 바르고 청소하고 이런 것들을 다 부모들이 인력을 동원해가지고 한 거죠. 그럴 때마다 원래 알고 있던 사람들이 아님에도 불구하고 아이들을 매개로 해서 만나니까 너무 좋은 거예요. 우리 또래니까. 그러면서 힘들면 고기 구워 먹고 밥 비벼 먹고 삶아 먹고.(박미현, 4면)

부모들이 가까이 모여 살다보니 마치 농촌 마을처럼 마실 가고 같이 김치 담가 나눠 먹게 되었다. 박미현씨는 이런 삶 속에서 '이것은 아이들만의 공간이 아니다. 같은 생각을 갖고 공감하는, 가치관이 비슷한 사람들이 있구나!' 하는 행복감을 느꼈다고 한다.

위기를 함께 넘기기
공동체나 생활협동조합에는 크고 작은 위기가 찾아오게 마련이다. 성미산 사람들에게 가장 큰 위기는 임대한 어린이집 건물이 경매에 넘어갈 뻔한 사건이었다. 스물다섯 가구가 가구당 250~300만 원을 출자해서 마련한 집이 경매에 부쳐져 어린이와 교사 들의 터전이 사라질 위기에 처한 것이다. 어린이집 부모들은 어린이집을 지키기 위해 홍보활동을 벌였다.

> 경매를 신청한 데가 쌍방울이라는 대기업이었어요. (…) '어린이집을 하는지 뻔히 알면서도 이거를 경매처분하려는 건 너무하지 않느냐' 이러면서 저희가 막 힘을 합쳐가지고 홍보활동이라든지 그런 걸 한 거예요. 그러니까 그런 위기가 왔을 때 굉장히 커뮤니티가 단단해지더라고요. 왜냐하면 그전에는 그릇이 어떻고 교사가 어떻고 사소한 것 가지고 갈등이 좀 있다가 그런 일이 터져버리니까 전부 다 일심 단결해가지고 이제 사수를 했지요. (…) 그러니까 우리가 오래도록 같이 갈 이유가 생겼을 뿐만 아니라 친구가 되었죠.(박미현, 6면)

결국 경매는 진행되지 않았고 이들은 전세금을 받아 성산동으로 이사를 했다. 이사를 한 후 어린이집이 여럿 생기고, 아이들이 크면서 다양한 조직들이 생겨났다. 아이들이 초등학교에 진학하자 부모들은 방과후학교를 만들었다. 또 공동육아 방식의 어린이집에 보내고 싶어하는 사람이 많아져 비슷한 방식의 협동조합으로 운영되는 어린이집이 넷, 방과후학교가 두개 더 생겼다. 또 아이들을 키우면서 친해진 부모들이 함께할 수 있는 일을 찾다가 '두레생협'이라는, 유기농산물을 공급하는 소비자 생활협동조합을 만들었다.

여기서 지내는 조합원들이 생활협동조합을 만들고 나니까, 생활협동조합에서 유기농산물을 받아서 먹으려고 했는데 바빠서 조리를 못하니까 대신 조리해주는 공간이 생겼으면 좋겠다는 얘기도 했어요. 그때는 공동주택이 생겼으면 좋겠다, 공동식당이 생겼으면 좋겠다, 늘 이런 회의를 했죠. 이렇게 모여서 부모들하고 아이들하고 교육 이야기, 생활 이야기를 하다보면 이런 환상이나 꿈을 다 꾸잖아요. 그러면서 하나씩 만들어진 거죠.(박미현, 3면)

'생활 이야기'를 하다가 누군가 이런 걸 해보자고 이야기하면 그 사람이 책임자가 되어 일을 꾸려가고 다른 사람들은 도와주는 식으로 일을 해나가기 시작했다. 책이나 이론이 아니라 삶 속에서 마을과 '경제'를 만들어간 것이다. 경매문제를 힘을 모아 해결한 후, 공동육아를 하던 부모들 사이의 신뢰는 매우 두터워졌다. 이러한 신뢰를 바탕으로 한 연대의 힘 덕분에 이들은 2002~2003년에 서울시 배수장 건설 반대운동을 함께 해낼 수 있었다.

성미산 배수지 건설 반대운동: "우리 산이야"
2002년에 서울시에서는 마을주민들의 쉼터인 성미산에 배수지를 건설하는 계획을 실행에 옮겼다. 어린이집 아이들, 교사, 학부모들에게는 삶의 터전이 사라지는 중요한 일이었다. 성미산은 이야기가 있는 그들의 생활이요, 마을 그 자체였던 것이다. 이 마을에 아파트와 배수지가 들어선다는 말을 듣고 이들은 성미산을 지키기 위해 함께 움직이기 시작했다.

계단무대, 비둘기산, 아이들끼리 만든 동굴, 산 곳곳에 이름이 있어요. 이런 게 다 우리 어린이집 (…) 아이들이 이름을 붙여놓은 거죠. 이렇게 다섯개 협동조합 어린이집이 체육대회나 축제를 같이 하고 이러면서, 주위 어린이집들이 나들이를 매일매일 다 가죠. 봄이면 봄에 나는 것, 여름이면 여름에 나는 것 하며 그 산을 마음껏 즐기고 있었어요. 그런데 그 계단무대 자리에 아파트가 들어서고 꼭대기에 배수지가 들어선다고 하니까, 저희가 정상에는 장승도 세워두고 그랬는데, 교사들은 부모보다 훨씬 더 마음 아파했죠. 아이들이 늘 찾는 이곳이 없어진다는 것은 말도 안된다고 교사들이 먼저 생각을 했고, 교사들이 그렇게 생각을 하니까 부모들도 갔어요. 주말이면 같이 산에서 음악회도 하고요. 음악회는 배수지를 못 짓게 하기 위한 기획이었고, 그렇기 때문에 적어도 성미산은 지켜야 한다는 생각 때문에 같이 움직이기 시작했죠.(박미현, 8면)

이들은 서울시의 계획에는 절차상 문제가 있다고 주장하며 구청장을 만나기도 했다. 어린이집 부모들이 모두 참여해서 법적 대응, 홍보, 실제 행동 등의 역할을 맡았다. 그런데 서울시에서는 공청회를 하기로 약속을 해놓고 기습적으로 2002년 설날 즈음에 벌목을 시작했다. 마을사람들은 '성미산지키기운동모임주민연대'를 만들어 매일 돌아가면서 산을 지켰다.

추울 때였는데, 포클레인 오고 우리는 우리대로 스크럼 짜고. 그야말로 산에 벌목 못하게 벌목하시는 분들 밀치고 경찰들은 전경차로 몰려와서 밀어붙이는데 우린 왜 산을 지켜야 되는지 설명하고 시에서 나온 사람들하고 싸웠어요. 아이들은 아이들대로 저기에서 노래 부르고 앉아 있고, 부모들이 지키는 모습도 아이들이 지켜본 거죠. 그 서울시가 깡패들을 사서 막 풀어서 한 거예요. 우리는 매일매일 조를 짜

서 몇몇이 산을 지키고 있었는데 산의 천막에 올라가서 지키고 그랬었죠.(박미현, 9면)

결국 서울시는 배수지 건설을 보류했고, 성미산은 마을사람들의 삶의 터전으로 돌아올 수 있었다. 나무를, 산을 지키기 위해 사람들이 온몸을 던졌고 이들은 산보다 더 중요한 서로의 마음을 지킬 수 있었다.

더 많은 애정이 생긴 것 같아요. 그때 당시에는 애정이라고 표현하지 않았지만, 서로 힘들어하고 아파하고. 왜냐면 막 아빠들이 벌목할 때 톱날을 막으면서 눈물을 흘리며 "하지 마세요. 하지 마세요" 하는 모습을 서로가 보면서 너무 마음 아파했죠. 그때 다치기도 했거든요. 그런 모습을 서로 다 지켜본 거잖아요. 육아 때문에 모여서 삶을 이룬 사람들이 시에서 밀어붙이는 큰 일에 대해 한 사람이 싸우면 나약하지만 모여가지고 이렇게 뭉쳐가지고 게다가 아이들을 위해 아이들의 나들이 공간을 지키기 위해 시작된 것이었죠. 부모의 마음, 그런 마음이 똑같더란 것을 서로가 확인한 거예요. 그러면서 서로 막 챙겨주었죠. 밤에도 지켰으니까, 밤에도 먹을 것 싸들고 올라가서 불 지피고, 그리고 늘 술 마시고 그러면서 아빠들은 아빠들끼리 모이고 엄마들은 엄마들끼리 모이고.(박미현, 10면)

성미산에 모여서 남자들은 차를 수리하는 카쎈터 협동조합을 만들자, 여자들은 반찬가게 같은 공동식당을 만들자는 이야기를 나누었다. 성미산을 지키기 위해 밤마다 모여 의논한 끝에 만들어진 것이 결국 '차병원'이라는 협동조합형 카쎈터, 그리고 협동조합형 반찬가게인 '동네부엌'이다. 박미현씨는 이 동네부엌을 운영하게 되었다.

함께 살며 느끼는 즐거움

박미현씨는 공동육아로 알게 된 사람들과 만나 함께 살고 어려움을 이겨내면서 자신이 변화해가는 것을 느끼기 시작했다. 마을에 대한 애정, 사람에 대한 신뢰, 할 수 있다는 자신감을 느낀 것이다. 그는 승자독식사회, 지독한 경쟁사회에서 돈이 아니라 삶과 사람이 중심이 되는 공동체를 이웃들과 함께 만들어가고 있다.

> 제가 예전에 배수지 반대운동을 하면서 내가 정말 이 마을에 애정을 갖고 있구나를 많이 느끼고, '이젠 다른 지역에 가선 살 수 없겠다'는 생각이 들어요. 애들 교육문제도 그렇고, 같이 이야기할 수 있는 공감대라든지 이런 걸 나누기가 힘드니까. 이런 생각이나 에너지를 가지고 강남에 가서 살고 싶지도 않고요. 그런 과정에 제가 '동네부엌'이라는 경제활동을 하게 되고, 개인적인 욕심이나 자본에 대한 욕심, 더 많이 벌어야겠다는 욕심만 부리지 않는다면 훨씬 더 행복하고 즐겁고 재미난 것들을 같이 나눌 수 있는 사람들이구나. 그래서 여기서 뭐든 생각하고 꿈꾸면 이뤄진다는 것을 눈으로 확인했거든요. (…) 살면서 그걸 느낀 거죠.(박미현, 13~14면)

박미현씨는 '이기적 욕망의 충족'과 '행복을 나눌 수 있는 사람' 둘 다 얻기는 힘들다고 말한다. 욕심을 부리지 않으면 좋은 사람들과 행복을 나눌 수 있다. 그는 성미산마을에서 꿈을 꾸면 이루어진 다는 것을 체험했다. 박미현씨의 말에서 우리는 이기적인 욕망을 넘어설 수 있는 힘은 바로 사람들과 함께 고통과 행복을 체험하는 데서 나온다는 사실을 알 수 있다.

사회적 경제의 탄생

재미있는 것은 성미산 사람들이 처음에는 아이를 키우는 삶의 영역에서 서로 돕다가 점차 믿고 의지하면서 경제적인 영역까지 협동 범위를 넓혀갔다는 사실이다. 동네부엌, 두레생협, 차병원같이 삶과 경제 영역이 행복하게 만나는 공간이 생기기 시작했다.

> 마을에서 "한번 해보자"라고 하면 다들 그게 하나씩 실현되는 거예요. 동네부엌도 그랬고, 카(자동차)생협도 그랬고, (마을 까페인) '작은나무'도 그랬고, (공방인) '한땀두레'도 그랬어요. 그런 와중에 이렇게 '동네부엌'을 보면서 두레 조합원들이 (…) 바느질 좋아하는 엄마들이 모여서 만날 바느질하고 미싱하면서 가방도 만들고 포대기도 만들고 이불도 만들고 베개도 만들고 생리대도 만들고 그걸 상품으로 내놓아보자 이게 이제 모여서 이야기가 된 거죠. 우리 집에서 안 쓰는 것 아름다운가게처럼 모아보자, 그래서 되살림가게가 나온 거고. 두레생협이 '꿈터'를 통해서 비누 만들기를 하자, 비누를 잘 만드는 조합원이 있으면 그 조합원이 강좌를 해가지고 또 하나의 상품으로 만들자, 라는 이야기들이 지금 나오고 있고요.(박미현, 14면)

대부분의 생협은 농산물 혹은 생활재[4]를 공동으로 구매하고 소비하는 소비자 협동조합에 머무른다. 그러나 성미산 사람들은 마을사람들이 각자 하고 싶은 일, 잘하는 일을 서로 돕고 그것으로 수익도 창출하는 실험을 하고 있다. 여기서 국가나 시장과 구분되면서도 이것들과 깊이 연관된 사회적 경제가 만들어지는 모습을 볼 수 있다. 성미산 사람들은 이긴 자가 모든 것을 가지는 자본주의사회에서 자본주의를 넘어서는 마을의 힘을 보여주고 있다.

마을을 사랑하는 사람들: 부산 반송동 희망세상

부산시 해운대구 반송2동에는 요즘 도시에서는 보기 드문 '마을사람들'이 살고 있다. 우리는 이 마을의 '희망세상'이라는 단체에서 오랫동안 일해온 박서희(가명)씨를 만나 그의 삶과 반송마을 이야기를 들었다.

박서희씨는 청년시절에 비전향 장기수들에게 관심이 많았다. 그래서 그 분들과 함께할 수 있는 일이 없을까 생각했는데, 부산민족민주청년회(이하 청년회)가 주최한 비전향 장기수들과 함께 하는 역사기행 프로그램에 참가하게 되었다. 박서희씨는 청년회를 별로 좋지 않게 생각했지만 '이 선생님들을 계속 만나려면 청년회에 가입해야겠구나' 생각하여 결국 청년회에서 활동하게 되었다. 언뜻 보면 박서희씨가 북한이나 통일 문제에 매우 관심이 많았을 것 같지만 본인은 전혀 다른 이야기를 들려준다.

그때는 뭐 그렇게 심각한 고민은 아니었고, 그냥 그 분들에 대한 인간적인 예의 같은 것들이 있었던 것 같아요. 제가 막 너무 마음이 안됐고, 어떻게든 도와드리고 싶고, 어떻게든 만나고, 제가 '통일운동을 해야겠다'라든지 뭐 이런 생각보다는, 그러니까 인간적인, 인간에 대한 예의 이런 것들을 생각했었던 것 같아요. 그래서 옛날부터 저는 뭐 민가협이나 이런 데서 어렵고 힘든 그런 분들 도와주고 뒷바라지 해주고 이런 일을 하고 싶었어요.(박서희, 3면)

박서희씨는 1997년경에 '지역이 희망이다. 지역으로 들어가야 한다'는 취지의 운동이 벌어질 때 '반송을 사랑하는 사람들'이라는 단체의 창립멤버로 활동하기 시작했다. 그는 지역활동을 하기 위해 아예 부모님과 함께 반송으로 이사를 갔다(박서희, 1~2면). 박서희씨는 이 단체에서 먼저 마을신문을 만들어 동료들과 함께 집집마다 돌렸다. 그러던 가운데 주부 몇 사람이 회원으로 가입하자 주부강좌도 열고 아이들 교육도 하고 지저분한 벽에 그림을 그리기도 했다. 마을사람들 스스로 시작한 어린이 행사가 지금은 지역주민 6만명 가운데 1만명이 참여하는 큰 행사가 되었다. 박서희씨는 자신이 해온 일을 자연스럽게 이야기한다.

아이들 데리고 어딜 가고 싶어하는데 돈이 많지 않으니까 (…) 돈을 모으면 차도 쉽게 구할 수 있고. 그래서 역사기행도 가게 되었죠. 그래 또 보니까 '애들이 갈 곳이 없고, 청소년문화가 없으니까 애들이랑 축제 같은 거 하면 좋겠다' 이래서 청소년 축제도 하고, 농촌 봉사활동 같은 필요에 의해서 이렇게 보니까 '우리 동네에서 이런 거 하면 참 좋겠다' 또는 '아우, 우리 동네 저기 너무 지저분한데 저걸 어떻게 가꿀까' 뭐 이런 고민을 하게 되었죠. 제가 사는 곳이라 더 관심을 가지게 되고, 여러가지 일들을 하게 되더라고요.(박서희, 4면)

우리가 앞에서 본 성미산 사람들처럼 반송 사람들도 혼자 하면 힘든 일, 함께 하면 재미있는 일을 찾아 같이 즐기고 일하면서 다른 사람들을 불러 모으기도 했다. 그는 동네에서 "살다보니까" 느끼는 문제를 하나둘씩 풀어가다보니 여러 일들을 하고 있는 자신을 발견하게 되었다.

저희 해맞이 행사 같은 경우에도 저희가 친한 회원들끼리 경주 토함산에 해맞이를 갔다가, 그 도로에서 해를 보고 이랬었거든요. "아, 이렇게 할 필요 없겠다. 우리 동네에서 해맞이 하자." 이래서 이제 해맞이 하게 되고. 근데 좋은 거 우리끼리만 할 수 없잖아요. "올 사람 와라" 하게 되었죠. 또 의식적으로 주민들을 만나게도 되고. 저는 이게 잘못된 건지 모르지만 사람들 만나면 최선을 다해서 제가 도와드릴 거 다 하지만 "이 분들도 언젠가는 내가 하는 일에 끌어들일 것이다"(웃음) 이런 생각을 늘 가지고 있거든요. 그렇게 해서 사람들이랑 만나고 뭐 한번 만나고 두번 만나고 하다보니까 "아이, 참 좋은 일 하더라." 그래서 회원으로 가입하시고 또 활동하시죠. 혼자 하면 재미없잖아요. 어디 놀러가도 재미없고. 저희는 다들 문을 활짝 열어서 좋은 거 있으면 주민들과 나눠야 하니까.(박서희, 4면)

'인간에 대한 예의'로 비전향 장기수를 만나 그들을 돕던 박서희 씨는 마을사람들을 도우면서 보람을 찾고 즐거움을 누리고 있다.

'좋은 거 우리끼리만 할 수 없고, 혼자 하면 재미없다'는 말에서 그에게 지역운동은 억지로 하는 '사업'이 아니라 삶 그 자체임을 알 수 있다. 그러나 박서희씨도 늘 즐거웠던 것은 아니다. 남들이 가는 넓은 길이 아니라 험하고 좁은 길을 가려다보니 고민도 많이 했다. 처음에는 회원이 없다보니 신문배달을 하면서 돈을 벌고 동네를 익혀야 했다. 경제적인 문제도 만만치 않았다.

> 결혼을 하면서도 아이들이 생기니까 경제적인 문제나 이런 것들에 대해서 고민이 잠시잠시 되기도 하지만, 그것보다는 지금 하고자 하는 일이 더 크게 생각되니까. 잠시죠 뭐. 친구들 만나면 어디로 이사를 갔다, 차를 샀다, 애가 뭐 한다, 이러면 '아, 저리 저렇게 살아야 되는데' 이렇게도 생각이 들지만, 또 돌아오면 잊어버리는 것 같아요. 그걸 만날 생각하고 있으면 저 자신도 스트레스 받고, 힘들 것이고, 나는 이 일을 해야겠고.(박서희, 4면)

박서희씨는 동네에서 아는 사람들을 만나서 인사하는 것이 제일 좋다고 말한다. 자신이 하는 일을 인정받는 게 가장 큰 보람이다. 경제적인 어려움, 육체적 고통을 넘어서는 힘은 바로 동네사람들의 인정과 신뢰에서 나온다.

> 어쨌든 동네에 나가면 아는 사람들이 인사하고 이런 것들이 제일 좋죠. 사람을 한명씩 한명씩 알아가는 것들이 제일 좋고, 지역에서 다른 단체들이 이제 인정하거든요. "희망세상에서 하는 일은 옳다. 좋은 일이다." 이렇게 인정하시고 항상 의논하시려고 하시는 거, 이런 것들

이 제일 보람있고요. (박서희, 11면)

마을 도서관: 사람을 모으고 키우는 마당

박서희씨는 마을사람들과 힘을 모아 도서관을 만들었다. 처음에는 열평짜리 집을 2000만원에 사서 시작하려고 했다. '책읽는사회'라는 단체에서 책을 1000권 지원하고 건물 리모델링도 도와주겠다고 제안했기 때문이다. 그는 이 기회를 놓치면 영영 도서관 못 짓는다고 생각하고 좀더 큰 규모로 짓자고 사람들을 설득하기 시작했다. 박서희씨는 처음에는 기업가를 찾아가 1억을 지원해주면 '당신 이름'을 붙인 멋진 도서관을 지어주겠다고 말하기도 했다. 그러나 곧 이건 희망세상의 방식이 아니라는 생각을 하게 되었다.

> 회원들이랑 의논하다가 회원들이 어쨌든 도서관이 살아있는 것이 되려면 사람들이 많이 와야 하는데, 많은 사람들이 이 도서관을 내가 만들었다고 얘기하는 게 필요하겠다. 그래서 우리가 1억을 내는 사람 한명을 만날 것이 아니라, 만원을 내는 사람 만명을 만나자. 회원들이 그렇게 하자고 해서, 저희가 벽돌기금 이런 거 만들어서 만원 내시는 분들 만명 조직하는 걸 목표로 하다보니까, 어찌어찌 이게 또 됐어요. (박서희, 12~13면)

드디어 2007년에 마을도서관이 세워졌다. 어려운 과정을 통해 주민들이 힘을 모아 세운 도서관이라 희망세상 회원들은 개관식 날 눈물을 흘리며 감동했다. 모일 만한 공간이 없어서 음식점과 술집을 돌아다녀야 했던 마을사람들과 회원들 그리고 아이들은 공부하고 책 읽고 회의할 수 있는 공간이 생겨서 무척 행복해하고 있다.

이제 한번씩 저녁에, 지난번에 저희 좋은 아빠 모임에서 여기서 도서관 캠프를 했거든요. 저녁에 불이 이렇게 탁 켜지면, 우리 동네 되게 예뻐요. 근데 그때 진짜 좀 뭉클한 감동이 들데요. 동네에 어쨌든 저런 공간이 생겼다, 아이들이 누구나 갈 수 있는 공간, 춥지 않고 덥지 않고 햇살 잘 드는 저런 공간이 생겼다는, 그때 좀 감동했었죠. 제일 좋은 거는 그거예요. 사람들 알아가는 거. 여기 와서 아이들이 떠들면서 눈치 보지 않고 책 읽을 수 있고, 그래서 도서관이 우리 아이들에게 새로운 인생의 동반자가 될 수 있다는 생각이 드는 게 제일 좋은 것 같아요.(박서희, 11~12면)

도서관이 마을을 만들고 공동체를 키우는 데 매우 중요하다고 강조하는 사람은 적지 않다. 그 가운데에는 오랫동안 마을과 공동체를 취재해온 한겨레신문 권복기 기자도 있다. 그는 취재를 하다가 도서관 만들기 운동에 참여하게 되었다. 권복기씨는 공동체 관련 기사를 쭉 쓰면서 지역 사람을 모으는 구심점이 바로 아이와 여성이고, 아이와 여성이 함께 모일 수 있는 데가 도서관이라고 생각했다. 권복기씨가 '책읽는사회'라는 단체를 이끌던 도정일 교수와 이런 이야기를 하던 중에 삼성이 한겨레신문에 도서관 사업을 같이하자고 제안했다. 이 제안을 받아 한겨레신문이 삼성, '책읽는사회'와 함께 '희망의 작은 도서관' 캠페인을 하게 되었다. 권 기자는 공동체운동을 취재하면서 자신이 한 일 가운데 도서관운동이 가장 보람있었다고 말한다.

도서관 때문에 마을주민들 조직이 만들어지고, 학부모 조직이 만들어지고 그다음에 아이들이 가장 좋아하고. (…) 전북 완주에 있는 어느 초등학교 같은 경우는 아침에 선생님이 출근을 하니까 학교가 너무 조용해서 선생님이 겁이 덜컥 난 거예요. '무슨 사고가 났나' 싶어서 가보니까 아이들이 다 도서관에 처박혀 책 읽고 있는 거예요. 그러니까 아이들이 만화책부터 시작해 책으로 쭈욱 옮겨가거든요. 그 일이 가장 보람있었던 것 같아요. (권복기, 8면)

도서관을 매개로 아이들이 모이고 책을 읽을 뿐 아니라 주민들이 모여 마을을 살리는 일이 이곳저곳에서 일어나고 있다. 권복기 기자의 말대로 마을에 도서관이 만들어지고 나서 반송마을공동체는 훨씬 활기있고 안정된 모습을 찾아가는 듯하다. 사람들이 모이는 공간을 주체적으로 만들고, 그것을 바탕으로 새로운 움직임이 활발하게 일어나는 선순환 고리가 만들어지고 있는 것이다.

무한경쟁사회에서 '비빌 언덕' 만들기

박서희씨는 "극도의 이기주의나, 이 무한경쟁사회에서 친구를 짓밟아야만 내가 설 수 있는 상황"을 매우 안타깝게 생각한다. 그러나 이러한 상황 속에서 "공동체가 소중하고, 물론 내 아이가 잘되는 것도 좋지만, 옆집 아이가 잘돼야 내 아이도 좋은 환경에서 자랄 수 있다"고 생각한다(14면). 반송 희망세상은 무한경쟁사회에서 생활이 어려운 사람들의 '비빌 언덕'이 되고 있다. 세상은 돈과 권력이 지배하지만, 마을에 도서관이 있고 '비빌 언덕'이 있으니 사람들은 살 만한 또다른 세상을 꿈꾼다.

저희 단체나 이렇게 저렇게 뭐 어려워서, 관에 가기 어려워서 아니면 생활이 어려워서 그렇게 찾아오시는 분들도 참 많으시거든요. 그러면 또 참 행복해요. 어쨌든 제가 맨 처음에 희망세상은 지역주민들의 비빌 언덕이 되어야 한다고 생각했었거든요. 그런 언덕이 되고 있다는 생각을 하면, 참 행복해요.(박서희, 19면)

철거민촌에서 이웃이 있는 마을로: 부산 연산동 물만골공동체

우리는 부산 연제구 연산동의 물만골을 찾아가 또다른 마을 이야기를 들었다. 물만골공동체는 행정구역상 부산시 연제구 연산2동 산 176번지 일대에 있다. 이곳에 사람이 처음 살기 시작한 것은 한국전쟁 때이고, 1953년 방목장이 설치되면서 마을이 형성되기 시작했다. 우리가 만난 오지훈씨에 의하면 1964년경부터 토탄을 캐러 다니던 사람들과 도시 빈민층이 이곳에 무허가 판자촌을 지어 살기 시작하면서 사람들이 조금씩 늘어났다. "철거민들 중에서도 아주 갈 데 없는 사람들"이 가는 곳, 다시 말해서 보통사람들이 가지 않는 곳에 물만골 1세대 사람들이 터를 잡았다.

사유지에 철거민들이 무허가로 집을 지어 살다보니, 철거하려는 시청과 이를 막으려는 주민들 사이에 '철거(반대)투쟁'이 여러차례 일어났다. 특히 1992년에는 부산시에서 이 마을을 철거하려 하자

대학생들과 주민들이 열흘 동안 대치하여 철거를 막기도 했다. 몇 번에 걸친 '철거(반대)투쟁'을 통해 주민들의 결속력은 매우 강해졌고, 물만골공동체가 자연스레 형성되었다.

1990년대 들어 재개발사업이 이곳저곳에서 시작되자 물만골에서도 1995년에 재개발을 위한 조합이 만들어졌다. 그러나 1997~98년에 아파트를 건설하는 개발방식에 반대하는 사람들이 비상대책위원회를 만들었다. 이 위원회는 아파트 건설 대신 황령산 생태계 복원을 중심으로 생태마을을 건설하는 방안을 기획했다. 1999년에 마을사람들은 주민총회를 열어 마을을 대표하는 권한과 개발조합의 재정, 사업 일체를 비상대책위원회로 이관할 것을 결의했다. 같은 달에 운영위원회가 구성되어 물만골공동체가 출범했다(이희찬 2001, 79~81면).

물만골공동체는 지금까지 생태마을을 가꾸기 위한 활동, 마을 축제 등 여러 일을 해왔다. 현재 이곳에는 초기 이주민들을 포함해 약 350세대, 1500~1600명이 살고 있다. 매년 당산제와 마을 자체 행사를 진행하고 있으며, 교육·의료지원 프로그램도 운영한다. 마을사람들은 마을회관 등 이곳저곳에 벽화를 그리고 설치미술을 제작해 놓았다. 환경부로부터 생태마을로 지정 받아 생태적으로 지속가능한 마을을 만들기 위한 노력도 계속하고 있다(서화숙 2005). 지금은 물만골공동체가 해체되었고 사람들은 물만골 주민회나 주민자치회 같은 것을 만들려고 하고 있다(오지훈, 5면).

이 마을의 중요한 특징은 마을사람들 스스로 주거권을 지키기 위해 땅(주로 사유지)을 주민 공동명의 개별지분 방식으로 매입해왔다는 점이다. 마을 차원에서 개발하기 위해 개인이 임의로 땅을 사고파는 것을 금했다. "공동소유, 개별지분이기 때문에 개인적으로 지분을 사고팔 수 있지만, 소유권 관련해서는 지분을 가진 사람들이 모여서 회의를 해야 한다"(오지훈, 5면). 부지매입은 주민들이 세대당 적립 배당액을 새마을금고에 저축해 모은 돈으로 잔금을 치르는 방식으로 진행되었다(이희찬 2001, 83면). 초대 운영위원장 이희찬씨에 의하면 땅을 매입하면서 주민들이 바뀌기 시작했다. 소극적이고 관청에 선처를 요청하던 주민들이 자기 삶의 주인으로 적극 나서기 시작했다. 철거반대투쟁과 토지 공동매입, 마을축제 등 공동의 체험을 통해 물만골 사람들은 자신들의 마을을 만들어가고 있다.

원래 이 마을에 살던 사람이 아니었지만 우연한 계기로 눌러앉은 오지훈씨를 만나 마을 이야기를 들었다. 오지훈씨는 의대를 졸업하고 영상회사 대표로 활동하다가 1999년 물만골에 영화 상영을 하러 들어왔는데, 마을이 좋아 아예 이사와 살게 되었다. 그러다 부인을 만나 결혼하고 지금은 의료복지상담소 일을 맡고 있다.

> 마을에 영화 상영하러 갔다가, 거 참 희한하게 이런 삭막한 도시에 숲이 있고, 마을이 있다는 것을 느끼고, 어 참 이걸 좀 담아야겠다 싶었어요. (…) 그래서 촬영을 시작했어요. 촬영을 할라니까 아예 살아야 되겠더라고. (…) 밥을 얻어먹다보니까 결국 마을사람들이 저를 받아줬어요. 의사로서, 의사 같은 고상한 직업을 갖고 있어서 받아준 게 아니라, 배고픈 사람 밥 주라는 데 마다할 사람들이 아니기 때문에 훈훈한 인심으로 받아주었죠. 그래서 이웃이 되고, 친구가 되기 시작했어요.(오지훈, 3~4면)

오지훈씨는 서로 밥 해주고 도와주는, 사람 냄새 나는 이웃이 좋아 이 마을에서 산다. 그는 물만골 생활은 매우 단순하고, 돈이 많이 안 든다고 말한다. "오늘은 저 집에서 밥을 얻어먹고, 오늘은 우리 집에서 밥을 해먹고." 또 마을회관에서 "누가 밥 주더라 하면 거기서 또 먹고" 시골생활 같은 이곳 삶을 오지훈씨는 즐기고 있다(오지훈, 12면). 그는 부산 영도에서 어린 시절을 보냈는데 그때는 이웃을 잘 모르고 자랐다. 그러나 지금 그에게 이웃은 '밥'으로 맺어진 한식구 같은 존재이다. 서로를 삭혀주는 거름 같으면서도 잘 삐지고 자신의 약점까지 보여줘야 하는 존재가 바로 이웃이다. 그래서 이웃은 때로 불편하다.

> 이웃은 거름과 같아서 서로가 서로를 삭혀주고 긁어주지 않으면 안 되는 사이이기 때문에, 이웃이라면 그냥 옆에 있는 사람, 이게 아니야. 자기의 약점들, 강점을 다 알기 때문에 회자되고 서로가 씹히기 때문에 식구와 같은 존재예요. 그것이 이웃입니다.(오지훈, 4면)

공동체의 어려움: "딴지 걸고, 발목 잡고, 삐지고"

그러나 이웃끼리 늘 사이좋게 지내는 것은 아니다. 특히 땅을 공동으로 사서 개발하려고 하니 어려운 문제가 적지 않았다. "땅 사는 거에 대해서 굉장히 주민들이 예민하고" "생각이 다 다르기 때문에 쉽게 결정하지 못하고, 딴지 걸고, 발목 잡고, 삐지고" 하는 문제들이 생기기도 했다. 또 마을 일을 하는 사람들이 적은데다 각자 자기 생활이 있다보니 공동체 일을 해나가는 것도 쉽지 않다(오지훈, 9면). 불성실하게 일하는 사람도 있고, 직권남용하는 사람도 있었다. 이런 문제 때문에 물만골 사람들은 지금 새로운 조직을 만들기 위해 노력하고 있다. 오지훈씨는 이런 문제를 해결하기 위해서는 "정보와 내용을 그대로 공개하고, 투명하고 깨끗하고 민주적으로, 이해관계에 얽매이지 않고" 가야 한다고 말한다. 그는 무엇보다 "이웃에 대한 사랑"이 중요하다고 말한다.

> 마을 일 하는 사람들은 내 일을 대신 해준다고 생각하고, 그런 서로에 대한 끈끈한, 이웃에 대한 사랑 이런 걸 좀 가져야 되죠. 자본주의적인, 나만 아는 개인주의나 이기주의, 이런 거에 대한 어떤 공략, 유혹, 거기서 생기는 갈등과 싸움, 의견충돌이 많습니다. 그걸 해결하는 방법은 지속적으로 설득하고, 함께 대화하고 토론하는 것밖에 없어요. 그 이상은 답이 없잖아요. 뭐 거기서 좀더 나가면 소송하는 건데, (…) 그거야 법으로 해결하겠다는 건 이미 뭐 마음이 갈라진 거니까. 그전에 우리가 아무리 다른 이해관계와 입장이 있다 하더라도, 마을로 모아내는 그런 작업을 포기할 수도 없고, 포기하지도 않을 거예요.(오지훈, 10면)

오지훈씨는 마을을 좀더 새롭게 만들 계획을 여럿 세우고 있다. 마을신문을 만들고 주민 건강을 위해 의료지원도 강화하고, "우리 황령산"도 건강하게 할 생각이다. 대안학교를 만들어서 "마을에 대한 예의, 마을 사랑하기, 자연 사랑하기, 이런 것들을 배우는 배움터"를 만들고 싶어한다. 그리고 의료복지상담소를 좀더 탄탄하게 만들어서 "우리 마을 어르신들이 건강하게 살 수 있도록" 준비하고 있다.

생태마을을 꿈꾸며: 경남 산청 안솔기마을

　우리나라 여러 곳에서 '함께 사는 마을공동체'인 생태공동체를 만들어 사는 사람들이 조금씩 늘고 있다. 앞에서 본 성미산, 반송, 물만골은 도시 사람들이 마을을 만들어 살아가는 사례이다. 이와 달리 경남 산청의 대안학교인 간디학교 옆에 있는 안솔기마을 사람들은 산촌에 새로운 마을공동체를 만들어가고 있다. 1997년부터 신입생을 모집하기 시작한 간디학교 사람들은 1999년경부터 학교 옆에 생태마을을 만드는 구상을 실천에 옮기기 시작했다. 그리하여 4만 5000평의 부지를 사서 집을 지을 수 있도록 분양했다. 이곳에 간디학교 학부모나 지리산 자락에서 생태적으로 살고 싶어하는 사람들이 들어와 살게 되었다. 그러니까 안솔기마을은 처음부터 강한 연대감을 가진 사람들이 만든 계획공동체라기보다는 다소 느슨한 주거공동체라고 볼 수 있다. 우리가 만난 김명철씨는 간디학교와 학부모로 인연을 맺어 이곳에 들어와 살게 되었다. 마을사람들은 생태마을을 지향하며, 쓰레기를 줄이고 에너지도 적게 사용해 가능한 한 자연에 부담을 주지 않기 위해 노력해왔다.
　그러나 서로 생각이 다른 사람들이 마을을 이루어 생태적으로 생활하려니 문제도 적지 않았다. "자아가 굉장히 강한 사람들"이 모이다보니 자신의 생각을 "잘 죽이지 않아" 생기는 문제도 많다고 김명철씨는 말했다.

　소원한 관계가 있으면 이 사람들하고 관계를 풀어주려고 노력하면 풀었을 건데 딱 타이밍이란 게 있지 않습니까. 사람과의 관계가. 아주 작은 일인데 그 타이밍을 놓쳐버리니까 점점 벌어지고, 다음에 개입하려니까 개입하게 되면 두 사람 다 서운해하는 거예요. 누구도 만족할 만한 해결책이 안 나오는 거예요. 그래서 그냥 포기해버리고 스스로 알아서 해결하도록 놓아두는데, 결국은 그냥 묻어버리고 말지 그게 해결되는 게 아니더라고요.(김명철, 8면)

예를 들면 닭을 키우는 집의 닭 우는 소리같이 사소한 이웃간의 문제가 점점 커져서 실랑이를 벌이게 되었다. 사람마다 중요하게 생각하는 것이 다르고, 꼬인 관계를 풀 수 있는 말을 자연스럽게 하지 못해 분노가 폭발하는 경우도 많았다. 마을회의를 계속 해도 불만있는 사람은 회의에 잘 참석하지 않아 관계가 소원해지기도 했다. 이러다보니 현재 촌장을 맡고 있는 김명철씨는 "재미가 없고" 힘들다고 고백한다.

이러한 모습은 사람 사는 곳 어디서건 나타나게 마련이다. 개인을 넘어 이해와 사랑의 폭을 넓히고 갈등을 합리적으로 해결할 수 있는 능력과 제도가 불충분하기 때문이다. 김명철씨의 말에서 '생태적인 마을공동체'를 만드는 일이 얼마나 어려운지 알 수 있다. 같이 산다, 즉 이웃이 있다는 것은 오지훈씨 말대로 좋기도 하지만 힘든 일이기도 하다.

마을의 즐거움, 마을의 어려움

우리는 이런저런 마을에 사는 사람들 이야기를 들어보았다. 성미산의 박미현씨는 아이를 잘 키우기 위해 이사를 갔는데 거기서 친구를 만나 마을을 만드는 재미에 푹 빠져 있다. 성미산 사람들은 어린이집 건물이 경매에 넘어갈 위기, 성미산 배수지 건설 반대투쟁을 통해 서로 더 믿고 의지하고 사랑하게 되었다. 그 힘으로 각박한 도시에서 대안경제, 사회적 경제 실험에 나서고 있다.

부산 반송에 사는 박서희씨는 '지역활동'을 하러 반송에 들어가 살다가 동네사람이 되어 마을신문도 만들고 도서관까지 짓게 되었다. 때로는 힘들고 괴롭지만 끊임없이 마을 일을 만들고 그 속에서 보람을 찾는다. 재미있는 일도 혼자 하면 재미없는 법이니까. 마을 사람들이 그와 반갑게 인사를 나눌 때면 힘이 절로 솟는다.

오지훈씨는 영화를 상영하러 갔다가 물만골의 자연과 사람들이 너무나 좋아서 마을에 들어가 살게 되었다. 밥을 함께 나누어 먹는 사람들한테 반해서, 물만골에 사는 어르신들의 따뜻한 마음과 자연이 좋아서, 마을 일을 열심히 하고 있다. 그러나 공동으로 땅을 사고 생태마을을 만들기란 쉽지 않은 일이다. 물만골은 주민 스스로 만들어가는 도시 생태공동체의 희망과 도전을 모두 보여준다.

마을공동체를 만들어 자연 속에서 살고 싶어하던 김명철씨는 간디학교 옆의 안솔기마을에 들어가 생태마을을 만들기 위해 애써왔다. 마을사람들은 공동의 삶, 공동의 생태적 가치를 구현하기 위해 노력해왔다. 그러나 함께 살면서 자연스럽게 만들어진 공동체가 아니다보니, 생태마을을 만드는 일이 녹록지 않았다. 다른 사람과 더불어 뭇 생명을 제 몸처럼 생각하고 이해하는 일이 어려운 만큼 생태지향적인 주거공동체도 난관에 부딪칠 수밖에 없다.

마을을 만드는 모습, 마을에 들어가게 된 계기는 모두 다르지만 이들에게는 공통의 꿈이 있다. 돈이 아니라 사람을 섬기며 더불어 사는 '마을'에서 행복한 삶을 누리는 것이다. 여기서 중심은 삶, 생활이다. 이들은 거창한 이론이나 개념, 이슈로 사람들을 동원하는 것이 아니라 그저 동네에서 재미있게 살아간다.

YMCA에서 담배자판기 금지운동, 등대생협 등 창조적인 마을공동체운동을 헌신적으로 하다가 2007년에 작고한 황주석 선생은 마을의 중요성을 일찍부터 강조했다. 그는 "공동체를 지향하는 본성의 이끌림과 옛 마을공동체의 가르침에 따라 새로운 공동체, 새로운 형태의 마을을 이뤄가야 한다"고 말했다. 그는 "마을의 재창조"를 이야기했다(황주석 2005, 14면). 그의 말처럼 우리가 만난 이들은 동네 사람들과 함께 자신들의 둥지를 새롭게 창조하고 있다.

02장
협동하는 대안경제

1970~80년대에 양심을 가진 사람들은 '투쟁'하지 않고 살기 어려웠다. 여러 형태의 공적·사적 폭력이 인간의 생명과 존엄성을 위협하던 시대였다. 양심을 지키려는 최소한의 행동도 목숨을 걸어야 할 만큼 커다란 결단을 요구하던 시기에 사람들은 '적'을 무찌르기 위해 적을 닮아가기도 했다. 그런데 이런 시대에도 투쟁이 아니라 협동을 외치는 사람들이 있었다. 이들의 느리지만 꾸준한 운동은 투쟁의 시대가 끝난 이후에 더욱 빛을 발해 오늘에도 이어지고 있다. 이들의 협동은 화석화된 국가 관료기구 혹은 시장의 일부가 된 오늘날 농협의 '협동'과는 많이 다르다. 이들은 '협동' 속에서 승자독식의 자본주의를 넘어서는 대안을 엿본다.

과연 보잘것없는 동네 가게처럼 보이는 생협이 회사와 다른 삶을 가져다줄 수 있을까? 조합비 10만원을 내는 조합원들이 만든 동네

병원 같은 의료생협이 희망이 될 수 있을까? 새로운 무역, 새로운 회사는 가능할까? 40년 가까이 협동조합운동을 해온 신용협동조합(이하 신협) 이사장, 의료생협을 만든 의사, 협동운동가가 된 왕년의 혁명가, 생협을 하면서 삶을 다시 발견한 주부, 공정무역회사 사장이 된 운동가, 노동자 지주회사의 주주가 된 노동자 등 뭔가 다른 삶을 살고 있는 사람들의 이야기를 들어보면서 이 문제를 생각해보자.

협동조합의 재발견: 강원도 원주 밝음신협, 서울 한살림, 인천 평화의료생협, 원주 협동조합협의회

협동운동, 원주, 밝음신협

원주는 협동운동[1]의 학교 같은 곳이다. 1970~80년대 민주화운동의 버팀목이었던 지학순 주교와 장일순[2] 선생이 이곳에서 협동조합운동과 생명운동의 싹을 키워나갔다. 지학순 주교는 1968년경 진광중고등학교를 설립했는데 거기에 협동교육연구소를 만들어 전문강사를 배치하고 농촌, 광산촌, 어촌을 돌아다니며 신협을 지도하고 조직했다. 그러던 중 1972년에 남한강 유역에 대홍수가 일어나 수해복구에 많은 인력과 자금이 필요하게 되었다. 지학순 주교는 세계의 여러 원조기구에 도움을 요청했는데 독일의 도움을 받게 되었다. 지 주교는 이 돈을 단순한 원조가 아니라 지역개발사업에 쓰기로 하고 재해대책사업위원회를 구성했다. 이 위원회는 수해민들을 무상지원하지 않고, 누구든지 삽 한 자루 갖고 나와서 일을 하면 쌀 10킬로그램들이 한 포대를 주었다. 지 주교는 그때부터 부락마다 조직을 꾸려 전담복구사업을 지원했다. 부락별로 자체 회의를 통해 규약을 정하고, 회의록을 작성하고, 장부정리를 하도록 했다. 이런 체제를 만든 후에 2년 거치 3년 상환 조건으로 돈을 빌려주어 협동조직 중심으로 지역개발을 하도록 했다. 또한 교통이 불편해 소비재 가격이 너무 높은 문제를 해결하기 위해 공동 구판사업을 시작했는데, 그것이 오늘날 생협의 전신인 소비자협동조합이다(정인재, 4~6면).

우리가 만난 원주 밝음신협 이사장 정인재씨는 1972년 수해복구사업을 위해 서울에서 내려와 이런 활동을 하다가 "그냥 좋아서" 원주에 눌러앉게 되었다. 그는 이렇다 할 교육을 받지 못한 농촌 청년들이 "깜짝놀랄" 능력을 지녔다는 사실을 알게 되었다. 허황된 꿈이라고 군청 공무원의 놀림을 받으면서도 양수기를 설치하고 골짜기 낙차를 이용해 마을에 물을 댈 뿐 아니라 수리계를 운영하는 청년들도 있었다. 그는 지학순 주교, 장일순 선생 같은 분들과 함께 고리채를 없애기 위해 신협이나 소비자협동조합을 만드는 데 참여했다.

> 고리대금업자한테 돈도 빌려 쓰고 하니깐 생활이 뭐 말도 아니죠. 거기다가 공동 탄광 사택이 있어요. 사택인데, 사택이라는 게 지금같이 집안에 화장실 있고 싱크대가 있고 그런 데가 아니고, 공동 화장실, 공동 수도가 있어요. (…) 거기다 시커먼 탄가루 만날 날리는데. (…) 노조에서 신협을 운영하게 해서 탄광촌 고리채를 없애는 데 절대적인 기여를 합니다. 아마 탄광지역 열여덟개 노조를 그렇게 바꿨을 거예요.
> 그리고 물가가 비싸니까, 지금 농촌에는 조그만 구판장을 운영을 하지만, 거기는 한 사택이 수백명, 수백 가구 막 이렇게 사니까, 거기에 지금으로 얘기하면 마트지 조그만 마트. (…) 그렇게 공동으로 직

영매장을 운영해요. (…) 그래서 고리채를 없애고 물가를 안정시키는 데 절대적인 역할을 해요.(정인재, 7~8면)

원주 사람들은 노조로 하여금 신협을 만들어 고리채 문제를 해결하게 하고, 직영매장인 소비자협동조합을 운영하게 해서 물가를 잡도록 했다. 이것은 경제적 약자들이 서로 협동하여 호혜의 경제를 만들었다는 점에서 중요한 의미가 있다. 이런 일이 가능했던 까닭은 원주 사람들이 농촌, 탄광촌을 발로 뛰면서 자발적 협동을 교육하고 조직했기 때문이다. 그러나 광산이 문 닫으면서 노조도 신협도 없어지고 말았다. 황지, 장성 등 지역조합으로 발전한 곳이 몇 군데 있지만 노조를 중심으로 한 신협은 모두 사라졌다.

그렇지만 원주의 협동조합은 지금도 활발하게 움직이는 곳이 많다. 그중 맏형 노릇을 하고 있는 곳이 바로 밝음신협이다. 밝음신협은 가난하고 소외된 소시민, 소상공인 들을 중심으로 1971년 설립되었다. 처음에는 천주교 원주교구 가톨릭쎈터의 조그만 공간에서 사무를 보았으나 1991년에 원주 시내에 건물을 지어 시민에게 문화공간, 휴식공간을 제공하고 있다. 이 건물에는 지금 여성민우회, 원주의료생협, 소비자시민의모임, 민예총 원주지부 등의 단체가 입주해 있다. 조합의 자산은 약 580억원, 조합원은 약 1만 5000명이다. 밝음신협은 특히 복지사업이나 지역 지원사업에 관심을 기울여왔다. 교통 사정이 좋지 않던 시절에는 야간 응급환자 수송을 위해 소방서에 구급차를 기증하기도 했다. 원주생협이나 한살림[3]이 없을 때에는 공동 구판사업을 하기도 했다. 그러다가 1997년 IMF를 맞아 밝음신협은 심각한 위기에 빠졌지만, 2005년에 이르러 이를 벗어날 수 있었다. 정인재씨는 젊어서 협동조합이 사람을 변화시킨다는 사실을 눈으로 확인한 후 협동조합의 실천가가 되었다. 그는 대체 무엇 때문에 협동조합을 강조하는 걸까?

> 협동조합을 해야 하는 기본적인 이유가 상호부조, 상호협력, 상부상조 정신이고. 그다음에 개개인의 인격을 변화시키는 활동이거든요. 과거의 사고방식에서 사람을 변화시키는 역할을 해야 된다는 그게 있고요. 그다음에 집단적으로 운영을 하는데, 공개적으로 공동운영을 하고 상호의견들을 모아 다수결 원칙에 의해 최종적으로 의견을 결집하는 거거든요. 그건 민주주의 훈련장이다. 그니까 신협을 처음에 전국적으로 조직하고 그럴 때, 그때 박정희정권 때잖아요. 그니까 이게 눈엣가시야. 사람을 자꾸 깨우쳐주거든. 정신이 멍해야 잘 먹혀 들어가는데. 그니까 협동조합을 하면 사람이 변합니다. (정인재, 10~11면)

정인재씨는 협동조합의 가치와 정신이 상호협력이며, 협동조합에 참여하면 "사람이 변한다"고 말한다. 타율적인 인간에서 주체적이고 자립적인 인간으로 변한다는 것이다. 그런데 개인적인 각성에 머무는 것이 아니라 공동운영, 정보공개, 민주적 의사결정 등 '민주주의 학교'에서의 훈련을 통해 공적이고 민주적인 인간으로 거듭난다는 것이 중요하다.[4] 사회적 존재로서 인간의 본성을 민주적 참여 과정을 통해 발현하도록 하는 학교가 바로 협동조합이라는 것이다.

정인재씨는 아무리 가난하고 힘들게 사는 사람이라도 협동조합에 참여하여 스스로 돕는 훈련을 받으면 새 사람이 될 수 있음을 경험을 통해 체득했다. 그는 이런 체험을 바탕으로 저소득층 협동조합인 '누리협동조합'과 '갈거리협동조합'을 만드는 데 적극 참여했다. 누리협동조합은 밝음신협 조합원 가운데 자활사업에 참여하는 사람들이 푼돈을 모아 어려운 사람들을 도와주는 소규모 신협의 초기단계 조직이다. 갈거리협동조합은 누리협동조합보다 좀더 열악한 사람들의 협동조합이다. 이는 갈거리사랑촌이라는 복지시설을 이용하는 저소득층 사람들이 서로 돕기 위해 만들었다. 밝음신협은 이 두 협동조합을 지원하고 있다. 누리협동조합은 자산규모가 9000만원에서 1억원 정도이고 갈거리협동조합은 4000만원 정도이다. 정인재씨는 이같은 작은 신용협동조합이 단순히 경제적 도움뿐 아니라 더불어 살아가는, 즉 가족 같은 인간관계를 맺는 데 큰 도움이 된다고 말한다(정인재, 4면). 정인재씨는 재해대책사업에 참여한 경험을 바탕으로 자활사업도 협동조합 방식으로 운영하도록 지도한다.

> 자활사업단 운영도 (…) 그냥 대충 하는 게 아니고, 원래 자활후견협회에서도 자활사업단을 협동조합 방식으로 운영하기를 원하는 겁니다. 그래서 반드시 회의해라, 사업단 회의를 해라, 거기서 움직이는 돈은 기록해야 된다. 의사결정도 공개적으로, 그냥 뭐 반장이 알아서 막 처리하는 게 아니라 구성원들하고 같이 협의하고, 거기서 결정된 걸 같이 하고. 이런 방식이죠. 좀 어려워요. 그렇게 하려니까. (…) 뭔가 그 사업에 참여해서 사람이 변하든지, 자기 가정이 변하든지, 변하는 게 있어야지, 그냥 그대로 살면 그건 아무런 의미가 없는 거 아닙니까?(정인재, 8면)

정부에서 저소득층의 인건비를 지원하는 자활사업이 아니라, 협동조합 방식의 사업에 사람들을 참여시키고 변화하도록 만드는 일은 쉽지 않다. 누리협동조합을 조직할 때 정인재씨는 경제적으로 문제가 있는 사람 수십명을 어떻게 믿고 돈을 꾸어주느냐는 조합원들을 "꼬시기" 시작했다. 몇달을 설득한 끝에 사람들의 동의를 겨우 끌어낼 수 있었다. 정인재씨는 후원금 마련을 위해 일일주막을 열어, 자활사업에 참여하는 사람들이 함께 표를 팔아 기여하도록 했다. 이렇게 해서 1000만원을 마련해 신용등급이 낮아 몇십만원조차 대출 받지 못하는 사람들에게 이자 4퍼센트에 10개월 분할상환 조건으로 50만원을 대출해주었다. 사람들이 그 모델을 보고 갈거리협동조합도 만들고, 성공회 '나눔의집'에서도 협동조합을 운영하기 시작했다.

정인재씨는 재해대책사업에서 농촌의 배우지 못한 청년들이 새 인간으로 거듭나는 과정뿐 아니라 자활사업에 참여하는 사람들이 변하는 모습도 보았다. 그는 자존감 없이 살아가는 인간이 아니라 삶을 스스로 설계할 수 있는 인간이 되도록 힘을 불어넣는 것이 바로 상부상조와 상호협력에 기초한 협동조합 방식이라고 말한다. 이것은 자활의 기본원칙이자 개인의 인격을 변화시키고 민주주의를 훈련하는 과정이다. 협동조합이 중요한 이유는 그것이 빈곤층의 경제문제를 해결하는 효과적인 수단일 뿐만 아니라 새로운 사회의 구성방식이기 때문이다. 정인재씨는 사람들이 조합원으로 참여함으로써 인간의 존엄성과 자율성이 강화된다는 점을 강조한다.

협동조합은 부자들의 사회적 행복감 역시 높여줄 수 있다. 부자의 돈이 돌고 돌아서 가난한 사람을 돕게 되면 그들도 보람을 느끼고 존경 받을 거라는 얘기다. 그는 부자들이 협동조합에 돈을 예치

해서 어려운 사람들을 많이 도왔으면 좋겠다고 말한다.

> 돈 많은 사람이 높은 이자만 좇지 말고, 조금 이자에서 손해를 보더라도 이런 협동조합에 자꾸 참여해 예치를 해주면, 그 돈이 굴러다니면서 어려운 사람들을 돕고. 그런 방식으로 생각을 전환하면 본인도 보람을 느낄뿐더러 지역에서 어른 대접을 받고, 그럴 수 있지 않나 싶어요.(정인재, 11면)

정인재씨는 협동조합의 중요성을 강조하면서도 어려움도 절감한다. 동업을 하면 깨지기 일쑤고 만날 문제가 생긴다고 한다. 그래서 "결국 각자의 사업으로 되고 자기 몫 찾아가는 상황이 반복"된다는 것이다. 그는 대안사회를 만드는 데 협동조합의 가능성을 높이 평가하면서도 과연 우리가 좀더 나은 사회를 만들 수 있을지, 빈곤문제를 함께 해결할 수 있을지 우려하고 있다.

> 대안경제, 대안사회, 지금 '대안' 자가 유행인데 어떻게 해야 성공할지 방법을 모르겠어. 아무튼 뭔가 새로운 대안이 생기지 않으면, 어려운 사람들 문제, 빈곤문제를 어떻게 풀어나가야 될지. 참.(정인재, 15면)

정인재씨는 농민들에게 잠재돼 있던 능력들이 협동을 통해 발현되는 것을 직접 보았다. 이러한 생생한 경험에 근거하여 빈곤층을 협동조합 방식으로 지원하는데, 근본적으로 협동조합의 힘을 믿는다. 그 바탕에는 경쟁으로 인간성이 훼손되고 삶이 파괴되는 상황에서 잠재된 협동정신을 개발하여 이를 사회구성 원리로 전환하려는 의도가 숨어 있다.

그러나 협동조합 원리를 확산하는 것이 쉬운 일은 아니다. IMF를 맞아 밝음신협도 커다란 위기를 경험했고, 수년간 어려운 시간을 보내야 했다. 금융제도가 변해서 협동의 원리에 바탕을 둔 금융써비스 활동이 쉽지 않고, 또한 신협의 규모가 커져서 밝음신협은 평범한 금융기관 이상의 역할을 하기도 어려워졌다. 조합원 교육도 형식적으로 이루어지고 있다. 그러나 밝음신협은 단순한 금융기관이 아닌 협동조합으로서, 상호협력의 원리를 확산하기 위한 재교육 프로그램을 활성화하고 이익의 사회환원도 게을리하지 않고 있다. 급변하는 금융환경에 대응하고, 사회변화에 발맞춰 협동의 내용과 방식을 새롭게 하려는 시도들도 나타나고 있다. 정인재씨는 변화하는 시대에 새로운 협동의 내용과 조합원 조직 방식을 내놓아야 하는 숙제를 안고 있다.

한살림의 안과 밖

김민경씨의 삶은 1989년 10월 KBS의 '한혜숙 주부의 한살림 일기'라는 프로그램을 우연히 보다가 달라지기 시작했다. 주부들이 '한살림'이라는 모임을 같이하면서 이웃사람과 만나서 유기농산물을 함께 나누어 먹는 이야기, 유기농산물을 생산하는 농민들 이야기, 또 배달을 맡은 젊은이들 이야기 같은 것들을 들었다. 그전에는 풀무원 얘기를 들으면서도 '먹는 것 갖고 저렇게 유난을 떠나' 싶었고, 농민이라면 못 배운 사람들이라고 생각했는데 굉장히 심오한 이야기를 그들이 하는 것을 보고 '참 희한하다'고 생각했다. 또 '대학교 4년씩이나 다닌 사람들이 저런 배달일이나 하고 있나? 참 이상한 곳이네' 하는 생각도 들었다. 이 프로그램은 KBS의 전화통에 불이 날 정도로 많은 관심을 불러일으켰다. 김민경씨도 이때부터 한살림에 관심을 갖고 농산물을 이용하기 시작했다. 지금은 많이 바뀌었지만 당시 한살림은 조합원들이 다섯 가구 정도의 공동체를 조직하면 유기농산물을 배달해주는 형태로 운영되고 있었다. 물건이 오면 이웃사람들이 "그게 뭐냐" 물어보기도 하고 참여하는 사람들이 늘어나기 시작했다. 김민경씨는 "이걸 먹으면 내 몸이 건강해진다"가 아니라 "이거 먹으면 땅이 어떻게 된다는구만" 하고 이야기했다고 한다.

먹을거리에 대한 불안이 커질수록 한살림은 급속히 성장했다. 조합원 공동체 교육이나 보살핌을 하기 힘들 정도로 빠르게 확산되었다. 한살림은 생산자와의 교류 행사, 1년에 한번 하는 단오제 등을, 농민과 소비자의 공동체정신을 일깨우는 계기로 삼았다. 예를 들면 사과 농사를 짓는 생산자가 도시 소비자들을 초대하면 도시 조합원들이 농가를 방문해 농사를 도와주고 이야기도 듣는 생산지 견학 프로그램을 통해, 조합원들이 단순히 상품을 사는 것이 아니라 농민의 땀과 노력을 함께 나눈다는 공동체의식을 키워갔다. 주부들은 주부들대로 공동체 단위로 농산물을 공급 받으며 서로 돕고 농촌문제, 환경문제를 토론하면서 조합원의 정체성을 키워갈 수 있었다.

김민경씨는 한살림에 1990년에 조합원으로 가입해서 물품위원회 활동가, 매장 운영 활동가, 상근 활동가로 일하다가 서울 한살림의 이사와 이사장까지 맡게 되었다. 그는 한살림에 참여하면서 환경문제에 관심을 갖게 되어 공해추방운동연합(환경운동연합의 전신, 이하 공추련)의 여성위원회에서 활동하기도 했다. 주부로서 몸에 좋고 땅과 농민도 살리는 먹을거리를 구입하려고 시작한 활동이 어느새 삶의 중심이 되었다. 1990년대초 공추련과 한살림을 동시에 경험하면서 김민경씨는 두 조직의 차이를 피부로 느꼈다.

> 공해추방운동연합하고 한살림은 약간 성격이 달라서 그때 청년 활동가들은 그랬어요. "아줌마들 모여 먹는 거나 얘기하네" 하고 그랬어요. (…) "한살림 같은 데는 개량주의적인 곳이야." 뭐 이런 얘기를 듣기도 했어요. 개량이 뭔지도 모르고, 운동이 뭔지도 모르고,(웃음) 그때 공추련은 (…) 사회에 대한 어떤 반사회적 개혁을 하는 데라 운동성이 확실한 곳이었는데, 조직과 멀리 떨어진 한살림 조합원이 보기에는 그런 혁명적인 운동성 같은 것은 별로 보이지 않았죠. 오히려 좋은 관계였어요. 한살림 실무자들이 오는 날이면 '오늘은 그 분들과 점심밥을 뭘로 해 먹을까?' 이런 생각을 하는 거예요. 그땐 두 분이 같이 다니기도 하고 그랬거든요. 오면은 문 열려 있고 같이 어울려서 밥 먹고 얘기하고 이러다 갔었어요. 우리 애들은 "아저씨, 아저씨" 이러고. (웃음) 이쪽하고 저쪽하고가 굉장히 좀, 느낌이 달랐어요.(김민경, 3~4면)

공추련의 사회운동가들보다는 대학 4년 공부 마치고 즐거운 마음으로 배달일을 하던 한살림 활동가들이 그에게 더 와닿았다. 이런 경험을 통해 한살림운동이 인생의 동반자가 되었다. 김민경씨는 이런 일들을 하면서 "애들이 학교에 가서, 많이 남는 시간에 심심하지 않게" 지냈다. 그는 "30대, 40대를 큰 갈등 없이 행복한 마음으로" 살아왔다(김민경, 16면). 그리고 한살림에서 함께 지내면서 "굳이 불편한 조직을 택한 성향이 비슷한 사람들"이 모여 있기 때문에 걱정이 덜한 것 같다고 말한다. 특히 한살림 상근 활동가들의 경우에는 더욱 그런 것 같다.

> 재미있는 것은 이 사람들이 아이들을 많이 낳아요. 요즘같이 '어려운 세상에 왜 힘들게 아이를 낳나?' 또 한편으로는 '돈이 많이 드니까 아이를 안 낳는다' 이런 거 있잖아요. 근데 아이를 둘셋씩 낳아요. 그러고 어떤 때는 부인이 아이 키운다고 집에 있어요. 적은 월급인데 한 사람 월급으로 살아요. 이런 거 보면 참 확한해요.(김민경, 24면)

김민경씨에게 한살림 밖은 경쟁을 강요하는 회사의 세상이지만, 한살림 안은 서로 돕는 행복한 공간이다. 이 공간에서 그는 먹을거리를 나누는 일에 머물지 않고 '햇살'이라는 마을공동체를 만드는 데서 보람을 찾는다.

> 한살림 안을 보면 여전히 이곳이 행복한 공간인데, 이 행복한 공간을 행복하게 느낄 수 있는 사람들이 많이 있었으면 좋겠다고 해서 이런 것(마을 모임)도 하고 그러는 거죠. 그리고 이제 좋은 점은 처음에는 내가 물품을 이용하기 위해서 어떻게든 끌어들여 공동체를 만들고 했는데, 그 이상의 확장은 안됐었거든요.
>
> 근데 이제 여기서 새로운 모습이 만들어지는 것이, 비록 처음부터 잘된 것은 아니지만요. 나중에 조직되는 것이기 때문에, 조직되는 것도 참 어려워요. 물품 이용을 위해 가입했던 사람들을 다시 막, "이리와, 이리와, 먹는 것만이 아냐" 하면서 다시 끌어들인다는 것이 어려워요. 그런데 이런 거를 통해서 교육에 대한 것, 교과서에 대한 것도

얘기하고, 뭐 이러거든요. 어떤 때는 그것이 잘되어 지역에 있는 이웃을 돌보기도 하고, 또는 지역 내에 있는 시민단체와 결합해서 아나바다[5] 장터라든가 이런 것도 만들어가고, 학교급식 얘기도 하고. 이런 것들이 많이 확산이 되고 있어요. 속도는 상당히 느리지만요.(김민경, 8~9면)

한살림은 워커스 컬렉티브(workers' collective, 이하 워커스), 우리말로 생산자협동조합 문제를 오랫동안 토론했다. 이는 협동조합 형태의 조직을 만들어 물건이나 써비스를 생산 판매하는 것인데 일본 생협에서는 다양하게 운영되고 있다. 처음에는 생협에 물건을 배달하는 배달 워커스가 만들어졌고 나중에는 식당, 도시락 배달, 까페, 복지 케어 써비스 등 다양한 형태의 협동조합형 기업이 만들어져 운영중이다. 한살림도 지역에서 돌봄을 사업화하려 해보았다. 그러나 워커스에 대한 이해가 충분치 않은 상태여서 사업 쪽으로 쏠리는 경향이 있었다고 한다. 김민경씨는 "역시 돈이 무서웠다"고 말한다(김민경, 11면). 돈 벌지 않으면 곧 "노는 사람"이 되어버리는 현실에서 워커스를 통해 전업주부들이 돈을 벌 수 있다고 생각하게 되자 그쪽으로 "바퀴가 굴러가버렸다."

전업주부 여성에게는 돈 벌지 않는 사람이 곧 노는 사람이 돼버리는 거예요. 그것 때문에 기운 빠지는 게 있어요. 돈 벌지 않는 것, '아무 일도 하지 않는다, 곧 논다' 이런 등식 같이 느껴지는 것이 전업주부들에게는 있거든요. 그러니까 (…) "우리 식구 여러분이 사회에 기여해야 될 일이 있는데 안하고 있잖아. 나는 한살림에서 그걸 대신하고 있는 거야"라고 강변하고 있지만, 한편으로는 어떤 때는 흔들리죠. 때 때로 흔들리죠. 전업주부인 저희 조합원들은 오죽하겠어요? 이게 전업주부인 조합원들이나 주부들에게는 가치있다고 했을 때, 어떤 봉사 활동이라든가 이런 것을 하지만 여전히 가족들에게 인정받는 가치라는 면에서 돈을 번다는 것이 늘 맘속에 남아 있어서, 워커스라는 것을 얘기할 때도, '아, 스스로 돈을 벌 수 있다'는 것이 상당히 매력적으로 다가왔겠다는 생각이 들더라고요.(김민경, 11면)

주부들은 경제적 가치, 즉 화폐가치로 환산되지 않는 사적·공적 돌봄(노동)의 중요성을 가족들에게 "강변"함으로써 자신의 일과 존재의 소중함을 인정받고 싶어한다. 그러나 화폐로 환산되지 않는 일을 하는 주부는 가정에서나 사회에서나 2등시민이라는 자괴감으로 고통 받는 경우가 많다. 모든 것이 돈을 중심으로 돌아가는 세상 한복판에서 돈과 무관한 일을 실천하기란 "강변"해야 할 만큼 어려운 일이다.

동업하면 안된다는 우리사회의 불문율 같은 것도 생산자협동조합을 만드는 데 걸림돌이 되었다. 그래서 김민경씨는 요즘 돈보다 더 가치있는 게 무엇이냐, 이런 문제를 많이 이야기한다. 유기농산물 직거래 운동으로 전국적으로 규모가 커진 한살림은 이제 사회를 변화시키는 문화운동뿐 아니라 대안경제조직을 만들고자 한다. 그러나 단지 몸에 좋은 식품을 구하기 위해 가입하는 조합원들에게 한살림의 가치를 교육하고 이 운동에 동참을 요구하기란 그리 쉽지 않다. 그럼에도 김민경씨에게 한살림은 편안하고 행복한 공간으로 남아 있다. 불안 때문에 돈을 벌고 보험에 들어야 하는 바깥세상과 달리 한살림은 태어나서 죽을 때까지 함께 도와가며 스스로 뭔가 만들어갈 수 있는 공간이다.

> 많이 얘기하는 것이 복지에 대한 얘기고, (…) 아무래도 엄마들이다보니까 그런 것 같아요. 아이에 대한 육아에서부터 죽음에 대한 것까지. 그래서 그런 얘기를 해요. "어우, 한살림에서는 태어나서 죽을 때까지 모든 사업을 할 수 있겠다." 그런 얘기를 해요.(웃음) 한살림은 먹을거리가 많이 돋보였지만, 우리 안에서 우리들이 필요한 것을 스스로 만들어가는 것을 잘할 수 있겠다는 생각이 드는 거예요.(김민경, 12면)

그러나 자기들끼리만 한살림 안에서 행복하고 말면, 경쟁에 시달리며 고통 받는 바깥세상 사람들은 어찌할 것인가? 불안 때문에 돈을 모으고 보험에 들 수밖에 없는 사람들에게 한살림은 무슨 일을 해야 하고 실제로 할 수 있을까? 이러한 문제에 대해 한살림에서는 1996년 좌담회에서 '지역으로 가야 한다'고 이야기했다. 생산자는 생산자대로, 소비자는 소비자대로 자기 동네 사람들과 함께 살아가는 일을 해야 한다는 말이 나오기 시작했다. 이제 많은 사람들이 이렇게 이야기한다. "어찌하면 생명이 존중되는 세상이 될 것인가를 이웃사람하고 얘기를 해야 마땅하지 않느냐."

김민경씨는 수익과 효율을 추구해야 하는 '사업'과 사회를 변화시키는 '운동'을 어떻게 조화시키느냐가 중요한 문제라고 본다. "사업을 통해서 운동을 하는" 특수한 조직인 한살림의 방식은 회사나 다른 시민사회단체와는 뭔가 달라야 한다고 생각한다. 한살림 사람들은 "우리 스스로 '한살림스럽다'고 말하는 것을 하고 있는가?"라는 질문을 던지고 있다. 이러한 질문에 대한 김민경씨의 답은 두가지다.

> 한살림이 단지 유기농산물을 유통하는 게 아니라 이 사회에서 대안적인 모습을 보여주기 위해서는, 지역사회에서 요구하는 것을 잘해나가는 것과 더불어 우리 내부의 한 사람 한 사람이 살아있는 존재로 인정되고 잘 모셔지면서 우리 안에서 이런 문화가 만들어지는 것이 필요하다. 그래서 밖으로 무엇을 해야 될까, 그리고 안으로 무엇을 해야 될까, 이 두가지가 요구되는 거예요.(김민경, 16면)

다시 말하면 밖으로는 대안사회를 만들기 위해 사회와 제도, 정책의 전환 운동을 펼쳐나가고, 안으로는 조직 내의 사람들을 변화시키면서 "사람에서 사람으로 퍼져나가는" 살림의 문화를 키워나가는 것이 한살림의 운동방식이라고 김민경씨는 보고 있다.

> 조합원들이 개별적으로 있지 않고 이웃하고 만나서 뭔가 꾸려보는 것이 우리사회의 변화를 일으키는 지점이 되고, 이게 한살림운동의 모습이라고 생각해요. (…) 저는 오히려 소중하게 보는 건 개별적인 사람들인 이 조합원들이 '한살림 조합원들이 되더니 말도 이렇게 하고 생각도 이렇게 하고 태도도 이렇게 되더라' 이런 거예요. 이게 우리사회를 변화시키는 흐름이라고 보거든요.(김민경, 17면)

김민경씨가 생각하는 한살림운동은 제도나 법을 바꾸는 딱딱한 권력정치가 아니라, 사람의 변화를 통해 문화를 변화시킴으로써 서로 모시고 존중하는 세상을 만들어가는 활동이다. 조합원이 됨으로써, 돈이 아니라 사람들의 관계를 중시하고 사람들과 공존하는 가치를 내면화함으로써 자아 존중감이 높아지는 변화를 경험하는 것이 중요하다고 본다. 이러한 변화가 넓게 퍼져나가는 것이 바로 한살림 운동의 '사회화'이다. 이러한 운동과정은 이슈를 중심으로 돈과 사람을 동원하여 제도 변화를 추구하는 노동운동이나 NGO운동과는 매우 다르다.

김민경씨는 한살림이라는 생협의 조합원, 활동가, 이사 역할을 하면서 주부라는 정체성을 넘어 사회적 존재로서 자신을 확장시켜 왔다. 세상일을 잘 모르던 주부가 한살림 배달 청년들과 함께 밥 먹고 친하게 지내면서, 땅을 살리고 사람을 살리는 일에 눈을 뜨게 되었다. 돈을 벌지 못하면 '노는 사람'으로 인식되는 주부의 한계를, "우리 식구 여러분이 사회에 기여해야 될 일이 있는데 안하고 있잖아. 나는 한살림에서 그걸 대신하고 있는 거야"라는 새로운 틀짜기(framing)를 통해 넘어서고 있다. 그는 이렇게 삶의 중심이 된 한살림에서 생각이 비슷한 사람들과 서로 의지하며 행복한 삶을 살아간다. 그러나 한살림 밖은 경쟁의 세찬 바람이 부는 곳이다. 김민경씨는 우리만 행복하면 되는 게 아니라 한살림 밖의 세상도 평화롭고 행복해져야 한다고 생각한다. 거기까지 가는 길은 사실 너무나 느리고 힘든 여정이다. 그럼에도 그는 사람들의 생각과 말과 행동이 조금씩 바뀌고 그것이 또다른 사람에게 영향을 미쳐 세상이 조금씩 나아질 거라는 희망을 버리지 않고 있다. 정부를 보면 한숨이 나오고 걱정이 앞서지만, 세상은 좋은 사람들에 의해 조금씩 바뀌어가고 있다고 그는 믿는다.

협동운동으로 살려나가는 지역 의료: 인천 부개동 평화의료생협

앞에서 정인재씨는 협동조합운동을 하면 사람이 바뀐다고 했다. 김민경씨는 자신은 물론 한살림에 있는 주부들의 삶이 어떻게 바뀌었는지 우리에게 보여주었다. 이제 만날 임종한씨는 이러한 사실을 먼 길을 돌아서 알게 되었고, 이제는 '의료협동조합운동'을 주창하고 있다.

임종한씨는 1980년에 의대에 입학했다. 학교에 들어가자마자 광주민주화운동을 경험하면서 사회적 책임을 무겁게 느낄 수밖에 없었다. 이때는 의사가 되기 위해 본과로 진학하는 것도 부담스러워하는 사람들이 적지 않았다. 임종한씨는 대학 1, 2학년 때 수업도 잘 안 들어가고 만날 캠퍼스에 앉아서 토론하며 세월을 보냈다. 그러다 2학년 때인 1981년에 우연히 시위현장에서 경찰에 붙잡혀 강제징집당했다. 군대에 끌려갔는데, 읽을 책이 성경뿐이라 성경을 여러 번 읽고 생각을 정리할 기회를 갖게 되었다. 제대하고 학교를 마친 임종한씨는 써클(동아리) 선배의 권유로 1989년에 만들어진, 인천시 부평구 부개동에 있는 평화의원 2대 원장으로 일하게 되었다. 이 지역은 저소득층 밀집지역으로 경제 여건이나 의료시설이 매우 열악한 곳이었다. 임종한씨와 동료 의사들은 이곳에서 6년 넘게 일하면서 주민들의 건강을 돌보았다. 주민들이 평화의원을 찾아와 도움을 구하고, 노동자들이 사업장에서 파업을 하다가 몸이 안 좋으면 찾아올 정도로 지역에서 일을 많이 하는 의원으로 소문이 났다.

그러나 헌신적인 노력만으로 평화의원을 유지하기란 쉽지 않았다. 직원과 의사의 급여 차이를 줄이기 위해 의사 봉급을 많이 깎다보니 의사들이 버티기 힘들었다. 밑에서 받쳐주는 후배도 없는 상태에서 의사들은 열악한 근무조건으로 인해 가정생활에서 어려움을 겪었을 뿐 아니라 건강까지 해치게 되었다. 설상가상으로 병원을 유지하기도 어려워지기 시작했다. 다른 한편으로는 1990년대초 동유럽 사회주의국가들이 몰락하면서 사회주의적 이상에 대한 회의가 급속히 확산되었다. 이런 상황에서 임종한씨는 지역주민과 지역사회가 변화를 보이지 않는 문제를 고민하기 시작했다.

> 지역주민들이 참여해서 (…) 계획도 하고 (…) 의사가 처방해주는 것 말고, 사실 굶고 오거나 밤새는 분 있으면 식사라도 챙겨서 드리고 집안 청소도 할 수 있는 지역주민이 필요한데 그러지 않는 거예요. 저희들은 나름대로 헌신했다고 하지만 사실 지역사회 내에서 사람들을 변화시킬 수 있는 그 무언가를 조직하지 못한 것 같다, 지역사회가 변화되어야 근본적인 문제인 빈곤의 고리도 끊는 것이고. 그다음에 사람들이 다 개인적으로 이렇게 다 나뉘어 있는 형태 내에서 뭔가 의미있는 변화를 만들어가야 하는데 그렇지 못하더라고요. (임종한, 7면)

힘들게 헌신적으로 노력해도 지역이 바뀌지 않자 임종한씨는 새로운 변화가 필요하다고 생각했다. 그러던 차에 우연히 1994년 일본 의료생협을 방문해서 교류할 기회를 갖게 되었다.

> 일본 의료생협은 정말 다르더라고요. 그러니까 논의하는 과정도 몇몇 지식인들에 의해 움직이는 것이 아니고, 정말 평범한 사람들이, 다 훈련해서 특히 민주주의 학교가 있다는 데 눈을 좀 떴어요. (임종한, 7면)

임종한씨는 주민들을 도움을 주어야 할 대상으로 생각했을 뿐, 이들을 주체로 생각하지 못한 사실을 일본 의료생협을 방문하면서 깊이 깨달았다. 그는 일본 협동조합 사람들을 만나면서, 사회모순이 저절로 사회변화를 낳는 것이 아니고, 변화를 일으키기 위해서는 사람들의 의지가 필요하다고 느꼈다. 이는 공동체운동이나 협동운동이 유기농 직거래나 중산층 중심의 웰빙운동에 머무는 것이 아니라 "자본주의사회를 바꾸는 운동"이 될 수 있다고 생각하는 계기가 되었다. 1970년대 강원도에서 일어난 협동운동, 즉 '민주주의 학교'의 교훈을 그는 일본 의료생협에서 배운 것이다.

일본을 다녀온 임종한씨는 동료들에게 의료생협을 만들자고 제안했다. 그러나 직접 가서 경험해보지 못한 동료들의 반응은 시큰둥했다. 임종한씨는 "지역주민들에게 바쳐야 평화의원이 산다"고 끊임없이 설득했다. 나중에 동의를 얻긴 했지만 이 과정이 "너무 힘들었다." 결국 이사들과 지역주민들을 설득하는 데 성공해서, 1996년에 조합원 300명이 출자금을 마련하여 평화의료생협이 출범했다.

조합으로 전환하자 지역주민들 사이에 조금씩 변화가 보이기 시작했다. 마음을 열고 의사와 이야기할 수 있어서 좋고, 꼭 아프지 않더라도 그냥 들러서 건강관리도 의논할 수 있어서 좋다는 사람들이 늘어났다. 주민들이 이사 자격으로 병원 경영에 참여하자 전문 역량이 생겨나기 시작했다. 보건소가 제대로 일을 하는지, 시(市)의 의료·보건 행정이 정말 시민을 위해 실행되는지 평가할 수 있는 안목이 그들에게 생기기 시작한 것이다. 이것을 임종한씨는 의료생협, 즉 협동조합운동의 성과라고 말한다.

모든 경영이라든가 이런 것을 공개해서 '지역주민들이 실질적으로 소유하고 경영한다'는 것들을 계속해서 보여주는 거니까. 이에 공감한 사람들이 (…) 이제 감동을 하고 "어떻게 도와주면 좋겠느냐, 내가 조합원으로 가입하면 되겠느냐, 아니면 출자를 하면 되겠느냐, 자원봉사를 해주면 되겠느냐" 그런 분들이 있죠. 그래서 그런 과정을 통해 공동체를 만드는 거고……(임종한, 21~22면)

조합원 뉴스나 소식지를 통해 나눔장터를 열어 서로 물건을 교환하기도 하고, 자원봉사를 통해 지역을 이해하는 기회를 갖기도 한다. 이를 통해 개별화된 사람들이 조금씩 공적 의식을 갖고 지역을 생각하게 된다고 임종한씨는 말한다. 지역 생태여행을 통해 마을의 문제를 의식한 사람들이 이 내용을 기록하고 홈페이지에서 경험담을 나누기도 한다.

임종한씨는 맑스주의나 사회주의운동이 아니라 협동운동 속에서 변화의 힘을 느끼고 보람을 얻었다고 말한다. 그에게 협동운동은 '그들을 위한 밑 빠진 독에 물 붓기 식 희생'이 아니라 '그들 스스로 세상을 바꾸는 것'을 의미한다. 그는 협동운동 속에서 '자본주의 너머'를 본다. 그가 보는 의료생협이란, 자본주의의 효율성을 부정하지 않지만, 돈과 이윤을 넘어 자연·공동체 같은 새로운 가치를 설정하고 역동적으로 활동하는 곳이다.

저희 의료 분야에서는 특별히 자본을 근거로 하는 치료 중심의 병원 패턴이나 (…) 효용 중심적인 부분들을 벗어나는 형태의 새로운 패러

다임을 제시하는 거죠. 그런 의미에서 의료와 지역공동체가 같이 만
난다. 저희는 그렇게 생각을 하고 있고요.(임종한, 9면)

의료가 돈벌이 수단이 되어 많은 사람들이 의사와 병원을 신뢰하
지 않는 시대에, 임종한씨는 의료생협이 사람의 병뿐 아니라 '세상
의 병'을 치료하는 진짜 의사, 진짜 병원이 되기를 기대하고 또 그
렇게 만들어간다. 군 복무중에 읽고 또 읽은 성서 속의 예수가, 아무
댓가 없이 병든 사람들을 고쳐주고 그들이 스스로 일어나 걷고 눈
뜨게 만든 것처럼, 그는 생협에서 하나님 나라 운동을 하고 있는 것
같다.

생명평화와 협동조합: 원주 협동조합협의회

협동조합은 느리긴 하지만 사람을 바꾸고 지역을 바꾼다. 우리는
협동조합운동을 열심히 하면서도 그것을 넘어 세상을 새롭게 바꾸
려는 또 한 사람을 만났다. 조세진(가명)씨는 피 끓는 젊은 시절에는
협동조합이나 협동운동을 우습게 보았다. 1980년대에 학생운동, 노
동운동 그리고 '혁명적 사회주의운동'을 하고 있었기 때문이다. 사
회주의 이상에 온몸을 던진 그에게 1989년부터 시작된 동유럽 사회
주의의 몰락은 큰 충격이었다. 그는 이런저런 이유로 1992년경에
고향 원주에 내려와서 자신의 삶을 돌아보기 시작했다. 홀로 책을
읽고, 훌쩍 여행을 떠나기도 하면서 많은 생각을 했다.

그때 제가 뭘 느꼈냐면 '그게 사람을 죽이는 운동이었구나'라는 거
였어요. '솔직히 사람을 죽이는 운동을 내가 했었단 말이야!' 무슨 애

긴지 이해되시죠? 그니까 돌아보니까 막 이론투쟁하면 '저 새끼 죽일 새끼야!' 광기죠. 운동이란 이름의 광기도 있구나. 그리고 무슨 운동이 말이야, 경찰, 인제 시위를 하면 그 증오의…… 저항이 아니에요, 이거는. 화염병을 던지고 막 그러는데. 아, 아니구나. 그런 거 있잖아요. 그걸 어느 순간 보게 된 거예요. 전국일주를 하면서. 내가 했던 운동이라는 것이 사람을 살리는 운동이 아니라 사람을 살린다는 명분 아래 사람을 죽이는 운동, 그런 거를 했었구나. 적어도 그건 아니다. 그렇게 살진 않아야겠구나.(조세진, 16면)

전국일주를 하면서 조세진씨는 투쟁 중심의 운동이 죽음과 광기의 운동이었음을 깨달아 반성하게 되었다. 자신이 사람을 살린다면서 사실은 죽이는 운동을 했다고 느끼면서 삶이 바뀌기 시작했다. 1993년에 협동운동, 생명운동의 큰 스승인 무위당(無爲堂) 장일순 선생이 돌아가신 것도 그에게는 중요한 사건이었다. 이런 일들을 겪으면서 그토록 열망했던 사회주의도 경제성장과 국가에 의존하는 체제라는 점에서 자본주의와 그리 다르지 않다고 생각하기 시작했다. 사회주의는 사적소유가 아닌 국가소유 체제이지만 자본주의와 마찬가지로 인류에게 희망을 줄 수 없다고 생각하게 됐고, 장일순 선생의 이야기나 노장사상(老莊思想)이 새롭게 느껴지기 시작했다.

제가 얘기를 하는 하느님이라고 하는 거는 그니까 절대적인 창조신이나 창조주, 이런 개념이 아니에요. 내 안의 영성에 대한 얘기를 하는 거죠. '내가 신성한 것이고, 상대방도 신성한 거고 귀한 거다.' 그니까 80년대 운동을, 저는 이데올로기의 노예가 됐었다는 성찰을 좀 하게 됐어요. 그니까 사물을 제대로 못 본다. 사람도 제대로 못 보고. 운동이라는 거는 결국 사람 살리자고 하는 거고 사람 따뜻하게, 그리고 좋은 사회 만들자고 하는 건데, 돌아보니까 우주적 섭리에 반하고 있는 (…) 그런 거였구나, 그런 성찰을 좀 하게 되더라고요.(조세진, 15면)

삶을 걸고 추구했던 이상을 찬찬히 돌아보니 사람을 살리는 게 아니라 오히려 죽이는 것이라고 생각하게 되면서 그는 새 삶을 시작했다. 그에게 영성(靈性)은 권위있는 존재가 인간에게 내려주는 것이 아니라 우주에 존재하는 사람과 자연을 살리는 신성한 섭리 같은 것이다. 조세진씨는 맑스–레닌주의도 권력을 잡아 세상을 위에서 바꾸려 한다는 점에서 이러한 우주적 영성을 살리는 운동이 될 수 없다고 생각하게 되었다. 만나면 피했던 장일순 선생의 이야기가 가슴에 와닿기 시작했다. 사회주의, 자본주의 둘 다 인류에게 희망이 될 수 없다고 생각하자 협동조합이 새롭게 보였다.

원주에 내려와 2~3년 공부하고 생각하다가 그는 농촌공동체운동을 하기로 결심하고 호저면에 있는 호저생협(지금의 원주생협)에서 일하기 시작했다. 예닐곱 가구의 농민들이 3000평가량의 땅에 유기농을 하는 협동조합에 들어가 사업부장 일을 맡았다. 말하자면 생협 간사를 맡아 "책 보고, 술 먹고, 농민들 만나고, 소비자 만나는" 일을 했다. 처음에는 '구멍가게' 같았지만 5, 6년 꾸준히 참여하는 동안 어느새 70여만평 규모에 17~18억 규모의 공급씨스템이 구축되었다. 2002년에는 소비자들도 참여해서 원주생협으로 전환했다. 이렇게 발전하자 농민들이 생협을 다시 보기 시작했다고 한다.

제가 원래 (…) 뭐 하나 확신을 하면 되게 물불 안 가리고 뛰어드는 성격이에요. 그니까 열심히 하는 성격인데. 그런 생각이 정리된 상태에서 그 일을 맡았으니까, 구체적인 설계를 하게 되더라고요. '마을 하나를 유기농 단지로 바꾼다. 그러려면 어떤 씨스템이 필요하겠구나.' 매일 농민들 집 쫓아다니면서 낮이고 밤이고 술 먹기도 하고. 짬 나면 나도 쫓아가서 술 먹으면서 "유기농업 해야 된다, 협동조합 해야 된다." 뭐, 그리고 "혼자 하시면 안되고 이웃하고 해야 된다, 유기농업이라는 거는, 같이 해야 된다" 이런 얘기(웃음)를 계속했어요. (…) 매일 술 먹고, 거의 뭐, 힘들었죠. (…) 그런 과정 속에서 저도 크고, 농민들도 많이 성장을 하고 그렇게 된 거 같아요.(조세진, 4-5면)

이 일이 그리 쉽지는 않았다. 농민들에게 유기농 하자고 이야기하면 "농사도 안 지어본 사람이 말도 안되는 소리 한다고 만나주지 않는 사람들"도 있고 "웃기는 놈, 사기 치는 놈"이라고 말하는 사람들도 있었다. 조세진씨는 조그만 땅을 빌려서 직접 음식물 쓰레기로 퇴비를 만들어 농약과 화학비료 없이 주말농장처럼 농사를 지어보았다. 그렇게 시범을 보이면서 농민을 한 사람, 두 사람 설득하는 데 성공했다. 이렇게 해서 원주생협은 유기농산물을 생산하고 공급하는 지역 협동조합으로 자리잡을 수 있게 되었다.

이런 이야기를 듣다보면, 분명 협동조합이 사람을 바꾸는 듯하다. 그렇지만 협동조합으로 세상을 바꾸기란 그리 쉬운 일이 아니다. 협동조합은 내부 합의를 이끌어내고 협동을 조직하기 어려울 뿐 아니라 그 자체가 회사처럼 조직 이기주의에 빠지기도 한다. 자기 조합을 지키기 위해 다른 조합이나 회사와 경쟁하면서 협동은 사라지고 경쟁만 남기도 한다. 오늘날 농협을 보면 협동조합이 어떻게 변질될 수 있는지 알 수 있다. 농협은 정부의 관리를 받으며 자생적인 민주적 체제를 잃었을 뿐 아니라 다른 금융기관과의 경쟁체제 속에 놓여 있다. 조세진씨와 원주 사람들은 이러한 단위조합 중심의 한계를 극복하기 위해 새로운 실험을 하기 시작했다.

> 제가 2000년에 그런 얘기를 했어요. "단위조합 중심의 운동은 비전이 없다. 그걸로는 안된다. 우리가 협동해서 더불어 살자고 하면서 단위조합 체제로 가니까 경쟁하려고 그러고, 서로 질시하고, 서로 모르는 얘기하려고 막 그런다. 그리고 지역에 무슨 협동조합을 한다는 사람들이 다른 협동조합하고 잘 안 만나려고 그러는 거야. 경쟁하려고 그러고. 그건 옳지 않다. 내가 갖고 있는 생각은 그런 게 아니고. 또 앞으로 우리가 갖고 있는 생각도 그런 게 아니다. 그러면 어떤 틀거리가 필요한 거냐?" 선후배들하고 (…) 그런 이야기를 했어요. "지역에서 지금 필요한 영역에 있는 협동조합을 하나를 같이 만들어내자. 우리 공동으로 같이 일을 하면 서로를 이해하게 되는 것이 아니냐"는 이야기를 했어요. (조세진, 6면)

원주 사람들은 이런 조세진씨의 제안에 공감하고 함께 의료생협을 만들기로 했다. 그래서 원주의 여러 협동조합 사람들이 공동으로 출자해서 2002년에 원주의료생협을 설립했다. 이 의료생협을 중심으로 원주협동조합협의회도 만들었다. 이 협의회의 조합원을 모두 합하면 2만명에 이른다. 조세진씨는 이런 일들을 하면서 협동조합에 대한 확신을 더욱 굳혔다. "교육, 복지, 의료, 농업 등 삶과 관련된 모든 것을 시장에 내맡기는 신자유주의"에 대응해서 민중들이 자신들의 삶의 근거지를 지켜내는 것이 협동조합이라고 역설한다.

> 저항과 창조를 하는 협동조합을 만들어야 된다. 저항은 신자유주의와 권력에 저항하는 거고, 창조는 삶을 창조하는 거죠. 새로운 삶, 더불어 사는 삶. 그 무기로서, 이 사적 자본주의의 시대에 소유 개념, 개인주의, 이걸 뛰어넘을 수 있는 운동 가운데 협동조합만큼 중요한 게 어디 있느냐. 대단히 중요하다. 이런 얘기죠.(조세진, 10면)

사회적 약자들이 서로 돕고 스스로 참여해 삶의 영역을 지키고 창조함으로써 시장과 국가의 지배를 밑에서부터 넘어서는 것이 바로 협동조합이라는 것이다. 조세진씨는 협동조합이 모든 문제를 해결할 수 있다고 보지는 않지만, 적어도 신자유주의 시장에 대응하기에는 적절한 조직이라고 본다. 삶의 현장에서 삶을 식민화하는 시장에 대응하기 위해서는 협동조합을 통해 '생활자'들이 스스로 조직하고 삶을 창조해야 한다는 것이다.

협동조합과 대안사회

협동조합운동은 국가나 시장 그리고 혁명적 사회주의운동이나 시민사회운동 사이에서 이들을 넘어서는 사상과 실천을 보여주고 있다. 그러나 협동조합이 장밋빛 꿈으로만 가득 찬 것은 아니다. 협동조합의 천국으로 불리는 원주에도 풀어야 할 숙제는 많다. 예컨대 대중의 자율성과 활력을 증진시키는 문제는 여전히 풀어야 할 숙제로 남아 있다. 우리가 만난 사람들이 토로하듯이 협동운동은 "참 더

디게" 진행되고 있다. 특히 조직이 확대되면서 직접민주주의를 강화하는 데 어려움을 겪고 있다. 문제를 풀기 위해 노력하고 있지만, 앞으로 갈 길이 멀다.

'현실'의 협동조합은 역사적으로 또 하나의 '회사'처럼 시장과 국민국가 안에서 적응하면서 애초의 협동과 민주주의 정신을 배반하기도 했다. 이러한 '현실' 속에서 협동조합원이 세상을 바꾸는 시민이 될 수 있는가? 지역의 변화는 국가의 변화, 세계체제의 변화로 나아갈 수 있는가? 생명, 평화, 호혜성, 지역의 중요성을 말하는 것만으로는 이런 문제를 풀 수 없다. 그렇지만 우리가 만난 사람들은 오늘도 협동조합 속에서 이런 문제와 씨름하면서 다른 경제, 새로운 삶의 희망을 만들어가고 있다.

협동의 어려움: '아낙과사람들'

우리는 앞에서 협동조합운동을 하면서 자신을 변화시키고 세상을 바꾸고 있는 사람들을 만나보았다. 이들에게 협동운동은 느리고 힘들지만 삶에 희망을 불어넣어준다. 그러나 '동업하지 마라'는 말이 있듯이 협동은 그리 쉬운 일이 아니다. 여러 사람들이 모여 함께 일하고, 삶을 나누는 일은 훌륭하나 실현하기 어려운 일이다. 개인의 이기심을 극단적으로 정당화하는 자본주의, 특히 신자유주의적 자본주의체제에서 펼치는 협동운동의 앞길에는 적지 않은 걸림돌이 놓여 있다. 협동운동이 얼마나 어려운지 들어보자.

윤수정(가명)씨는 평범한 주부로 지내다가 1993년 즈음에 방송국에서 청소년 상담 관련 일을 하면서 사회운동을 접했다. 여성운동가들을 만나 그들과 함께 지내면서 가난한 여성 가장들을 돕는 운동을 시작하게 되었다. IMF 경제위기 이후 빈곤여성 문제가 심각해지자 윤수정씨는 동료들과 함께 1998년경부터 이들을 돕기 시작했다.

가난한 여성 가장들이 먹고살아야 하는데, 틈새시장을 보긴 봐야 하는데, 사십대 이후 빠른 속도로 고령화 인구가 늘어가는 이 시기에 아줌마들이 먹고살 길이 없어서 (…) "아줌마들이 할 수 있는 게 무엇입니까?" 했더니 "쿠키를 굽고 요리를 하고 바느질을 하고 그런 건 자신 있다"고 해요. 그래서 "그러면 쿠키 한번 구워보시죠" 그랬더니 그때는 100퍼센트 우리밀이 아니었고요. 일반적인 쿠키를 잔뜩 구워 오셨더라고요. 그래서 제가 20대 청년 대학생들하고 많이 친하다보니까 저희가 그 연세대하고 이화여대 정문 앞에서 노점상을 한번 해보았습니다. 하얀색 돗자리를 깔고(웃음) 쿠키를 수북이 쌓아놓고 돗자리를 깔았는데. 대자보를 기가 막히게 써서 붙였지요. 3월달에 입학식 끝나고 난 뒤 4월초까지도 칼바람에 좀 춥잖아요. 그런 데서 팔았더니 대자보를 읽어보고 젊은 학생들이 심하게 감동해 불타나게 팔아줘서, '아! 이거 되는구나' 싶더라고요. 이렇게 좀 이상하게 시작한 거예요. 우리는 기업이 되고 잘나가는 뭐가 되고 이런 거에 대한 아무 준비도 아무 마인드도 없었고, 도대체 우리들이 무슨 짓을 하고 있는지, 이것을 총칭해서 뭐라고 말해야 할지도 몰랐어요.(윤수정, 1~2면)

윤수정씨와 동료들은 여성 가장들이 경제활동을 통해 자립할 수 있는 기반을 마련해야 한다고 생각하여 빈곤여성들을 돕기 시작했다. 처음에 이들은 마음이 앞섰을 뿐 이론도 경영원칙도 모르고 그저 신이 나서 일만 했다. 정체성도 불분명했기 때문에 주변 사람들에게 자신들이 하는 일이 무엇인지 물어보기도 했다. 평소에 존경하고 의지하던 한 신부는 이 일이 "생산 자활 협동운동, 생협운동"이고 당신들이 "생산 자활 공동체운동 하는 사람들"이라고 의미를 부여해주었다.

> 신부님이 말씀하시면 학생들처럼 다 필기하는데도 '그 개념이 그렇구나. 아 이건 반드시 해야 되는 운동이구나!'라는 개념이 확실하게 잡힌 사람이 아낙파사람들 중에서 저밖에 없었어요. 아줌마들은 아직도 같이 8, 9년을 하면서도 왔다갔다해요. 가서 교수님들하고 운동가들 교육 듣고 나면 "맞아 맞아, 우리가 좋은 일을 하지" 이러다가 집에 가서 잠을 자고 나면 홀랑 까먹고 와서 "돈을 벌어야 하는데 먹고살아야 하는데 우린 너무 가난하지" 이런 얘기만 해요. 그래서 그런 식이에요. 이것은 맑스와 레닌 이념에 버금가는 확실한 운동이구나, 저도 확실하게 개념을 잡는 데 한 6년 걸렸어요.(윤수정, 2면)

윤수정씨는 자신은 빈민운동, 협동운동을 하는 운동가인 반면 '아줌마'들은 '돈 벌고, 먹고사는 데'만 관심있는 사람들로 구별 짓는다. 처음에는 "아무 사심 없이" 이들을 도와주었지만, 시간이 지나면서 점차 그들을 신뢰하지 않게 되었다.

> 처음에는 경제나 경영에 대한 개념이 전혀 없어서, 일하는 분들이나 팔아주는 저희나 애써주는 학생들이나 아무것도 사심이 없었던 거예요.

엄마들이 가난하니까. (…) 나와 학생들이 상행위를 한 거거든요. 갖은 퍼포먼스를 다하고 널뛰기를 다하고 오만 걸 다하면서. 이 아줌마들은 만들기만 했지 홍보나 광고는 우리가 했거든요. 광고효과 때문에 이게 다 팔렸지, 맛있어서 팔린 건 아니에요. 그랬지만 50만원을 먹고살라고 다 주었어요. 우리는 내 돈 들여 학생들 밥 사주고 대자보도 학생회에 있는 것 가져다 학생들이 쓰고, 돈은 그 아줌마들에게 다 주었기 때문에 저희들에게 운영에 대한 생각이라고는 전혀 없었고요. 그런 걸 지고지순하게 한 3년 운영하다보니 가난한 사람들이 나쁜 습성이 있더라고요. 받기만 할 줄 알지 베풀 줄을 모르더라고요.(윤수정, 8면)

자신과 학생들은 순수한 마음으로 가난한 여성들을 돕기 위해 온갖 노력을 다했는데 자신들의 노력 덕분에 생긴 돈을 이들이 다 가져가고 베풀 줄을 모른다고 윤수정씨는 불만을 토로했다. "머슴 노릇만 한다"는 생각도 들었다고 한다.

너무너무 순수하고 가난하다는 아줌마들이 삐까번쩍해요. 막 닳고 화장하고 난리를 하고 오니까 취재하는 기자들마저 꾹꾹 찌르면서 "저 아줌마들 여성 가장 맞아?" 막 이러는 거예요. 회의가 들기 시작해서 학생들하고 같이 이거 하지 말자.(웃음) 별로 (…) 보람이 없어. 학생들하고 '이거 하지 말아야겠다' 고민하면서, ○○○ 신부님께 면담 요청해서 "아줌마들에게 도움을 주었지만, 그 사람들은 도움이 되었는지 모르지만 중간에서 도움 준 우리들은 보람이 없습니다. (…) 신부님께서 말씀하신 생산 자활 협동조합운동이 이렇게 비참한 거냐, 이게 이런 거냐, 이렇게 슬픈 거냐"고 물었어요.(윤수정, 9면)

하소연하는 윤수정씨에게 신부님은 "가진 자들이 더 많이 양보해야 한다"고 말했다. 윤수정씨는 '아줌마'들과의 협동과 이들의 민주적 참여가 미미한 상황에서 심한 좌절감과 배신감을 느꼈다. 나와 우리는 저들을 "지고지순한" 마음으로 도와주는데 저들은 작은 배려도 하지 않는다는 생각이 굳어지면서 보람도 없이 고통만 느꼈다. 쿠키 굽는 아줌마에 대한 측은지심은 사라지고 갈등만 깊어지고 말았다. 이러한 문제가 쌓여가는 상황에서 윤수정씨는 신부님의 권유로 빈민여성 가장들의 자활공동체를 단체로 만들어 아줌마 회원들의 참여를 늘리기로 했다. 이렇게 해서 만들어진 단체가 바로 '아낙과사람들'이다. 이것이 2002년의 일이다. 정관도 만들고 대표와 이사진도 뽑아서 조직 형태를 갖추었지만 문제가 해결되지는 않았다. 윤수정씨는 이들에게 회비를 내라고 해도 "씨알머리도 안 먹혔다"고 말한다. 윤수정씨와 동료들은 "자부심"을 갖고 일하기 위해서 유기농 우리밀로 쿠키를 굽기로 했다. 유기농 쿠키로 바꾸면서 체제를 바꾸어 아줌마 회원들이 회비를 내는 대신 쿠키를 사가도록 했다. 다시 말하면 "회원을 소비자로 만들어"버렸다. 쿠키의 품질을 유지하는 것도 쉽지 않았다. 미숙한 주부들이 만들다보니 타거나 맛이 들쭉날쭉했다. 그렇지만 유기농 통밀로 쿠키를 만드는 곳이 별로 없고 좋은 의미로 하는 일이라서 사업은 그런대로 지속할 수 있었다.

아낙과사람들은 2007년에 노동부에서 지원하는 사회적기업[6]으로 인증 받으면서 새로이 변화하게 되었다. 노동부에서는 사회적기업에 대한 지원 법률을 근거로 사회적으로 유용한 일자리 창출 등 공익사업을 하는 기업에 재정지원, 기술지원 등을 하는 사업을 2007년부터 시작했다. 윤수정씨는 이를 계기로 어려움에 처한 '아낙과사람들'이 살아나리라 기대하고 있다. 사회적기업으로 전환하면서 "단순한 빈민운동"에서 "일종의 대안경제"로 전환하고 있다고 본다.

저희가 1998년부터 2001년까지는 해마다 1년에 한번씩 창립대회를 했거든요. 뭐 회원들 몇백명 모였는데, 몇백씩 깨지더라고요. 근데 와서 "너무 맛있다. 어쩌면 이렇게 맛있냐"고 하면서 공짜로 먹고 가면, 우리는 돈이 300(만원)이 깨지는데 부조금으로 들어오는 돈은 70만원도 안되는 거예요. '하지 말자, 해봐야 소용없다.' (…) 그게 다 허영이고 허례허식이더라는 얘기예요. 돈만 낭비하는 거지. (…) 팸플릿 찍어야지, 플래카드 만들어야지, 음식 만들어야지, 일하는 사람들 조금씩 봉투라도 줘야죠. 배보다 배꼽이 더 커요. 몇백(만원)씩 깨져서 이런 짓 하지 말자, 그래서 2002년 이후부터는 총회를 대의원총회로 바꿔버렸어요.(윤수정, 21면)

처음에는 회원의 참여를 중요하게 생각했지만 비용도 많이 들고 힘만 들어서 주도적인 참여자 중심으로 대의원을 뽑아 총회를 열었다. 이렇게 해서 공동체의 참여도는 점점 낮아졌다. 윤수정씨는 사회적기업으로 전환하면서 회원이 없어지는 상황을 오히려 반기고 있다.

비영리 민간단체가 아니고 사회적기업이 되고 나니 회원이 필요 없어요. 사회적기업이잖아요. 기업에 무슨 회원이 필요해요? 조합원이나 실무자가 있거나 기업을 이끄는 사람이 있어야 하고, 나머지는 회원

> 이기 전에 일반 소비자예요. 무슨 회원이 필요해요? (…) 기업활동을 해서 벌어들이는 돈으로 나도 먹고 사회환원도 하고, 회원들이 회비를 낼 필요가 없죠. 그 사람들 회비 받아서 뭐 하겠어요.(윤수정, 21면)

사회적기업이 되면 효율적인 기업운영을 통해 이윤을 창출하고 그것을 바탕으로 사회에 환원할 수 있으리라 윤수정씨는 기대한다. 2007년말에 만났을 때 그는 2008년에는 여러 문제들이 정리되고 내실을 다질 수 있을 것으로 기대했다. '회원'에 대한 뿌리깊은 불신 때문에 그는 '회원 없는 기업'이 문제의 탈출구라고 여겼다.

그러나 사회적기업으로 전환한다고 해서 기존 문제들이 저절로 해결되지는 않았다. 왜냐하면 이미 그전부터 '아낙과사람들' 사이에 협동과 신뢰의 힘이 사라지고 있었기 때문이다. 사실 윤수정씨의 기대와 달리 그는 '아낙과사람들'을 떠나야 했고, '아낙과사람들'도 많은 어려움에 처하게 되었다. 실패한 조직이 그러하듯이 아낙과사람들은 개인의 문제와 조직의 문제가 얽혀서 상황이 악화되었다. 결국 운영자금과 시설 부족, 간부의 횡령 등의 문제로 2008년 8월경 폐업 신고를 하고, 사회적기업 인증서를 노동부에 반납했다.

우리는 윤수정씨의 이야기를 들으면서 자활과 협동이 얼마나 어려운지 절감하게 된다. 빈민운동, 자활운동, 협동운동, 사회적기업 등 운동과 조직 형식에 상관없이 사람들 사이에 신뢰가 없으면 그 조직은 병들어 껍데기만 남는다. 또한 '아낙과사람들'은 조직의 경제적 운용 원칙, 민주적 참여도 미흡했던 것으로 보인다. '아줌마 회원'들을 새로운 인간으로 변화시키는 교육도 부족했던 것 같다. 여기에는 정인재씨나 조세진씨가 말한 민주주의 학교가 없었다. 운영에 대한 내부 감시체계도 부족했다. 회원들 사이의 신뢰, 민주주의 교육, 경제적 운영능력, 민주적 참여과정, 내부 감사체계 등 협동조합이나 협동운동의 핵심 요소들이 없다보니 참여하는 사람들은 보람을 느끼지 못하고 큰 고통을 겪었다. 협동은 이처럼 어려운 일이다.

하고싶은 일 하면서 먹고사는 사람들: 노리단, 애자일 컨썰팅

우리 주변에는 이런저런 이유로 불행하게 살아가는 사람들이 많다. 어떤 사람은 일자리가 없어서, 어떤 사람은 일이 너무 많아 고통받고 있다. 그렇다면 하고싶은 일을 하고, 돈도 벌면서 즐겁고 행복하게 살아가는 길은 없을까?

하자쎈터와 노리단

신승미씨는 대학 졸업 후 라디오 방송작가 일도 하고 음반기획사에서도 일했다. 그는 좋아하는 일을 했지만 "그냥 밥 벌어 먹고산다"는 생각도 들고 "매일매일 출근해서 돈 버는 것"에 회의가 들기 시작했다. 단순히 자선사업이나 사회복지에 관련된 일은 별로 내키지 않았고, "뭔가 사회적인 의미"가 있는 일을 하고싶다는 생각이 들었다. 그러던 중 서울시에서 지원하고 연세대에서 운영하는 '하자쎈터'(서울시립 청소년 직업체험쎈터)에서 일해보겠느냐는 제의를 받자, 다니던 음반기획사를 그만두고 하자쎈터[7] 기획팀에서 일하기 시작했다. 신승미씨는 당시를 이렇게 회상한다.

하자센터가 가진 뭔가 매력이 있었죠. 뭐라고 딱 꼬집어 얘기할 수는 없는데요, 매력이 있었고 '언젠가 한번쯤 저기서 일을 하면 좋겠다'라고 생각했는데, 우연찮게 연결이 돼서 오게 된 것 같아요. (…) 단순히 나 하고싶은 일 하면서 나 밥 벌어 먹고사는 거는 재미가 없고, 이제는 나도 행복했으면 좋겠고, 내 옆에 있는 사람도 행복했으면 좋겠고, 이 둘이 행복해서 우리 세상도 좀 행복해지는 일이 뭐 없을까. 이전에는 '내 옆에 있는 사람이 행복했으면 좋겠다'라는 정신으로 나의 행복을 희생하는 거였다면……(신승미, 12면)

신승미씨는 이전 사회운동이 "사회의 행복을 위해 내 행복을 희생"하는 방식이라고 본다. 그는 "내가 행복해서 옆 사람이 행복해지는" 행복의 순환을 이전에도 고민했고 지금도 그렇다고 말한다. 그는 하자센터가 여러 작업장을 통합해서 '노리단'이라는 공연단을 만들 때 참여하면서 단원들을 지원하는 일을 맡게 되었다.[8] 노리단에서 일하는 신승미씨는 행복하다. 노리단 단원들은 물론 이들의 공연을 보는 사람들도 행복의 순환, 행복의 전염을 경험한다.

노리단에서 일을 해보면, 내가 행복해서 나한테서 나오는 좋은 에너지를 가지고 동료가 또 웃게 되고, 동료가 또 뭘 하다가 행복해서 웃고 있는 그림을 보면 내가 너무 행복해지고, 그 싸이클이 이미 있어요. 노리단을 하다보면 벌써 확인되는 거죠. 단원들이 제일 행복해하는 것도 그런 거예요.(신승미, 12면)

공연을 본 사람들은 악기나 내용 때문에 끌린다기보다는 "단원들의 표정, 에너지, 행복한 느낌"에 끌린다고 신승미씨는 말한다. "단원들이 참 행복하게 웃는다, 참 보기 드문 웃음인데, 그 웃음 때문에 내가 행복해진다"고 말하는 사람들이 주위 사람들에게 공연 관람을 권유하고, 그러다가 "나도 노리단 하고싶다"고 나서는 사람도 생긴다는 것이다. 노리단 콘텐츠의 핵심은 "행복한 에너지, 긍정적인 기운"이라고 그는 말한다(신승미, 7면).

이런 행복한 에너지는 어디서 나오는 것일까? 왜 이 사람들은 긍정적인 기운을 갖게 되었을까? 학교를 떠나 방황하던 청소년, 공부가 재미없던 아이들, 끼 많은 젊은이들이 어떻게 하나의 공동체로 어울려 행복 바이러스를 퍼트리는 사람들이 되었을까?

노리단은 주변에 널린 페트병, 깡통, 폐타이어 등 쓰레기를 재활용하여 놀라운 악기를 만들어내고 그것으로 신나는 공연을 한다. 거대한 바퀴를 단 악기 수레를 만들어 한국, 영국, 오스트레일리아의 거리를 누비기도 한다. 또 이들은 몸을 이용해 소리를 내고 그것으로 동료, 관객과 소통한다. 관객들은 그들의 공연을 보면서 서로 몸을 두드려 소통하는 법을 배운다. 이들이 이런 공연을 할 수 있는 까닭은 하자쎈터가 "삶의 학교"이기 때문이다.

> 노리단은 퍼포먼스를 저렇게 연습하고 배우는 곳이 아니라, 삶의 기술을 배운다는 얘기를 많이 하거든요. 그러니까 노리단에 있는 많은 사람들이 노리단이 하는 저 악기 연주, 워크숍, 그것만 열심히 해서 그거를 전문적으로 하는 사람을 원하는 게 아니고요, 이 안에서 자기가 하고싶은 일 하면서 먹고사는 기술, 동료를 만나는 법, 세상을 만

> 나는 법, 소통하는 법, 일하는 법, 일상을 살아가는 법, 이런 것들을 다 배워간다고 보고 있어요. 그래서 더 좋은 거는 노리단을 거쳐가는 사람들이 그래서 노리단 이후에 어디서 뭘 어떻게 한다. 그 스토리가 훨씬 더 중요하다고 생각해요. 이 경험을 바탕으로 나가서 더 잘사는 것. (…) 그런 면에서 노리단이 학교라는 거죠.(신승미, 7~8면)

어느 한가지만 잘하고 자기 분야 외에는 아무것도 모르는 '전문가'가 아니라 처음부터 "자기 기획력이 있는 사람, 문화기획자"를 만드는 데 하자쎈터는 관심을 집중했다. 페트병으로 연주하는 사람은 스스로 페트병을 가지고 악기를 만들고 드릴과 그라인더를 사용할 줄 알아야 한다. 바퀴를 붙이고, 용접을 하고, 연주도 한다. 연주할 뿐 아니라 자신들의 공연을 들어줄 사람을 만나 홍보하는 일도 할 수 있어야 한다. 노리단에는 서로 벽을 쌓는 분업이 들어설 자리가 없다.

> 예를 들면 다른 극단이나 문화단체들이 열심히 자기의 동작을 연구하는 데 몰두했다면, 여기는 그 동작을 연구하기도 하지만, 그래서 그 동작을 가지고 누구를 만날 건가, 어떻게 만날 건가, 소통은 어떻게 할 건가 등을 생각하죠. 기획력을 갖추라고 서로 요구했기 때문에, 각자 작업자이자 기획자가 되었죠.(신승미, 6면)

하자쎈터에 있는 매우 독특한 문화가 바로 반말문화이다. 쎈터의 대표인 연세대 조한혜정 교수부터 아홉살짜리 단원까지 모두 별명을 짓고 서로 반말을 한다. 나이, 지역, 성 차별 없이 모두 공평하게 소통하면서 즐겁게 살아간다.

그런데 서로 다른 사람들이 모여 하나의 공동체를 만들고 그 안에서 힘을 합치는 일은 그리 쉽지 않다. 아낙과사람들의 윤수정씨는 빈곤여성 가장들과 함께 일하면서 좌절했고, 안솔기마을의 김명철 씨는 생태마을 일을 하면서 '차이' 때문에 고통을 겪어야 했다. 공부하기 싫은 청소년들과 끼 많은 젊은이들, 뭔가 다른 친구들이 어떻게 하나의 공동체를 만들 수 있었을까?

> 노리단에는 실로 다양한 사람들이 있잖아요. 얘기를 통해서 풀리는 게 훨씬 더 많죠. 예를 들면 서로 불안하기 때문에, 아니면 서로 확인 안 되는 어떤 것 때문에 지레 스스로 판단하고 마음을 접고 그런 경우가 많은데요. 얘기로 풀고 그런 게 많고, 그래서 데이트한다는 말을 많이 하는데. 이 사람 저 사람 계속 만나서 데이트하고 얘기하고 풀어요. 지금 이 사람이 어떤 부분에서 힘들어하는 것 같다, 그러면 주로 저나 팀장들 그룹과 계속 만나죠. (…) 묻고 들어주는 것만으로 많은 부분이 풀려요. 많은 말이 필요하지 않거든요. 그 사람이 지금 어떤지에 대해서 한번 찾아와서 물어주고, 진심으로 들어주고, 그래서 내가 진심으로 조언을 하면 많은 부분 해소될 수 있다고 생각해요.(신승미, 15면)

상대가 지금 어떤 걱정이 있는지 찾아가서 물어주고 진심으로 들어주기만 해도 많은 문제가 풀린다고 신승미씨는 말한다. 구성원이 서로 마음을 닫기 시작해 상대의 말을 들으려 하지 않으면, 그 조직은 이미 공동체가 아니다. 진심 어린 경청과 조언, 즉 이들 말로는 '데이트'를 하면서 노리단 사람들은 서로 신뢰하고 함께 행복한 공동체를 만들고 있다.

노리단에는 직원 평가 대신 자기 평가를 하는 씨스템이 있다. 6개월에 한번씩 에쎄이를 써서 자기 일을 돌아보고 앞으로 할일, 미래 인생 등을 성찰하도록 한다. 그런 다음 서로 만나 축하할 일은 축하하고 좀더 노력하고 성장해야 할 것들에 대해 "조언을 해주면서 자기 자신을 찾아간다"고 한다(신승미, 11면).

노리단은 2007년에 노동부에서 추진하는 사회적기업으로 인증받았다. 이렇게 되어 달라진 것도 적지 않다. 이전에는 하자쎈터에서 육성하는 프로젝트팀 같았다면, 이제는 주식회사 형태로 운영하는 기업이 된 것이다. 인원도 20~30명에서 50명 정도로 늘었다. 이전에는 노리단이 추구하는 가치를 보고 참여했다면, 지금은 회사에서 기본적으로 지원해줄 거라는 기대를 갖고 '입사'하는 사람들이 많다고 한다. 사회적기업이라는 브랜드를 갖게 되면 사람들에게 좀더 인정받기 때문에 도움이 된다. 그렇지만 이런 장점만 있는 것은 아니다. 정부가 관료적으로 진행하는 사업이다보니 서로 소통이 잘 안되는 문제도 있다.

지금은 계속 이제 상명하달식이에요. (…) 공문을 메일로 그냥 보내놓고, 내용 설명 전혀 없고, '내일까지 무슨 자료 내라' 해서 담당자한테 전화해보면, '자기도 자세한 내용 모르니까 그냥 있는 대로 내라' 이래요. 그거 계속 따라가다보면, 점점 더 노리단과는 너무너무 맞지 않는, 그럼에도 따라갈 수밖에 없는 그런 과정이 있죠. 지금도 답답해요. 어떻게 풀어야 할지. (신승미, 5면)

이뿐만 아니라 사람을 뽑는 절차, 지원방식 등에서도 유연성이 부족해 어려움이 있다고 한다. 조직이 커지다보니 소통구조를 만드는 일도 좀 어려워졌다. '오디션'이 '입사시험'으로 바뀐 것도 변화다. 그렇지만 "개인이 몰입해서 성장을 도모하는 것"에는 큰 차이가 없다고 말한다. 노리단의 "환경, 생태, 몰입, 스스로 성장하기, 동료의 성장을 축복해주기" 같은 가치가 사회적으로 인정받게 되어 감사하다고 신승미씨는 말한다. 조직의 구조, 규모, 운영방식이 좀 달라지는 변화 속에서도 노리단은 자신의 정체성을 유지하고 발전시켜 가는 듯하다.

노리단은 '하고싶은 일 하면서 먹고사는' 성공 모델의 하나가 되었다. 열어놓고 소통하다보니 공동체가 개인을 억압하는 것이 아니라 개인의 통합적인 성장을 촉진하고 몰입할 수 있도록 도와주게 되었다. 이곳에서는 희생이 아니라 행복이 중심이다. '내가 저들을 위해서 얼마나 희생했는데'라고 생각하는 사람은 노리단에는 거의 없다. 공동체이면서 기업인 노리단은 자유로운 개인들의 '결사'이기도 하다. 우리는 노리단이 예외적으로 성공한 모델이 아니며, 앞으로 그 정신과 운영방식을 배운 새로운 '노리단 모델'이 나올 수 있다고 본다. 행복해지는 데는 한가지 방법만 있는 건 아니기 때문이다.

좋아하는 일하면서 사는 사람들: 애자일 컨썰팅

노리단 사람들은 어찌 보면 좀 특이한 사람들일지도 모른다. 끼가 있고 창의적인 사람들이 모여서 남들이 하지 못한 일들을 해내고 있다. 그런데 잘 보면 그런 사람들이 우리사회에 적지 않은 것 같다. 우리는 즐겁게 일하면서 생산성도 높이도록 기업이나 사회단체에 컨썰팅을 해주면서 자신들도 그렇게 사는 사람들을 만나보았다.

애자일(Agile) 컨썰팅이라는 회사를 운영하는 김창준씨는 1993년에 컴퓨터공학과에 입학한 이후 컴퓨터 프로그램 관련 일을 해왔다. 그는 2000년쯤에 '위키위키'라는 쏘프트웨어를 알게 되면서 큰 충격을 받았다.[9] 분석→설계→모델 구성→구현→테스트 같은 전통적인 '폭포수 모델'의 공학적 프로그램 개발 모델과는 다른 새로운 방법론이 등장한 것이다. '위키위키'를 통해서 그는 애자일 방법론이라는 데 관심을 갖기 시작했다. '애자일'은 '민첩한, 기민한'이라는 뜻인데 딱딱하고 형식적인 것을 탈피한 부드럽고 자유로운 방식을 말한다.[10] 김창준씨는 애자일 매니페스토에서 말하는 협력 정신이 쏘프트웨어뿐 아니라 여러 분야에서 힘을 얻고 있다고 본다. 그는 이것을 여성성으로 설명한다.

> 저는 저걸(애자일 원칙) 여성성이라고 표현을 하거든요, 남성성에 대비해서. 침팬지랑 보노보랑 비교를 할 때, 보노보적인 방법이라고. 침팬지는 굉장히 정치적이고 바나나를 갖다놓으면 우열을 정해서 우두머리부터 먹잖아요. 보노보는 바나나를 갖다놓으면 성교를 막 한 다음에 같이 나눠 먹잖아요. 혼교를 하는데 굉장히 협동적이고.(김창준, 4~5면)

김창준씨는 폭력적이고 권력지향적인 침팬지와 협동하며 평화롭게 어울리는 보노보를 대비하면서 여성적이고 서로 돕는 문화가 우리사회에 점차 확산되고 있다고 말한다. 그는 실제로 이런 철학을 바탕으로 연세대 청년문화원과 하자쎈터 등이 실시하는 대안교육

'학습 생태계 프로젝트'를 컨썰팅하기도 했다. 이 프로젝트는 대안학교들을 온라인으로 연결해서 도움을 주고받게 하고, 일반인들도 거기에서 평생학습을 하도록 지원하는 것이다(김창준, 2면). 그는 이런 일들을 매우 즐기고 있다.

> 저는 '좋아하는 일을 하면 네가 세상에 나가지 않아도 세상이 널 쓸 것이다'라는 철학을 갖고 있어요. 좋아하는 일을 하다보니 세상이 절 쓰고 있더라고요.(김창준, 5면)

그는 컨썰팅해준 회사 사람들 표정이 바뀔 때, "덕분에 제 삶이 바뀌었습니다"라는 말을 들을 때가 가장 좋다고 말한다. 그런데 이렇게 삶을 변화시키는 데 가장 큰 걸림돌은 돈이다. 김창준씨는 "돈이 사회를 움직인다"고 말한다. 세상을 즐겁게 살도록 함께 프로그램을 짜려고 해도 퇴근 후 집에 돌아오면 밤 열한시이기 때문에 아무것도 할 수 없는 게 현실이다. 월급 받아 먹고사는 사람은 청바지 살 시간도 없을뿐더러, 그걸 사도 입고 나갈 시간이 없다. 밤늦게까지 일하지만 별로 즐겁지도 않고 쉬려 해도 쉴 시간이 없으니 무엇을 위해 돈을 버는지 목적과 수단이 전도된 삶을 살고 있다.

하지만 그는 돈을 등지는 게 아니라, 즐겁게 벌면서 여유를 즐기는 삶을 추구한다. 적은 시간 동안 즐겁게 노동하면서 성공하는 사례를 만들고 싶어한다. 그래서 후배들에게 대기업 들어가지 말고 회사를 세우라고 조언한다. 실제로 그는 대학생 창업을 도와 작게나마 성공을 거두기도 했다. 인터넷으로 명함을 만들어 파는 사업을 지원했는데, 컨썰팅 비용은 매출이 발생할 때 받기로 했다. 얼마 후 학생들이 매출이 발생했다고 컨썰팅 비용을 입금해주었다고 한다. 그의 주된 관심은 "인간성과 생산성"을 함께 발전시키는 일이다. 인간성이 부드러워지고 행복감을 느낄 때 생산성도 향상된다는 것이다. 그는 금욕적 생활을 추구할 게 아니라 자본주의 안에서 뭔가 희망을 보여줘야 한다고 생각한다.

> 제가 지금 하는 일은 자본주의에 속해 있으면서 일을 하는 거잖아요. 무슨 생협 같은 데 있어서 도시생활을 안하는 사람도 아니고. 그러니까 본령에서 싸움을 해야 한다고 생각을 해요. 이 얘기는 금욕적으로 물질주의를 배척하고 어떻게 하자는 게 아니고, 이 사람들이 가장 바라고 있는 싸움터, 전장에서 그 사람들한테 뭔가 희망을 보여줘야 되지 않을까……(김창준, 13면)

김창준씨는 생협운동을 물질주의를 배척하는 금욕적인 사람들이 벌이는 근본적인 운동으로 인식하는 듯하다. 그의 말에서 도시 사람들이 생협 사람들이나 농촌 사람들을 보는 눈을 읽을 수 있다. 우리가 만난 협동조합 사람들 가운데는 그리 금욕적이지도, 특이하지도 않은 이들이 많았다. 오히려 돈과 회사에 얽매인 삶에서 자신을 해방하면서 다른 즐거움을 누리는 사람들이다. 그러나 김창준씨는 그것을 도피나 회피라고 본다. 그는 적은 시간 동안 "몰입"해 일하고 "생산성"을 올리며 "인간성"을 풍부하게 발전시키는 희망을 보여주기를 원한다. 그는 이것이 "본령에서 싸움을 하는 것"이라고 말한다. 그렇다고 생협은 주변일 뿐이고 기업이 '본령의 전장'이라고 할 수는 없을 것이다. 그럼에도 자본주의의 중심인 기업에서 세상을 변화시키는 힘을 찾자는 그의 주장은 꽤 설득력이 있다.

생산력이 고도로 발전한 현대에, 인류가 사회적으로 협력하여 실현할 수 있는 현실적인 목표를 그는 희망한다. 버트런드 러쎌(Betrant Russell)은 이미 1930년대에 『게으름에 대한 찬양』이라는 글에서 '오늘날처럼 생산력이 발전한 사회에서는 모두 노동시간을 줄이고 나눔으로써, 한쪽에서는 배고픔으로 다른 한쪽에서는 과로로 죽어가는 세상을 바꾸어야 한다'고 말했다. 앙드레 고르(André Gorz), 알랭 리뻬에츠(Alaine Lipietz) 같은 녹색사상가들도 노동시간 줄이기의 중요성을 강조했다. 그러나 다함께 '게으름'을 향유할 자유와 권리를 누리면서 다함께 잘 먹고 잘사는 일은, 생산력 발전만이 아니라 사회를 조직하고 제어할 수 있는 사회적 힘이 있어야 이룰 수 있다. 김창준씨의 "본령에서의 싸움"은 이곳저곳에서 성공할 수 있을 것이다. 그의 말대로 IT시대에 자본 없이 승리하는 사람들도 적지 않을 것이다. 우리는 그의 희망이 여러 곳에서 실현되면 승자독식 자본주의가 인간의 얼굴을 한 자본주의로 변할 가능성이 커질 거라고 본다. 그렇지만 그 싸움이 개인의 승리가 아니라 사회의 승리가 되기 위해서는 여러 사람과 더 많이 이야기하고 실천해야 할 것이다.

새로운 소비, 새로운 무역: 페어트레이드코리아

승자독식 자본주의는 우리나라만의 문제가 아니다. 자본은 어디로나 흘러가 인간의 삶과 자연을 변화시키고 있다. 문제는 부자들은 자본의 달콤함을 즐기고 있지만, 가난한 사람들과 자연은 그로 인해 고통 받고 있다는 것이다. 자본주의는 전세계의 불평등을 가속화하고 있다. 자본주의의 세계화에 맞서는 다른 세계화는 가능한가? 이 어려운 질문에 해답을 찾고자 애쓰는 사람의 이야기를 들어보자.

이미영씨는 요즘 '페어트레이드코리아'라는 회사의 대표이사가 되어 장사하느라 바쁘다. 학생운동, 노동운동, 시민운동, 환경운동 등 운동하느라 청춘을 보낸 사람이 40대 들어 회사 사장이 되어 돈벌이에 나섰다. 그런데 이 회사는 좀 특별한 데가 있다. 페어트레이드코리아는 "제3세계의 가난한 여성들이 만든 자연주의 의류와 생활용품을 정당한 가격으로 거래하여 여성의 경제적 자립을 지원하고 지속가능한 지구촌 건설에 기여하는 시민기업"이다. 이 기업은 국제 공정무역(페어트레이드)의 다섯가지 원칙, 즉 공정한 임금과 지속가능한 일자리, 전통기술과 문화적 다양성 보전, 안전한 작업환경, 환경과 건강보호, 윤리적 소비 등의 원칙 아래에서 무역을 한다. 상호이익이라는 명분으로 행하는 무역이 실제로는 불평등을 심화시키고 제3세계 민중의 삶과 자연을 황폐화시키고 있다. 희망무역[11]은 이 문제를 해결하기 위해 가난한 민중들에게 정당한 임금을 지불하고, 좋은 작업환경에서 환경을 지키며 상품을 생산하도록 하는 사업이다. 이렇게 생산한 물건을 잘사는 나라에 팔아 얻은 이윤을 가난한 민중들에게 되돌려준다.

이미영씨는 왜 사회운동을 하다가 페어트레이드코리아의 사장이 되었을까? 민주화 열기가 뜨겁던 1986년에 대학에 입학한 그는 학생운동에 참여했고 나중에는 노동현장에 들어가 노동운동을 했다. 그런데 그가 몸담은 대기업 노조가 "어용" 쪽으로 넘어가자 활동을 정리하고 회사를 나왔다. 이런저런 활동을 하면서 사회를 변화시킨 다는 것이 얼마나 어려운지 절감하기도 했다. 그러다가 1994년에 선배의 권유로 경제정의실천시민연합(이하 경실련) 환경개발쎈터에 들어가면서 그는 새로운 세상을 보기 시작했다.

> 환경개발쎈터는 워낙 새로운 주제를 다루고 이러니까 재미있었어요. 개인적으로는 정말 이렇게 환경이라는 창을 통해서, 기존에 봤던 창 하고는 완전히 다르잖아요. (…) '환경운동은 내가 평생 해볼 만한 운동이겠다' 생각했죠. 그리고 굉장히 확장되잖아요, 시각이. 쫘악 확장 되는 데서 오는 뭐랄까, 쾌감이랄까, 신선함, 이런 게 굉장히 매력있었고요. (…) 경실련이 줬던 또다른 장점은 사람을 잘 트레이닝시켰어요. 어쨌거나 당시 시민단체들의 수준에 비해서는 뭐랄까, 일을 잘하게 훈련시키는 거는 뛰어난 면이 있었던 거 같아요. (이미영, 18면)

노동운동, 통일운동 등 '구(舊)사회운동'의 관점에서 세상을 보던 이미영씨에게 경실련 환경개발쎈터는 '환경'이라는 새로운 관점으로 세상을 보면서 '시민운동'의 틀을 가지고 활동하는 능력을 키워주었다. 경실련이 이런저런 문제로 내부갈등을 겪던 1999년에 이미영씨는 "언니들한테 잡혀가지고" 여성환경연대 창립에 참여하면서, 여성의 관점에서 환경운동을 하기 시작했다. 그는 여성환경연대에서 국제적으로 활동하면서 공정무역에 점차 관심을 갖게 되었다. 주로 아시아 여성운동 지도자나 이론가 들과 관계를 맺으면서, 제3세계의 경우에는 생태파괴와 여성문제, 빈곤문제가 서로 밀접히 관련돼 있다는 사실을 알게 되었다.

사실 한국이 굉장히 과소비사회고, (…) 이렇게 과소비사회에서 너무 나 많은 걸 낭비하면서 살고 있는데, 이제는 한국의 여성들도 아시아 의 가난한 여성들과 함께 환경파괴, 이런 것들을 좀 해결할 수 있는 일에 기여할 때가 되지 않았나. 그래서 그것과 관련된 조금 작지만 좋 은 프로젝트를 한번 해보고 싶었어요. 실제 현장에서. 그래서 사례조 사를 했는데, 뭐 다들 아시는 마이크로 크레디트 같은 사례도 보면, 여성들의 성공사례가 많아요, 남자들보다. 이유가 있어요. 여자들은 술도 안 먹고, 방탕하지도 않지요. 너무나 성실하게, 또 꼼꼼하게 쓰 고 되갚는 비율도 높아요. 남자들에 비해서. 그래서 여성한테 지원하 는 게 효과적이다. 뭐 이런 얘기 많이 나오거든요. (…) 너무 재미있더 라고요. 우리도 이제 그런 걸 할 때가 되지 않았나, 이런 생각을 하게 된 거죠. (…) 근데 페어트레이드가 여러가지 의미에서 굉장히 매력적 이었어요.(이미영, 2면)

이미영씨는 국제교류를 하면서 우리나라의 '과소비' 문제를 성찰 하게 되었다. 그리고 생태, 여성, 빈곤이 따로 떨어져 있지 않고 연 결된 문제라고 파악하여 이를 해결하기 위해 '뭔가 실천할 때가 되 었다'고 판단했다. 가난한 여성들의 빈곤과 생태 문제를 해결하기 위해서는 여성 자신이 삶의 주체가 되어야 한다는 점도 다시 확인했 다. 그는 성공 사례 가운데에서도 페어트레이드에 매력을 느꼈다. "정말 훌륭한 일이다, 한국에서 한번 해볼 만하다"라고 생각하고 "성공할 수 있다는 자신감"을 갖고 겁 없이 사업에 뛰어들었다. 이 미영씨가 이 사업을 시작한 또다른 이유는 우리나라 시민운동의

"민족주의적 성향"에 대한 반성 때문이다.

> 애국애족, 이게 저의 화두였거든요. 저의 청춘의, 십여년간을 '어떻게 애국적으로 살 건가, 어떻게 애국애족하며 살 건가'(웃음) 이런 거였다는 거죠. 그런데 이제는 '더이상 그런 방식으로 한국의 시민사회가 성장할 수 있을까'라고 했을 때, 저는 아니라는 생각이 드는 거예요. '그럼 어떻게 성찰할까?'라고 했을 때, 그거는 정말 지구공동체와 어떻게 호흡할 것인가를 고민해야 한다고 본 거예요. 예를 들면 우리는 항상 뭔가 피해를 받아왔고, 억압 당해왔고, 그래서 해방을 부르짖어 왔는데, '과연 지금 한국의 위치가 그렇기만 한가. 예를 들면 아시아의 가난과 빈곤과 전쟁에 우리는 아무 책임이 없느냐'라고 했을 때, 저는 이제 굉장히 많은 책임감을 느껴야 된다. 그리고 '어떻게 기여할 것이냐' 하는 문제가 있죠. 아시아가 더욱 공정하고 정의롭게, 우리 이웃과 정말 같이 잘 살 수 있는 방법에 대해 고민을 하지 않으면, 굉장히 보수적이고 국가의 경제에만 매여 있는 시민운동과 시민사회는 한계에 부딪힐 거다, 이런 거고요. (이미영, 12면)

이미영씨는 우리나라의 "저항적 민족주의" 혹은 피해자라는 자의식이 시민사회에 강하게 남아 있는 게 문제라고 본다. 그런데 사실은 자신의 사회운동 동력은 바로 '애국애족'이었다고 한다. 사실 이러한 민족주의적 지향은 유럽에서는 우파의 전형적인 특징이다. 그러나 일제 식민지를 경험한 우리나라 사람들에게 민족주의는 보수적이든 진보적이든, 열렸든 닫혔든 간에 공통의 기억과 가치를 보장해주는 상징이 되었다. 이 때문에 1970~80년대 시민사회운동에도 민족주의는 의심할 수 없는 가치로 작용했다. 이미영씨는 여성환경연대에서 아시아의 가난한 여성들, 그리고 유럽과 일본의 여성 환경운동가들과 교류하면서 이러한 닫힌 민족주의를 비판적으로 성찰하기 시작한 듯하다. "한국도 아시아의 가난과 빈곤, 전쟁에 책임감을 느껴야 할" 뿐 아니라 그러지 않으면 "보수적인 국가의 경제"에 매일 수밖에 없다고 생각한 것이다. 그는 닫힌 민족주의를 넘어서는 것이 윤리와 가치의 차원에서 중요할 뿐 아니라, 신자유주의 세계화 시대에 문제의 본질을 찾고 올바로 대응하기 위해서도 필수라고 말한다.[12]

> 이미 지구는 너무나 지구적으로 정말 얽혀 있기 때문에, 경제적으로, 정치적으로, 지구적인 어젠다나 최소한 아시아라는 지역 어젠다에 대해 반응하고 고민하지 않으면, 문제의 본질을 못 찾는 거죠.(이미영, 12면)

이미영씨는 국민국가의 틀을 넘어서는 사회운동을 해야 한다고 본다. 그 운동은 어떠해야 하는가? 이미영씨는 시민들이 "품위있는 지구시민"으로 살아가는 것이 중요하다고 말한다.

> 이제는 정말 시민들도, 지구시민으로 어떻게 품격있게 살 거냐. 그냥 조금 양심적으로 살고, 돈 좀 잘 벌면 좋고 이런 게 아니라, 좀 품위있게 지구시민으로 살 수 있는 길, 그리고 그것의 구체적인 실천방법, 이런 거를 제시하는 게 굉장히 중요하고, 이것이 시민운동의 새로운 지형을 만들 거다. 그게 페어트레이드, 윤리적 소비, 동물보호, 이런 주제가 될 거라는 생각이 드는 거예요.(이미영, 13면)

'애국애족'을 위해 독재와 싸우고 노동자를 위해 현장에 뛰어들었던 젊은이가 경실련 환경개발쎈터와 여성환경연대 일을 하면서 빈곤한 제3세계 여성과 환경을 지키기 위해 지구시민의 연대를 지향하는 사람으로 바뀌었다. 그가 택한 길은 경제적 토대를 바탕으로 사회연대를 추구하고 확장하는 전략이다. 그래서 돈 버는 일을 택했다. 그러나 사회운동과 사업은 전혀 다른 일이다. 더구나 사회운동의 이념을 갖고 돈을 벌어야 하는 이중과제를 조화시키는 것도 매우 힘든 일이다.[13]

> 무식해서 시작한 일이에요. 그런데 막상 시작해놓고 보니, 이게 장난이 아니더라고요. (…) 어려운 점은, 일단 이 희망무역은 시민운동적 성격을 분명히 갖고 있죠. 그리고 시민운동가들에 의해서 만들어진 것이지만, 그래도 비즈니스잖아요. 그러니까 사실 비즈니스에 대해서 좀 알고, 그다음에 시장에 대해서도 알고 해야 되는데, 그런 돈을 벌어본 경험이 없고, 사업을 해본 경험이 없으니까(웃음), 그게 제일 큰 어려움이죠. (…) 그리고 또 어려운 거는, 그거만 알아서 되는 게 아니라, 정상적인 비즈니스가 아닌 거예요, 자본의 입장에서 볼 때. 굉장히 따지는 게 많고, 원칙도 고수해야 하니까. 사실은 생산지 사람들과 교류하면서 자기 경험을 축적하는 게 너무나 중요한 거예요. 그니까 생각지도 않았던 일들이 많이 발생하거든요. (이미영, 2면)

제3세계 민중과 자연을 위해 '다른 세계화'를 실천해야 한다는 사회운동의 목표와 돈을 벌어야 한다는 기업의 목표를 함께 추구하기란 매우 어려운 일이다. 이미영씨는 돈 벌어본 경험이 없는 시민운동가가 사업을 공부하고 알아야 하는데 그게 어렵다고 호소한다. 그런데 문제는 그냥 돈을 버는 것이 아니라 사람과 자연을 살린다는 원칙도 지켜야 하니 이중으로 어려울 수밖에 없다. 물건이 계획대로 착착 공급되어야 하는데 그렇지 않은 경우도 적지 않다. 연락도 없이 생산자들이 집단 휴가를 가는 경우도 있고, 물건의 질이 들쭉날쭉한 경우도 많다. 일본의 '네팔리 바자로'라는 단체는 15년 동안 네팔 사람들과 사업을 해왔는데 한 활동가는 너무나 속 터지는 일이 많고 힘들어서 "비행기 타고 오면서 이 비행기가 추락했으면 좋겠다"고 바랄 정도였다고 한다. 생산자들의 소통능력도 부족하고 민주주의 발전 정도도 낮을 뿐 아니라, 작업환경이나 임금이 다른 곳보다 낫다고는 해도 매우 열악한 경우가 많다. 이 일본인은 그래도 지금 상황이 15년 전에 비하면 눈물이 날 정도로 나아진 것이라고 전한다. 이미영씨는 이런 어려움 속에서도 페어트레이드가 선진국 시장에서 성공했다는 점에 희망을 걸고 있다.

> 사실 저도 아직은 정리되지 않은 논점이 많이 있는데, 분명한 건 50년의 역사 속에서 페어트레이드라고 하는 흐름이 시장에서도 성공을 했다는 거죠. 그리고 성공한 기업이 있고. 뭐냐하면 사람을 최우선에 두고, 윤리적인 기준에 부합하도록 생산한 물건도 시장에서 성공할 수 있다는 걸 보여준 게 페어트레이드의 굉장히 큰 매력인 거 같아요. 이건 아주 근본적인 대안운동은 아니에요. (이미영, 8면)

선진국에서는 페어트레이드가 윤리적 소비를 원하는 사람들의 관심을 끌어 성공한 사례가 적지 않다. 그래서 심지어 다국적기업도 페어트레이드를 내걸기도 한다. 예를 들면 스타벅스는 커피의 97퍼센트를 "농민을 괴롭히면서 구매"하면서도 자기네는 페어트레이드로 거래한다고 말한다. 사실 대기업이 일부만 페어트레이드로 전환해도 생산자들에게는 큰 이득이다. 이미영씨는 이것을 어떻게 봐야 할지 자신도 "잘 모르겠다"고 말한다(이미영, 10면).

이미영씨는 일본과 유럽의 페어트레이드 경향이 다르다고 본다. 일본은 생협, 즉 협동운동 방식으로 "소비자와 생산자의 직접 소통"에 초점을 맞추어 양보다는 질적으로 깊은 관계를 발전시키는 경향이 있다. 반면 유럽의 경우에는 주류시장을 지향한다. 말하자면 대형 유통라인에 물건을 공급하기 위해 노력하고, 다른 제품과 비교하기 위해 상품을 모니터링해서 페어트레이드 상표를 붙이는 제도를 도입하고 있다.

우리나라의 희망무역이 어떤 방향으로 나아갈지 지금은 알 수 없다. 그러나 우리가 이미영씨를 만난 지 1년 남짓 지난 지금 페어트레이드코리아가 1호점을 서울 안국역 근처에 내고, '그루'라는 자체 상표까지 개발했으니 빠르게 발전하고 있는 듯하다. 그가 말하듯이 희망무역이 자본주의 세계화를 근본적으로 바꾸는 대안운동은 아니다. 시장과 운동, 윤리와 이윤 사이에서 무엇을 어떻게 해야 할지 "어렵고, 힘들고, 잘 모르겠다"고 이미영씨는 고백한다. 그러나 시장과 사회, 국가 사이에서 그것을 넘어서는 새로운 힘이 생길 수 있다고 믿는다. 그래서 이 일에 매력을 느끼고 겁 없이 저지른 것인지도 모른다.

페어트레이드가 사회적으로 확산되면 '품위있는 지구시민'이 많아지고 그러면 '다른 세계화'가 가능할까? 선진국 사례를 볼 때 페어트레이드 사업이 성공했다고는 하지만, 불평등한 세계화는 여전히 지속되고 있다. 그러나 페어트레이드로 맺어진 생산자와 소비자가 상품-소비 관계를 넘어 지구시민으로 연대·교류하는 일은 확산되고 있다. 일본의 페어트레이드 모델이 그런 사례들을 보여주고 있다. 우리는 세상을 한꺼번에 바꾸어야 한다는 생각에 빠져 이러한 작은 물결을 무시해서는 안될 것이다. 거대한 구조를 바꾸는 일도 작은 외침에서 시작되기 때문이다.

노동자가 주주인 기업: 키친아트

주식회사는 주주의 자본과 노동자의 노동을 바탕으로 상품을 생산하여 시장에서 소비자들에게 판매함으로써 수익을 얻는 자본주의의 핵심 생산조직이다. 주식회사는 주주, 노동자, 소비자 사이에서 이익을 배분해야 하는데 세 집단 사이에는 갈등요소가 내재해 있다. 특히 주주와 노동자 사이에서 계급갈등이 생길 수밖에 없다. 자본을 투자한 주주는 더 많은 이윤을 얻기 위해 노동자의 임금을 줄이려 하는 반면, 노동자들은 자신의 삶을 지키고 더 많은 임금을 받기 위해 노력한다. 그런데 신자유주의 혹은 금융자본주의에서는 주주의 이익이 최우선 가치로 자리 잡는다. 전세계적인 경쟁이 심화되고 사회운동의 힘이 약화되면서 금융자본의 힘이 우위를 차지했기 때문이다.

우리나라에서도 1997년 경제위기 이후 많은 기업에서 주주 중심의 경영이 최우선 원칙으로 자리 잡고 있다. 이렇다보니 이윤창출을 위해 소비자에 대한 써비스는 개선되고 있지만 노동자의 권리는 갈수록 약화되는 경향을 보인다. 구조조정이라는 이름 아래 비정규직과 영세 자영업자가 증가하는 경향이 나타났다. 소비자의 권리가 향상되는 한편 노동자의 권리는 약화되는 딜레마가 생기고 있다. 한 인간이 소비할 때는 왕이지만 노동할 때는 노예가 되고, 주주일 때는 주인이지만 노동할 때는 종이 되는 것이 오늘의 현실이다. 그런데 많은 사람이 주식형 펀드에 투자하는 '펀드 자본주의' 시대에 주주이자 노동자이고 소비자인 사람들이 우리 주변에 많다. 이들은 노동자로서는 노동의 권리와 높은 임금을 바라지만, 소비자로서는 싸고 좋은 써비스와 상품을 원하고, 주주로서는 어찌되었든 더 높은 수익을 얻기를 바란다. 이러한 삼중 모순을 어떻게 볼 것인가? 노동자, 주주(자본가), 소비자가 한 인간 안에서 혹은 한 사회 안에서 함께 잘살 수 있을까?

이러한 질문에 해답의 실마리를 던져줄 사람으로, 우리는 노동자가 주주인 회사에서 주주이자 노동자로 일하고 있는 서은희씨를 만났다. 서은희씨는 서른한살 때인 1984년경에 경동산업(지금의 (주)키친아트)에 들어가서 프레스 작업장에서 일하기 시작했다. 임금이 너무 적다보니 밤낮 없이 일했다. 새벽 두시까지 철야를 하고 "씻고 집에 갔다가 밥 해놓고 다시 오고, 그런 생활을 오랫동안 반복"했다. 프레스에 오른팔이 들어가서 30분 넘게 걸려 있기도 했고, 상대편 작업자의 제품이 날아와 이빨을 부러뜨리기도 했다. 그런데 이 회사가 2000년 4월에 부도가 나 직원들은 퇴직금도 못 받고 모두 흩어졌다. 하지만 이들은 다시 힘을 모아 회사를 살리기로 했다. 이렇게 해서 직원 등 288명이 주주로 참여하여 2001년 3월에 주식회사 키친아트라는 회사를 설립했다. 서은희씨는 회사를 새로 설립할 때 주주이자 노동자로 참여했다. 그러나 이 회사의 앞길도 그리 순탄치는 않았다. 2005년에는 대표이사가 주주들의 배당금을 횡령한 사실을 조합원들이 알게 되었다. 이때부터 서은희씨는 남자 직원들과 함께 회사, 법원을 가리지 않고 온몸으로 싸워야 했다.

다시 이 회사를 찾으면서 (…) 사장을 세웠는데, 사장이 조합원을 배신하고, 저 혼자 먹고살겠다고 돈 다 추려가지고 빼먹다가 들켜서 이제 구속되고, 법원에서 우리는 법정투쟁을 1년 반 넘게 했어요. (…) 우린 언니 한 사람하고 여기 그 사람하고 여자는 세 사람만 참여해서, 밤낮 이 남자들과 똑같이 법원 투쟁하고 같이 싸우고 몸싸움도 했죠. (…) 밤낮을 그렇게 했어요. 1년이 넘게. 이게(이 회사가) 그때 찾은 거잖아요. 여기에만 매달려 있던 거지, 여기에만 매달려서 우리 이제 소유로 다 찾아서 정상화시켜서 지금 열심히 하고 있어요.(서은희, 3~4면)

서은희씨와 몇몇 조합원들이 밤낮을 가리지 않고 법원 안팎에서 "투쟁"한 결과 이들은 회사를 '조합원의 회사'로 되돌리는 데 성공했다. 서은희씨는 스스로 권리를 찾기 위해 노력한 결과 오랫동안 다닌 회사에서 정년을 마칠 수 있게 되어 큰 보람을 느낀다. 자신이 노력한 만큼 높은 소득을 얻지는 못했지만, 그래도 아이들 공부시키고 회사도 되찾고 정년까지 일한 자신의 모습에 자부심을 느낀다.

내가 이 싸움에도 진짜 정의를 가지고 남자들과 똑같은 생활을 하면

> 서 그렇기 때문에 나한테 이 몫이 돌아오지. 나는 그냥 가만있는데 이 몫을 주겠어요? 솔직히. 내 가만있었는데 이만큼 줄 리는 없잖아. 그래서 내 한 만큼 어디든지 무엇이든지 돌아온다는 거. 그래요, 사는 게 그렇지 뭐.(서은희, 10면)

서은희씨는 자신의 투쟁이 자기 권리를 지키기 위한 것이자 "정의"의 편에 서는 일이라고 인식한다. 그는 남자 못지않게, 남자와 똑같이 정의를 세우기 위해 노력했기에 권리를 찾았다고 말한다. 인권, 정의, 자유란 거저 주어지는 게 아니라 고통스런 투쟁의 결과이자 맷가라는 점을 직접 체험하고 배운 것이다. 이러한 체험으로 얻은 긍정적 자의식은 자식들 대학공부까지 시키고 훌륭하게 키움으로써 더욱 강화된다.

중요한 점은 그가 강한 주인의식을 갖고 있다는 점이다. 서은희씨에게서는 '사장님'이나 정부, 국가의 '시혜'에 굴종하는 모습을 찾아보기 어렵다. 그는 자신을 노동자가 아니라 주주, 혹은 조합원, 그러니까 주인으로 인식한다.

> 우리는 노동자라고 생각하지 않고, 부르지 않고, 조합원이라고 그래요. 조합원이지만 이제는 기업주나 노동조합이 없기 때문에 주주라고, 주식을 나눠 갖기 때문에 주주라고 그러죠.(서은희, 18면)

키친아트의 사훈은 공동소유, 공동책임, 공동분배이다. '공유'라는 이름 아래 국가소유를 정당화하고 권력을 강화한 사회주의국가의 이념으로 들릴 법한 말들이 주식회사의 사훈으로 정해져 매우 특이하게 느껴진다. 그러나 서은희씨의 이야기를 듣다보면 그 의미를 쉽게 이해할 수 있다. 마치 생산자협동조합처럼 노동자들이 회사를 공동소유하면서 더불어 책임을 다하고 이익을 나누는 모델이 사훈에 담겨 있는 것이다.

> 좋은 점은 그래도 운영하시는 분이 알뜰해서 다 우리에게 되돌려주니까. 우리 주주들이면 똑같이 나눠서 가지니까 좋죠. 그리고 우리 거니까 더 열심히 하고, 그래서 똑같이 나눠 가져요. 사장님부터 주식을 똑같이 배분해서, 배당금도 똑같이.(서은희, 3면)

이렇게 키친아트가 노동자 지주회사로 전환할 수 있었던 이유는 노동조합이 잘 조직되어 있었기 때문이다. 서은희씨가 회사에 처음 들어갈 때쯤 노조가 설립되었다. 그전에는 "관리자가 직원들을 개무시하고, 강제로 잔업을 시키곤 했다". 노조가 설립된 후에는 이러한 전횡이 조금씩 약해지고 노동자의 권리가 점차 확장되었다. 이러한 조직적 힘이 있었기에 부도가 났을 때에도 종업원 지주회사로 회사를 살릴 수 있었고, 그후 사장의 횡령 문제도 해결할 수 있었다고 한다.

서은희씨는 키친아트를 '주주회사'라고 부른다. 그는 "이 주주회사가 성장하면 다른 악덕기업을 도려내" 세상을 변화시킬 수 있을 것이라고 생각한다. 그리고 자신들의 회사가 이윤을 사회환원 하면서 사회적 책임을 다한다는 데 자부심을 갖고 있다.

> 아무래도 우리 주주회사, 주주들이 만드는 회사가 이렇게 성장하다보

면, 다른 악덕기업 같은 데, 그런 데를 좀 도려낼 수가 있겠지. 우리를 본받아서 그럴 수도 있겠죠. 그냥 힘없이 이렇게 포기한다는 게 아니라 우리를 이제 본받아서 우리가 이렇게 잘하고 조합원들과 잘 꾸려가서. (…) 우리도 지금 좋은 일도 많이 하거든요. 이렇게 회사는 적지만 아주 좋은 일을 많이 하시더라고요. 우리 주주들한테는 덜 돌아와요, 돈이. 우리 주주들, 개인한테는 돈이 덜 돌아가더라도, 우리는 10퍼센트를 사회에다 환원을 해요. 고아들을 돕고, 우리 주주들간에도 아주 큰 수술을 해서 어렵다든가 이럴 때 1년에 한번씩 해요. 지난번에도 했었어요.(서은희, 12면)

노동자가 주인이 되어 함께 살려나가는 회사, 정년에 이르도록 일하면서 삶의 즐거움과 보람을 누릴 수 있는 회사, 좋은 제품을 만들어 소비자에게 공급하는 회사, 어려운 이웃에게 이익을 환원하는 회사, 이런 회사가 많아지면 세상은 좀더 좋아질 거라고 서은희씨는 말한다. 우리사회에서 이런 회사의 존재 자체가 갖는 의미는 매우 크다. 생산자협동조합처럼, 지배구조(governance)가 민주적이면서 사회적 책임을 지는 기업이 시장에서 지탱할 수 있다는 것은 사람이 주인이 되는 또다른 시장, 또다른 자본주의도 가능하다는 희망을 일깨운다.

지금까지 우리는 협동조합, 사회적기업, 공정무역, 노동자 지주회사 등 여러 대안경제와 삶을 체험하는 사람들을 만나보았다. 이들은 모두 우리사회의 주류와는 뭔가 다른 삶을 살고 있다. 자본주의 체제와 시장 안에서 먹고살지만 시장만능·승자독식 자본주의를 넘어서는 다른 삶을 체험하고 있는 것이다. 사회적 협동, 공동체, 자활, 공정무역 등을 이끄는 힘은 시장이 아니라 '사회적인 것'에서 나온다. 그것은 타인과 더불어 사는 우애의 공동체를 만들고 싶다는 마음이다. 우리가 만난 이들, 남이 행복해야 나도 행복하다고 느끼는 사람들은 이런 마음을 삶 속에서 구현하면서 새로운 경제를 만들기 위해 노력해왔다. 어떤 이들은 성공했고, 어떤 이들은 실패했다. 그러나 성공도 실패도 더 큰 우애를 위한 밑거름일 것이다.

03장
농촌에서 희망을 찾는 사람들

오늘날 대부분의 사람들은 돈과 사람이 넘쳐나는 도시에서 살아간다. 그런데 도시는 농촌 없이는 지탱할 수 없는 소비의 체계이자, 지탱하기 어려운 산업문명의 축소판이다. 이러한 도시를 떠나 농촌으로 가거나 그것을 꿈꾸는 사람들이 늘고 있다. 그렇다면 과연 농촌에 우리의 미래가 있을까? 농업이 지속불가능한 산업사회를 넘어서는 희망이 될 수 있을까? 그 이야기를 나눠보자.

할머니들에게서 배운 '더불어 가난한 사회': 전북 부안 시민발전소

이현민씨에게 1980년대 학생운동 시절은 "수배와 구속이 연속"

되던 나날이었다. 그런데 운동을 하면 할수록 다들 주도권 다툼에 골몰하고 "함께 뭔가 만들어가는 노력"이 부족하다는 느낌이 들었다. 이런 와중에 그는 이념이나 주도권 다툼이 아니라 현실 속에서 실천을 통해 뭔가 이루어나가는 것이 더 중요하다고 생각했다. 그래서 1980년대 후반에 부안에 내려왔다. 그는 농민들과 함께 우루과이 라운드 반대운동에 나서는 등 농민운동을 벌였다.

그런데 1995년에 시화호 사건을 계기로 새만금 간척사업이 중요한 이슈가 되면서 그는 자신도 모르게 농민운동가에서 환경운동가로 변해갔다.[1] 부안 주민으로서 새만금 반대운동에 뛰어들지 않을 수 없었다. 농민운동가에서 환경운동가로 전환한 그는 새만금 갯벌을 살리기 위해 많은 일들을 했다. 그런데 2003년 노무현정부는 집권하자마자 부안에 핵폐기장을 건설하는 계획을 추진하기 시작했다.[2] 이현민씨는 또다시 핵폐기장 반대운동의 소용돌이에 휘말릴 수밖에 없었고, 이 싸움을 하면서 인생에서 지울 수 없는 고통을 경험했다.

제일 기억에 남는 거는 사실은, 제일 잊고 싶은 일 중의 하나가 핵폐기장 사업 반대투쟁이죠. 부안 출신의 장기수 선생님인데 허영철 선생님이라고 계십니다. 그 분이 작년에 책을 쓰셨는데, 『역사는 단 한 번도 나를 피해가지 않았다』라는 그 제목이 참 와닿더라고요. 그 책을 보면서, 물론 그 선생님하고는 비교할 게 못되지만 저도 학생운동이나 부안에 와서 농민운동을 했고 굉장히 힘들지만 '나름대로 이것이 굉장히 중요한 일이다'라는 사명감을 갖고 했었는데, 사실은 부안 핵폐기장 사업 반대투쟁은 너무 힘들었어요. 개인적으로 너무 힘들었죠. 이 사회 전체의 어떤 가치관의 충돌을 겪었고 '우리 마음속에 정말 분노가 절정에 이르면, 이렇게 사람이 미쳐버릴 수도 있겠다' 라는 생각들을 하게 만들었던 싸움이었죠.(이현민, 6~7면)

이현민씨는 '역사는 단 한번도 나를 피해가지 않았다'는 말을 절감할 만큼 몸과 마음으로 아픈 역사를 체험했다. 학생운동, 농민운동, 환경운동을 사명감을 갖고 열심히 해왔지만 부안 핵폐기장 반대 투쟁만큼 힘든 일은 없었다고 한다. 부안읍 인구가 1만 5000명인데 전투경찰 1만 2000명이 두달 동안 상주하면서 마치 "경찰 계엄령"이 내려진 것처럼 부안을 지배했다. 극단적인 대립과 갈등, 투쟁이 부안을 휩쓸었다. 이러한 무서운 투쟁 속에서 이현민씨를 감동시킨 것은 바로 "북풍 한파 속에서도 하루도 빠지지 않고 촛불집회에 나오는 할머니들의 마음"이었다. 핵폐기장 반대투쟁 이전에 이현민씨가 꿈꾸던 세상은 "젊고, 많이 배우고, 능력있는 남자들이 소명의식과 사명감을 갖고 민주주의를 확대하고 경제정의를 실현해가는" 세상이었다. 그런데 촛불집회에 나온 할머니들을 대하면서 그는 "정반대" 세상을 보게 되었다.

할머니들이 하는 건 촛불집회를 단 하루도 빠지지 않고 나오시는 거예요. 그리고 촛불집회 맨 앞자리에 앉아서 그 자리를 지키고 가장 일찍 나오셔서 가장 마지막에 들어가시고, 그리고 그날 쓸 용돈 천원짜리 한장 한장을 성금으로 내고, 받은 유인물들을 당신은 글을 모르니 대신 이웃에게 나눠주고, 옆집 사람들을 함께 촛불집회에 참여하게 하는 것, 그 과정들을 보고 눈물을 너무 많이 흘렸습니다.(이현민, 7면)

이현민씨는 자신이 지향하는 미래사회를 만들어가는 힘은 "할머니들의 마음"이라고 생각했다. 그것은 "내가 가진 것들을 내어놓을 수 있는 용기, 그리고 손주와 가족을 위해 당신의 모든 것을 바칠 수 있는 할머니들의 마음"이다. "북풍한설 속에서도 하루도 빠지지 않고 촛불집회에 나온 할머니들의 마음"에서 그는 대안사회의 모습을 발견했다. 긴 싸움 속에서 정부, 지방자치단체, 경찰 그리고 지역주민들 사이의 갈등으로 말 못할 몸과 마음의 상처를 입은 그가 지난 싸움을 회상할 때 뚜렷이 떠오르는 이미지는 바로 "할머니들의 마음"이다. 그 마음속에서 자기 희생, 공생, 공존, 공빈, 순환의 미래를 발견했다. 지식=유능=높은 자리=청년=남성이 아니라 무식=무능=낮은 자리=노인=여성이 이 사회의 주인이고, 이들의 마음이 바로 자신이 지향하는 사회를 만들 수 있는 힘이라고 생각하게 되었다. 핵폐기장 반대운동이 그에게 중요한 또 하나의 이유는 "반대를 위한 반대가 아니라 긍정을 지향하는 반대"였기 때문이다. 그 운동으로 지역이기주의와 다른, 변화에 대한 새로운 희망과 믿음이 부안 사람들 사이에 생겨났다고 본다.

> 우리가 핵폐기장을 반대하기 때문에 전기를 아껴 쓰고, 재생에너지 관련 운동들을 함께해요. 그리고 촛불집회를 통해서 직접민주주의를 구현했는데 그 연단에 주민들이 직접 올라가서 자기 의견들을 이야기했고, 그 의견들을 받아서 저희들은 싸움 계획을 짠 것밖에 없거든요. (이현민, 8면)

그는 부안 싸움을 통해서 핵폐기장 반대운동이 쓰레기 매립장 반대운동이나 소각장 반대운동과는 다르게 새로이 힘을 키울 수 있고 그래야 한다고 생각했다. 그 힘 가운데 하나는 자연을 살리는 재생 가능 에너지를 통한 에너지 자립이고, 다른 하나는 주민의 자발적인 참여이다. 특히 핵폐기장 싸움을 통해, 자연 속에서 순환하는 사회라는 미래를 과거에서 발견했다고 한다.

> 궁극적으로 저는 좀더 잘사는 사회가 아니라 더불어 못사는 사회, 더불어 가난한 사회를 지향해야 된다고 생각합니다. 그러니까 자연으로부터 끊임없이 빼앗아 오고 더 많이 약탈해 오고 침탈하는 약탈의 과정이 아니라, 자연에 줄 것을 주고 필요한 만큼 공급 받는 이러한 사회. 이거는 결국 더불어 못사는 사회를 지향해야 얻을 수 있다고 생각을 하거든요. 상생과 공생은 가능한 거죠. 우리 조상들의 삶이 그랬어요.(이현민, 7면)

이현민씨에 따르면 우리의 전통 농업과 농촌에 그런 모습이 담겨 있다. 그는 자연친화적인 순환농업을 해야 할 뿐 아니라 정의로운 나눔의 사회를 만들어야 한다고 본다.

> 이 시대의 생산력이 만들어놓은 이 수많은 재화를 더 많이 취할 것이 아니라 어떻게 정의롭게 나눌 것인가. 서로들 적게 쓰고 적게 먹고 적게 가질 것이 전제되지 않으면, 이 나눔의 문제는 끊임없이 또다른 갈등을 유발할 수밖에 없다는 거죠. 그래서 적정한 배분을 위해서 함께 합의하고 결의하는 것들이 필요하다는 거죠. 더불어 못살 것. 더불어

함께 덜 가질 것, 마찬가지로 에너지도 덜 쓸 것. 그것이 가장 중요한 것인데, 그래서 저는 그것을 위해서는 교육과 모델이 필요하다고 봐요. 작지만 할 수 있는 실천들에 대한 철학적 의미와 가치를 계속 부여하는 것, 그것을 좀더 넓게 이웃들과 함께 보편화시키는 것들이 굉장히 필요하다고 생각하죠.(이현민, 7면)

지속가능한 농업을 하면서 덜 쓰고 서로 나누며 '더불어 가난한 사회'를 이웃과 함께 만들어가는 것이 이현민씨의 꿈이다. 그는 핵 폐기장 반대 싸움을 하면서 자본주의에 바탕을 둔 민주주의와 경제 정의라는 발전 모델을 버리고 지속가능한 순환형 사회, 더불어 가난한 사회를 대안사회로 인식하게 되었다고 한다. 다시 말해 외부의 자원과 자본에 바탕을 둔 성장 모델이 아니라 지역주민들의 자발성에 바탕을 둔 "내재적 발전" 모델이다. 이현민씨는 이것이 석유에 바탕을 둔 도시가 아니라 재생 가능 에너지에 바탕을 둔 농촌에서 이루어져야 한다고 본다.

도시 중심의 개발지상주의가 농촌을 피폐화시키는데, 도시가 꽃이면 농촌은 뿌리이고 줄기란 말이죠. 뿌리가 죽는 가운데서 어떻게 건강한 꽃을 피울 수 있겠어요.(이현민, 6면)

이현민씨에 따르면 돈과 사람, 복지가 죄다 도시에 집중되어 농촌은 먹을거리와 건강한 물, 공기를 생산해내면서도 순환이 단절되어 죽어가고 있다. 그는 이러한 구조를 깨뜨려야 한다고 말한다. 그 일은 작은 규모일지라도 국가와 도시가 아니라 농촌에서 먼저 시작해야 한다.

그래서 요즘 부안 시민발전소를 운영하면서 에너지 자립 마을을 만드는 일에 힘을 쏟고 있다.[3] 핵폐기장 반대운동을 했던 부안사람들이 원자력발전으로 만든 전기를 펑펑 쓰면서 대안 에너지 운동을 실천하지 않는 것은 올바르지 않다는 생각이 지역에서 공감을 얻었다. 이러한 지지를 모아 이현민씨와 부안 사람들은 하서면 등용마을을 에너지 자립 마을로 만들고 있다. 등용마을은 서른 가구 정도가 사는 전형적인 농산촌 마을로, 70퍼센트 이상의 주민이 천주교 신자이고 농민운동의 역사가 숨쉬고 있다. 이현민씨는 부안투쟁과 새만금 반대운동을 함께한 문규현 신부와 이 마을에서 유기농사도 짓고 있다. 그는 이러한 역사적 경험을 공유한 주민들과 함께 미래 세대에 환경과 가치 교육을 하는 생태학교, 대안학교를 만들고 있다. 또 마을숲 복원운동을 통해 주민들과 함께 그 마을의 잃어버린 모습을 되살리는 일도 하고 있다.

그렇지만 이는 매우 힘들고 외로운 일들이다. 핵폐기장 반대 싸움은 그에게 희망인 동시에 아픔이었다. 2년 넘게 지속된 싸움에서 부안 지역사회와 이현민씨가 감당해야 했던 짐은 너무나 무거웠다. 에너지 문제가 집약된 핵폐기장 건설을 위해 정부와 한국수력원자력(이하 한수원), 언론은 총공세를 퍼부었고, 부안 사람들은 지역사회의 힘만으로 이에 맞서야 했다. 핵폐기장 건설을 막아내기는 했지만 지역사회에는 깊은 상처가 생겼다. 부안투쟁의 연장선상에서 시도한 시민발전 등의 활동은 생각만큼 활발하게 진행되지 않았다.

저는 뭐 경제적으로든, 아니면 활동적으로 힘들고 어려워도 외로운

것이 가장 어려운 일인 것 같아요. '왜 외로워지냐' 하면 이 일들을 함께할 사람들을 지역에서 찾기가 제일 어렵고, 어렵게 찾아내더라도 그 뜻을 온전히 간직하면서 오랫동안 장기적으로 봤으면 좋겠는데 굉장히 조급해하더라고요. 그래서 제도정치권으로 들어가는 경우들도 많고, 아니면 내 뜻과 조금만 달라도 뒤에서 손가락질을 하는 경우도 많고, 당장에 많은 가시적인 성과가 없으면 그것들에 관해서 의문을 갖는 경우들도 많았어요. 좀 길게 넉넉하게 봐야지 되는데, 이것이 결국 자기 생각에 대한, 자기 활동에 대한 반성과 성찰과 무관하지 않을 건데. 저는 그러한 것들이 제일 어려운 것 같아요.(이현민, 5면)

이현민씨는 외로움을 호소했다. 당장 가시적인 성과를 바라고, 차이를 발전의 원동력으로 전환해내지 못하는 상황에서 긴 호흡으로 추진하는 운동은 설 자리를 확보하기 어려웠다. 자발성과 활력으로 넘쳐나던 부안이었지만 상처를 보듬고 투쟁을 기억하며 멀리 보는 운동을 추진해가기엔 지역사회의 힘이 부족했던 것 같다.

외견상 부안투쟁을 잇는 시민발전 등의 활동이 펼쳐지고는 있지만, 이현민씨가 외로움을 토로하는 데서 드러나듯이 작지만 거대한 변화를 끌어내기에는 역량이 아직 부족한 듯하다. 다른 지역과 손잡고 국내외 사례들을 찾아다니며 지속가능한 사회의 작은 모델을 만들기 위해 한걸음씩 내딛고 있지만 아직은 어렵사리 뿌리를 내리는 수준이다.

부안은 환경운동의 현실을 비춰주는 거울이다. 운동의 역사가 깊은 부안, 새만금과 핵폐기장 반대운동이라는 환경운동의 상징 같은 투쟁을 해온 곳에서 성장주의의 유혹을 물리치고 지속가능한 사회의 토대를 닦는 작업은 느리게나마 뿌리를 내리고 있다. 건강한 꽃을 피우기까진 아직 넘어야 할 산이 많다. 우리에겐 부안을 기억하고 뿌리가 뻗어나갈 수 있는 지점을 계속 찾아야 하는 과제가 남아 있다.

'농(農)'에서 얻는 자유와 행복: 경기도 시흥 연두농장

변현단씨는 경기도 시흥에 있는 연두농장의 대표이다. 이곳은 보통 농장과 달리, 기초생활보장 수급자들이 모여 유기농사를 짓는 자활영농사업단이다. 정부에서는 이 농장에서 일하는 이들의 생계비 등을 보조해준다. 변현단씨는 왜, 어떻게 이 농장의 대표가 되어 가난하고 힘없는 사람들과 함께 살게 되었을까?

그는 1983년에 대학에 입학하여 당시 또래들과 비슷하게 학생운동을 했고, 노동운동, 진보정당운동을 하면서 "피티(프롤레따리아)독재론, 맑스-레닌론"을 공부하고 이를 실천하면서 청춘을 보냈다. 그런데 2000년경에 그에게 변화가 일어나기 시작했다. 생태, 환경에 눈뜨기 시작한 것이다.

나름대로 '우리는 사회주의자'라는 게 있잖아요. '맑스-레닌주의자야' 그랬는데, 내 안에 계속 뭔가 채워지지 않는 게 많았어요. 예를 들면 나의 자유스러움이라든지 가끔 가다 글 같은, 시 같은 거 쓰게 되면 자유라는 말이 굉장히 많이 들어가요. (…) 나는 굉장히 억눌려 있는 것 같은 거야. 자유, 남들이 보면 저 인간처럼 자유스러운 인간이

없는 거야. 굉장히 자유스러운데도 나는 내 안의 자유가 없다는 생각이 든 거예요.(변현단, 10면)

변현단씨는 억눌린 자신을 발견하고는 여행을 떠나고 숲을 체험했다. 등산로도 없는 산을 돌아다니면서 왠지 모를 행복감을 느꼈다. 전투적으로 노동운동, 학생운동을 했지만 자신의 삶이 없다는 생각도 들었다.

술 퍼마시고 노래하고 고민했죠. 문제는 제 삶이 없는 거예요. 삶이. 바로 삶이 없다는 거예요. 내가 바뀌는 삶이 없는 거예요. 가서 투쟁을 해야 하고 뭐를 해야 하고 열심히 글 쓰고 연설을 하고 '우리는 조직해야 한다. 단결해야 한다' 하지, 내 삶의 변화는 없다는 거예요. 거기에 내가 너무나 목말라했던 거라는 생각이 들더라고요. 그러면서 결국은 생태 환경이 뭔가 눈에 들어오고 그러면서 반다나 시바(Vandana Shiba)[4]한테 꽂히고.(변현단, 11면)

변현단씨는 배낭을 메고 여행길에 올랐고, 여행은 성찰을 낳았다. 여행길에서 되돌아본 혁명의 시대는 억압적 권력과 싸우는 사이 어느새 권력을 닮아버린, 자유를 위해 자유를 잃은 역설의 시대였다. 투쟁하고, 글 쓰고, 연설하고, 조직하고, 단결해야 했던 '80년대'에는 혁명의 꿈이 있었지만 구체적인 삶의 변화는 없었다. 변현단씨는 그 시대를 운동의 열기에 들떠 있었으나 다른 한편 목이 마른 시대로 기억한다. 2002년 12월에 인도의 생태 여성운동가 반다나 시바를 만나 인터뷰하면서 생태환경에 대한 관심은 점점 더 깊어졌다.

2004년에 변현단씨는 민주노동당에 사표를 내고 하동 자연농업연구소에서 농사를 공부하기 시작했다. 자연을 느끼고 농사를 지으면서 그는 '농(農)'이 대안이라고 생각했다.

> 농으로 출발하지 않으면 안된다는 생각을 했거든요. 남들은 농업이라 할지 모르지만 저는 굳이 농이라 써요. 업이라 하지 않아요. 왜냐하면 삶의 방식이기 때문에. 업이라는 거는 어쨌든 자기 직업이잖아요. 그래서 내가 '농업'이라고 하면 농작물 재배만 들어갈 수 있어요. 근데 나는 삶의 방식이라 생각해요. 그래서 저는 농의 가치라고 하거든요.(변현단, 11면)

변현단씨에게 '농의 가치'는 대안가치이자 사회의 조직원리이다. 농은 그저 직업이 아니라 대안의 삶이자 철학이다. 또한 '농'은 자연스럽고 자유로운 것이다. 즉 자연의 순환과정을 크게 거스르지 않은 채 원래의 성질(본성)을 따라야만 자유로운데, 그것이 바로 '농'이라는 얘기다. '농의 가치'는 자원고갈과 환경오염의 근본 해결책으로 제시되는 순환형 사회와 일맥상통한다. 우리는 그것을 '농'으로 상징화하는 데 주목할 필요가 있다. 그런데 그에게 "진짜 농"은 산업주의에 바탕을 둔 화학농업이나, 화폐로 교환되는 농자재를 사용하는 고투입농업이 아니라 유기농을 말한다. 다시 말해 '농'은 자연과의 자연스럽고 자유로운 교류이며, 토착농업을 희생시킨 수입농업을 넘어서는 대안이다. 더 나아가 성장주의와 권력에 타협해버리는 '진보'와 '적색'에 대한 비판이다. 그는 숲에서 그리고 반다나 시바에게서 느낀 자연에 대한 영감을 '농'이라는 가치와 조직

방식으로 재구성했다.

초보 농사꾼으로서 농사를 배우고 실험하던 변현단씨는 2005년부터 자활영농사업단 '연두농장'의 대표가 되어 기초생활 수급자들과 함께 유기농산물을 생산하기 시작했다. 농사를 지어본 경험이 별로 없었기에 시행착오를 거듭할 수밖에 없었다. 연두농장 사람들은 직거래도 하고 생협에 납품도 하면서 먹고사는 문제를 해결하는데 정부의 인건비 보조가 농장 운영에 큰 도움이 된다.

그가 연두농장을 운영하며 꾸는 꿈은 좀 거창하다. 변현단씨는 "시장에서 낙오된" 가난한 사람들을 그곳으로 다시 돌려보낼 게 아니라 "좋은 사회"로 "편입"시킬 필요가 있다고 말한다. 가난을 벗어나려면 "돈의 노예"가 되어야 하는데 아무리 노력해도 돈 벌기가 쉽지 않은 것이 현실이다. 변현단씨가 보기엔 억지로 돈 버느라 이것저것 희생하느니, 적게 벌더라도 서로 도우면서 자립하는 공동체를 만드는 것이 더 '좋은 사회'를 만드는 길이다.

> 시장에서 낙오된 사람들을 저 같은 경우는 시장으로 끌어올릴 생각은 전혀 없어요. 그 바닥은 웃기는 짜장 같은 속이잖아요. (…) 시장으로 진입시키는 것이 아니라 바로 우리가 궁리하는 좋은 사회로 편입시키면 간단한 거거든요. 사람들이 거기에 걸맞은 인성과 가치, 철학, 삶의 방식들을 갖게 하는 거죠.(변현단, 1면)

시장에서 낙오된 사람들을 '좋은 사회'로 편입시키면 문제가 간단히 해결된다는 변현단씨의 말에서 사회운동가의 넘치는 자신감과 함께 행복한 낙관주의자의 힘을 느낄 수 있다. '좋은 사회'는 어떤 모습이어야 하는지, 규모는 얼마나 커야 자립할 수 있을지, 거기에 사는 사람들의 인성과 삶의 방식은 어떠해야 할지, 사실 풀어야 할 문제는 매우 많다. 그러나 낙관주의의 힘은 농장 사람들을 조금씩 변화시켰다.

> 저 친구는 한마디로 정신지체로 보여. (…) 그런 친구들이 있어요. 그런 친구들 같은 경우는 들어오자마자 왕따를 당해요. 그 왕따를 안 당하도록 제가 보호를 하잖아요. 이런 친구들이 암튼 3년 지나서 이젠 왕따를 안 당하고 인정받아요. 의외로 창의적인 친구가 돼서 주변에서도 "와! 어쩌면 사람이 저렇게 바뀔 수가!" 이런 말을 듣게 되거든요. 내가 봤을 때도 참 사회에 적응하지 못하는 부적응아 같았는데 지금은 전혀 그렇지 않아요. 개인적인 능력이나 생각하는 거나 너무 달라진 거예요. 이럴 때 가장 행복해요.(변현단, 18면)

서로 상처를 주고받는 약한 사람들이 함께 모여 일하면서 새로운 인간으로 변화할 때 제일 행복하다고 변현단씨는 말한다. 그러나 농의 가치를 바탕으로 자연과 함께 사람도 살리는 일이 그리 쉽진 않다. 자활사업에 참여하는 사람들은 대개 자발성이 별로 없다. 관료적인 방식의 자활사업은 이들을 더 의존적으로 만들기 십상이다.

> 안 그래도 문제있는 사람들 데려다가 더 박제화시키는 거예요. 그러다보니깐 응어리들도 많은데, 여긴 응어리 진 사람들이 훨씬 많아요. 다른 데에서는 그건 명확히 구별돼죠. 여기 와서 오히려 더 응어리가 져요. (…) 그거를 부수는 게 3년이 걸렸어요. 힘든 일이었어요. 어우,

장난 아니었거든요. (…) 서로 막 갈등이 일어났는데, 그 갈등이 단순한 갈등이 아니라 치유되는 갈등이 아니라 아주 결정적인 갈등. 그래서 제가 처음으로 세명을 해고했어요. 근데 내가 해고하는데 자기네들이 뭐가 문제인지 아는 거야. 거기에 재론이 없어요. 그리고 다른 사람들도 거기에 인정해. 그게 하나의 모범이 된 거죠. 그러다보니깐 여기선 정말 자치 이런 것들이 만들어지기 시작한 거예요.(변현단, 17~18면)

시장에서 낙오된 기초생활보장 수급자들을 시장이 아니라 영농공동체에 편입시켜, 자립하며 '농의 가치'를 실현할 수 있도록 하는 게 변현단씨의 목표이다. 그러나 시장에서 온갖 서러움을 겪어 몸과 마음에 상처를 입은 사람들이 농의 가치를 내면화하고 공동체를 만들어 더불어 살기란 매우 어려운 일이다. 이 때문에 변현단씨는 설득과 강제를 함께 사용하면서 규율을 세웠다. '내 이익을 위해서 남에게 정신적이고 물질적인 위해를 끼쳐서는 안된다'는 원칙 아래 내규를 만들도록 했다.

토의를 해요. 밤을 새워도 안되면 만장일치가 나올 때까지. 1년 동안 지켜야 해요. 그렇게 한 지 2년째죠. 올해 운영내규를 만약에 고치려면 서로 합의가 있어야 해요. 나의 지시가 아니라는 거죠. 하나의 자치로 가는 단초를 마련해두는 거죠.(변현단, 18면)

그는 자치가 이루어지기 시작했다고 평가하지만 그것은 대표의 강력한 지도력에 바탕을 둔 것으로 보인다. 공동체의 유지와 발전을 위해서는 어떤 지배구조가 올바를까. 여기에는 정답이 없을 것이다. 분명한 사실은 다들 공정하게 의사결정과정에 참여하면서 우애와 사랑을 키우고 공평한 정의를 바로세울 때 공동체가 오래 유지될 수 있다는 것이다.

변현단씨는 스스로 적색에서 녹색으로 전환했다고 이야기한다. 그는 숲길을 걷고 여행을 하면서 자연을 느끼고 그 안에서 자유를 체험했다. 권력정치, 제도정치를 통해서가 아니라, 사람들이 농사를 지으며 자립 공동체를 만들어갈 때 시장을 넘어서는 '좋은 사회'를 건설할 수 있다고 본다. 그의 저돌적인 낙관주의, 행복한 '농'의 가치가 정말 시장에서 낙오한 사람들을 행복하게 할 수 있을까? 시장 밖의 공동체를 꿈꾸는 변현단씨와 시장 안에서의 싸움이 본령이라고 말하는 김창준씨의 차이는 어떻게 볼 것인가? 함께 생각해볼 문제다.

도시에서 농사짓는 사람들: 귀농운동본부 도시농업(경기도 안산)

농사의 즐거움

안철환씨는 요즘 경기도 안산 외곽의 작은 농장에서 거름 만들고 농사짓는 재미에 푹 빠져 있다. 도시에서 농사를 짓고 싶어하는 사람들에게 농사를 가르치며 삶을 즐기는 그 역시 처음부터 농사꾼이었던 건 아니다. 그는 1997년에 소나무 출판사에서 채규철 박사의 『ET 할아버지와 두밀리 자연학교』라는 책을 만들면서 '농사를 지으며 살아야겠다'고 생각했다. 그렇지만 몸이 불편해서 엄두를 내지 못하고 있었다. 그러던 중 사업에 실패한 친구에게 "네가 농사지으면 내가 도와줄게" 하고 말했는데 이제는 주객이 바뀌어 자신이 농사꾼이 되어버렸다. 친구는 서울로 떠났고 남은 안철환씨는 다섯평 밭에 "뿅 가서 완전히 거기에 미쳐버렸다."

> 어머니한테 부탁해가지고 조선배추 씨를 얻었죠. 나는 조선배추인지도 몰랐는데, 그게 지금도 눈에 선해요. 그거 심어놓고 3일인가 4일인가 있다가 갔는데 싹이 돋았는데 그게 얼마나 사람을 뿅 가게 하는지. 거기에 미친 거지. 그다음에 100평 얻고, 그래가지고 그때 참 재미나게 했지요. 그러다 안되겠다, 100평 가지고도 성에 안 찬다, 그래 마누라 꼬셔가지고 아파트 사려고 모아둔 돈이 있었는데 무슨 아파트냐 하고는 여기를 산 거죠.(안철환, 6~7면)

1998년에 다섯평 농사 짓다가 99년에 100평, 그다음에 400평, 지금은 2000평으로 늘어났다. 안철환씨는 농사일이 다 재미있지만 거름 만들기, 싹 틔우기, 특히 토종 종자 모으기가 재밌다고 말한다. 농사를 즐기다보니 자연스럽게 귀농운동본부와 관계를 맺게 되었다. 1997년에 출판사를 그만둔 후에 『귀농, 아름다운 삶을 찾아서』라는 책을 기획하면서 귀농운동본부를 방문했다가 '귀농통문'이라는 소식지도 만들게 되었다.

그는 『아바나의 탄생』 『주말 농사 텃밭가꾸기』 같은 책을 펴내면서 도시농업에 관심을 갖기 시작됐다. 안철환씨는 지금 귀농운동본부의 도시농업위원회 일을 하고 있다. 지금은 도시농업에 관심을 기울이고 있지만 그것이 궁극적인 목표는 아니다. 그는 우리사회가 농촌을 살리고 농업인구도 늘려 농업이 중심이 되는 사회로 바뀌어야 한다고 생각한다. 안철환씨에 따르면 최소한 농업인구가 30퍼센트 이상, 많게는 70퍼센트는 되어야 한다. 왜냐하면 오늘 같은 산업사회는 오래 지탱할 수 없기 때문이다.

> 제가 원하든 원하지 않던 이런 사회가 얼마나 가겠어요. 저는 얼마 못 간다고 봐요. 엄청난 고비용 사회인데다 고에너지 사회잖아요. 그런 사례를 꾸바가 보여준다고 보는데 (…) 북한도 마찬가지고. 석유 에너지에 의존하는 고비용 사회가 오래 못 간다는 얘기예요. 아까 말씀드렸듯이 에너지 자급률이 10퍼센트도 안되고, 식량자급률이 26퍼센트도 안되는데 이게 얼마나 오래가겠느냐는 거죠. 석유가 배럴당 100달러 육박하고 이렇게 가는데, 그래 저는 오히려 사람들에게 귀농해라 귀농해라 이러지 않아요. 언젠가 농촌으로 몰려갈 때가 조만간 올 거다, 그것을 대비하자는 거지.(웃음)(안철환, 11면)

도시농업

미국의 봉쇄에 대항해서 꾸바 사람들이 먹고살기 위해 찾은 자구책은 도시농업이었다. 그들은 도시 주변 텃밭에서 유기농작물을 생산하면서 석유경제의 대안을 찾을 수 있었다. 대부분의 에너지원을 수입해야 하는 나라에서 석유 고갈은 커다란 위협이다. 안철환씨는 우리가 생존하기 위해서라도 농경사회로 가야 한다고 주장하면서도 근본주의는 현실성이 없어서 문제라고 말한다.

사실 여러 현실적 어려움 때문에 귀농하는 사람은 매우 적다. 안철환씨가 도시농업을 시작한 까닭은 귀농교육을 받은 사람 가운데 실제 귀농하는 사람이 20퍼센트도 안되는 문제를 해결하기 위해서 였다. 도시 사람들이 농업에 기반한 삶과 가치관에 좀더 쉽게 접할 수 있도록 시작한 것이다. 애초에는 귀농하는 사람들을 지원하기 위해 시작했으나 나중에는 독자적인 프로그램으로 바꾸었다.

귀농 안하겠다 내지 귀농을 배제하거나 이러는 건 아니고 더 적극적으로 '도시의 콘크리트를 걷어내서 도시의 흙을 살리자. 그래서 도시의 농업적인 삶을 개척하면 자연스럽게 귀농도 될 수 있다'는 거죠. 꼭 귀농을 목적으로 하는 것이 아니라 우회적으로 돌아간다 그럴까요? 열심히 짓다보면 열평 농사짓다가 답답해서 귀농하는 사람들도 있어요. 농사가 너무 재밌어서 성에 안 차는 거죠.(안철환, 2면)

귀농운동본부는 유치원 옥상과 초등학교에 텃밭을 만들어주는 사업도 벌이고 있다. 유치원 텃밭은 반응이 매우 좋다고 한다. 안철환씨는 이런 사업으로 "농사의 참맛"을 경험하도록 하는 게 중요하다고 본다.

우리는 체험 싫어하거든요. 뭐 체험농업, 관광농업 그런 애기만 들으면 기분이 나빠요. 무슨 농사가 구경거리 같기도 하고. 그렇지만 또 어떻게 해요. 그렇게라도 꼬셔야지. 체험이 아니라 진짜 자기가 농사를 지어서 자기 입에 들어가고 (그러면서) 농사의 참맛을 경험하게 해야죠. (…) 거름 만드는 거부터 수확까지, 나아가 채종까지 한 싸이클을 완벽하게 그려야 제대로 된 체험이고, 그걸로 자급이 100퍼센트 될 리는 없지만 자급을 스스로 해야만 제대로 된 체험이요. (…) 결국은 옥상 텃밭 갖고는 안돼요. 또 미끼에 불과하고. 이런 땅으로 와야 되죠. 땅으로 와야 농사가 얼마나 재밌고 대단한 건지 경험할 수 있으니까요.(안철환, 4면)

체험이라는 이름 아래 사진 찍고 농사짓는 척하는 것은 사기일 뿐이라고 그는 말한다. 농사의 즐거움을 느끼려면 이런저런 체험을 해야겠지만, 자급을 향해 올바로 나아가기 위해서는 땅에서 체험을 해봐야 한다. 그는 농사를 지으면서 자신뿐 아니라 다른 사람의 놀라운 변화를 발견했다.

귀농운동본부 하면 딱 떠오르는 게, 사람들이 변해요. 우리 밭에 처음 올 때도 그래요. 그 눈빛들을 보면 경계하는 눈빛, 뭔가 순수하지 못한 탁한 눈빛이었다가 농사짓고 이러면서 달라져요. 눈빛이 참 맑아져요. 저도 그걸 어느 순간 느꼈는데, 처음에 봤을 때 아 '저 사람 인상이 참 험하다.' 이런 사람을 5년 만에 만났는데 너무나 맑아진 거야. 야, 거 참 희한하다. 그러면서 다시 생각을 해보니 그 사람만이 아니야. 우리 회원들도 처음에는 쭈뼛쭈뼛 이렇게 오다가 지금 회원들 보면 참 얼굴이 맑다 이런 느낌이 들어요. 그럴 수밖에 없는 게, 우리는 주말에 나와서 농사짓지만 귀농자들은 시골 가서 만날 풀이나 베고 흙이나 보잖아요. 이게 녹색을 많이 보면 시력이 좋아진대요. 뭐 녹색이 제일 안정된 파장이라 그러데요.(웃음) 그래서 칠판도 검을 칠(漆)자인데, 녹색이잖아요. 녹색을 많이 봐야 좋대요. 시골 가서 풀이나 보고 흙이나 밟고 이러니까 저절로 좋아질 수밖에 없지 않은가. 그런 게 참 신기해요.(안철환, 8면)

이념공동체는 깨질 수밖에 없어요

그는 공동체에 대해서도 비판적이다. 우리나라의 여러 공동체는 이념 지향적인 특성 때문에 모두 깨졌다고 진단한다. 우리의 공동체는 가족공동체, 마을공동체인데 서양의 공동체 개념을 들여와 실험하다보니 실패할 수밖에 없다는 것이다.

> 제가 생각하는 공동체는 미친놈도 살고, 진짜 장애인도 살고, 과부도 살고, 노숙자도 살고, 그냥 이렇게 어우러져 사는 거죠. 그거를 법과 제도와 이념으로 하려고 하면 인위적인 거고 결국 오래 못 가는 거지. 그런 점에서 우리사회가 걱정스러운 게 바닥에서부터 공동체가 다 깨졌잖아요? (…) 가족공동체는 다 깨지고 마을공동체는 꿈도 못 꾸는 거죠. 이것의 반대편향으로 생태주의자들이 이념공동체를 만들지만 그것도 다 깨질 수밖에 없어요.(안철환, 15~16면)

그는 가족공동체가 깨지는 이유가 남자들이 술을 많이 먹고 아이들은 학원 가고 "마누라들이 밥 안해"줘 가족문화가 깨져서 그렇다고 말한다. 특히 그는 남자들끼리 술 먹으면 감정이 절제가 되지 않아서 싸우고, 그러다가 가정불화도 생기고, 공동체도 깨진다고 본다. 그래서 "공동체 하지 마라"고 말한다. 그러면서도 계속 공동체를 꿈꾼다. 그가 말하는 공동체는 가족공동체, 마을공동체이다. 그의 농장에 모이는 회원들은 정치적으로는 생각이 달라도 서로 차이를 인정하고 농사 이야기를 하고 지낸다. 그는 이것을 "일종의 텃밭공동체"라고 말한다(안철환, 16면).

과연 술 때문에 공동체가 깨지는 것일까? 술 때문에 깨질 정도라면 그전에 이미 우애에 금이 가 있었던 게 아닐까? 여기서 한겨레신문 공동체팀의 권복기 기자의 이야기를 들어보자. 그의 공동체론은 안철환씨와는 좀 다르다. 권복기씨는 공동체가 깨지는 이유는 상대방을 이해하고 사랑하는 마음, 즉 영성이 부족하기 때문이라고 본다.

> 공동체는 사람들의 관계 때문에 깨지지 (…) 경제적 어려움 때문에 깨지는 것은 거의 못 봤습니다. 그래서 저는 영성 개발이 필요하다고 생각하는 게, 다른 사람의 부족한 점을 채워주겠다고 마음을 먹으면 그 공동체는 아주 평화롭습니다. (권복기, 18면)

권복기씨는 자기를 온전히 드러낼 때 사람들은 편안하고 행복하다고 말한다. 반면에 안철환씨는 서로의 차이를 인정하고 '농사' 같은 관심사를 매개로 부분적인 관계를 맺는 것이 '텃밭공동체'를 살리는 지혜라고 이야기한다. 이 두 사람이 생각하는 '공동체'의 의미는 매우 다르다. 안철환씨가 꿈꾸는 공동체는 '농사'를 통해 가족공동체를 살릴 수 있는 매우 친밀한 동호인 집단으로 보인다. 반면에 권복기씨의 공동체는 아무런 비밀이 없는 전면적인 관계를 맺어가는 집단을 가리킨다. 세상의 많은 공동체는 이 둘 사이 어딘가에 놓여 있다. 어느 것이 더 낫다고 단정지을 수는 없다. 다만 어떤 공동체가 개인과 사회, 자연에 더 많은 자유와 행복 그리고 평화를 주는가를 말할 수 있을 것이다.

우리는 지금까지 도시농업을 하면서 농경사회라는 희망을 꿈꾸는 안철환씨의 이야기를 들어보았다. 그는 농업이 중심이 되는 사회가 석유 고갈 시대의 유일한 대안이라고 본다. 농사는 살기 위한 선택일 뿐 아니라 매우 행복한 일이기도 하다. 그는 이념을 바탕으로 계획공동체를 만들려고 애쓰지 말고 느슨한 '텃밭공동체'를 만들어 가족공동체를 잘 살려가야 한다고 말한다. 그런 생각을 바탕으로 도시에서 도시 사람들에게 농사의 즐거움을 전파하는 교사이자 메신저 노릇을 하고 있다. 그의 지도를 받아 도시에서 농사짓는 사람들이 점차 늘어나고 그들의 텃밭공동체도 조금씩 커지고 있다.

이 텃밭공동체로 생태위기를 극복할 수 있을까? 텃밭공동체만으로는 어려울 것이다. 하지만 자립적이고 행복한 도시농업인들이 콘크리트의 무한 증식을 막고 땅과 거름과 씨앗을 사랑하는 새로운 도시문화를 만들어갈 수는 있을 것이다. 농사를 사랑하는 새로운 인간형이 확산될 때 콘크리트 도시의 확산도 멈출 것이다.

농촌에서 마을을 만드는 사람들:
전북 진안군청 마을만들기팀, 전북 남원 한생명

환경운동가에서 공무원으로

이번엔 좀더 넓은 곳에서 많은 사람들과 함께 농촌 마을을 만드는 사람들을 만나보자. 구자인씨는 전북 진안군의 공무원이다. 그는 공식적으로 진안군의 '마을만들기 담당'이지만 사람들은 그를 '구 박사'라고 부른다. 일본에서 마을만들기를 연구하여 농학박사 학위를 받은 후, 2004년에 계약직 공무원으로 진안군에서 일하기 시작했다. 왜 그는 시골 군청의 공무원이 되었을까?

  그는 대학과 대학원에서 해양생태학과 환경정책을 공부했다. 그는 군대에서 '평생 뭐하고 살 거냐'를 고민했다. 고민 끝에 얻은 답은 주민 환경운동이었다. 그는 환경운동연합의 전신인 공해추방운동연합(이하 공추련)에서 일하기도 했다. 그러나 공추련이 1992년에 브라질의 리우데자네이루에서 열린 환경과 개발에 관한 유엔회의에 기업 후원을 받아 참여한다고 하자 이에 반대하여 동료들과 함께 공추련을 탈퇴했다. 그는 서울 근교 빈민지역이나 환경 갈등이 일어나는 지역에서 주민운동에 참여했다. 이렇게 다양한 체험을 하면서 도시운동은 한계가 있다는 결론을 얻었다.

> 도시의 장점을 이야기하면 (…) 시민의식이 나름대로 조금은 성숙된 그런 시민 그룹이 있다는 게 가장 큰 장점인데, 지금 도시구조 씨스템에서는 (…) 풀지 못한다는 결론을 나름대로 내렸습니다. 농촌이 잘 살아야지, 농촌이 건전해야지 도시문제가 나중에 어느정도 해결될 수 있지, 지금 물리적 와해를 도시 스스로 풀어나갈 순 없을 거라고 봤죠. 그러고는 농촌 들어갈까 생각했었거든요.(구자인, 2~3면)

  도시에서 마을을 만들 수 없는 또다른 이유는 사람들이 너무 자주 이사를 하기 때문이다. 그는 광진구에서 주민들이 참여하는 마을 만들기를 해봤지만, 사람들이 거의 2년에 한번씩 전세 때문에 이사를 가는 바람에 뭔가를 할 수가 없었다고 이야기한다. "아무리 열심히 지역에서 뭔가 바꿔보려고 노력해도 그 성과가 지역에서 축적되는 구조가 아니었다"고 말한다(구자인, 32면). 구자인씨는 도시계획학 석사학위를 받은 후, 더불어 산다는 공동체가 무엇인지, 왜 모여서 살아야 하는지 고민하며 유학을 떠나 일본에서 '마을만들기' 연구로 농학박사학위를 받았다. 그리고 박사후과정을 밟으면서 실제로 지역운동을 해볼까 생각하던 중에 진안군에서 마을만들기를 담당할 계약직 공무원을 뽑는다는 소식을 들었다. 그는 여기에 응모하기로 결심했다. 무엇이 그를 진안군으로 보냈을까?

제가 군청에 들어가겠다고 생각했던 게 결국 예산이라든지 권한, 정보 이런 것들이 행정 내에 다 집중이 되어 있는데, 그것을 활용 못하면 안되지 않느냐……(구자인, 1면)

구자인씨는 서울에서 여러 반대운동을 조직하면서 중요한 의사결정이 행정단위에서 일단 내려지면, 나중에 그걸 바꾸려고 아무리 해도 안되는 상황이 문제라고 인식했다. 주민운동 하는 사람들도 자기주장이 너무 강하고, 행정 쪽에서도 문제를 아는 사람이 있지만 조직씨스템 때문에 해결할 수 없는 경우가 많았다. 특히 농촌에는 주민과 행정 사이를 조정하는 "코디네이터 역할, 가교 역할을 해줄 수 있는 전문가 그룹"이 없는 게 문제라고 보았다. 그는 주민과 행정을 연결하는 통로, 즉 주민에게는 행정 정보를 알려주고 행정에서는 주민의 의견을 관철하는 역할을 하고 싶었다. 그도 개인적으로는 농사를 짓고 싶었으나 "보조사업 받지 않고" 농사만 지어서 살기 힘든 현실에서 자신이 할 일은 귀농자들을 돕는 거라고 생각했다.

저도 시골 올 때 그런 생각은 했거든요. '농촌 가고 싶다.' 그렇다면

'바로 귀농을 할 것인가?' 그런 고민을 하면서 귀농해가지고 농사짓는 게 적성에도 맞고, 하고싶고, 재밌겠다는 생각은 분명히 했음에도 불구하고 나는 그런 역할을 하기보다는 그런 일을 하려는 사람들 도와주는 것이, 내가 해야 될 일이 아니겠는가. 또 공부했으니까 공부한 걸 가지고 도와줄 수 있는 방법을 찾아야 되는 거지, 제가 농사짓는다고 그러면 사치라고요.(구자인, 24면)

공부한 사람으로서 사회에 뭔가 기여하는 '공적인 삶'을 살아야 한다는 생각에 그는 농사꾼이 아니라 공무원이 되었다고 말한다.

마을이 살아야 농촌이 산다

진안에 와서 그는 주민이 주도하여 밑에서부터 마을을 만들어가는 일을 했다. 마을만들기라고 불리는 이 사업은 이미 전국적으로 유명해졌다. 농촌이나 도시, 심지어 아파트 이름에도 무슨무슨 마을이라는 이름이 붙는데 새삼스럽게 마을을 만든다니 이게 무슨 얘기일까? 구자인씨는 주민들이 스스로 문제를 인식하고 풀어가는 것이 마을만들기의 핵심이라고 말한다.

풀뿌리 마을이 살아야 농촌이 산다. 농촌 살리기의 핵심이 마을만들기에 있다고 저는 봅니다. (…) 주민들을 수동적인 존재로 만드는 게 아니라 능동적인 주체로 만들어서 그 사람들이 문제를 스스로 인식하고 풀어가게 하자는 게 마을만들기의 핵심이죠. 주민자치가 핵심이라고 봅니다.(구자인, 6면)

구자인씨는 100년 전 우리나라에 남아 있던 두레, 품앗이 같은 협동의 전통이 일제 침략 이후 모두 사라졌다고 본다. 이제 우리 농촌에는 개인주의와 가족주의가 남았고, 마을과 공동체는 사라졌다. 그런데 문제는 공적인 협동을 이끌어갈 자발적인 주체가 없다는 사실이다. 1970년대 새마을운동은 위에서 관 주도로 마을을 만들려 했기 때문에 지역에서 지도력을 형성하고 마을공동체를 만드는 데는 실패했다는 것이 구자인씨의 진단이다. 그러면 청년들은 모두 도시로 떠나고 개인주의와 이기주의로 해체된 농촌에서 마을을 누가 어떻게 만들 것인가?

마을간사

구자인씨는 귀농하려는 사람들에게서 해답을 찾았다. 귀농하고 싶어하는 사람들은 많지만 폐쇄적인 농촌에 적응하지 못하고 도시로 돌아가는 사람들이 적지 않은 현실에서 이들을 자연스럽게 농촌에 정착시키는 일이 중요하다. 농촌에는 마을 일을 할 젊은이들이 필요한데, 귀농하는 사람들이 제대로 정착하지 못하는 딜레마를 그는 '마을간사'라는 제도를 도입하여 해결을 모색했다.

귀농자들이 들어와서 마을 일을 좀 도와줄 수 있게끔 하자는 거죠. 대개 귀농하신 분들은 그 생태귀농이라든지 개인적으로 귀농하기로 결단해서 여기 들어오지만 개인적인 움직임에 그치고 또 실패로 끝나버리는 게 (…) 대부분의 지금까지 귀농 방식이었다. 그러면 그런 거를 뭐랄까 좀더 조직화한다고 할까요.(구자인, 7면)

진안군에서는 귀농을 원하는 사람을 심사해 마을간사를 뽑고, 이들에게 봉급을 지급하면서 마을의 공동사업, 예를 들면 정부의 보조금 지원사업 관련 행정업무를 하도록 했다. 주민들이나 군청으로서는 마을 공동사업을 추진할 수 있는 사람을 구해서 좋고, 귀농자로서는 행정 관청의 도움을 받아 쉽게 정착할 수 있어서 좋다. 구자인씨는 이 사업이 시간이 걸리고 성공하기 쉽지 않을 거라고 생각했다. 그렇지만 이 제도를 도입한 지 2년이 지나 열두명 가운데 여섯명이 마을에 정착했다. 구자인씨는 이 정도면 성공이라고 자평한다.

무슨 일이건 결국 사람으로 시작해 사람으로 끝난다 해도 과언이 아니다. 구자인씨는 보람도 고통도 모두 '사람'에게서 나온다고 말한다. 그는 마을간사 제도를 통해 같이 고민하고 일할 사람을 키우는 데 어느정도 성공했다.

> 사람한테 실망하고 보람 얻고 뭐 그런 거 같아요. 그 뭐 간사장이나 위원장들이 뭐 신나가지고 열심히 일할 때, 그럴 때 뭐 보기 좋고.(웃음) 도와주면 보람있구나 이런 생각 들고. 그 기대에 어긋나게 막 개개고 하는 사람들도 있거든요.(웃음) 그러면 심란하고.(구자인, 24면)

성공의 열매

마을간사를 통해 진안군에서는 어떤 일들을 해냈을까? 마을이 있지만 실제로는 개인과 가족만 있는 농촌에서 마을을 새로 만드는 일이 가능할까? 구자인씨는 작으나마 성공 사례로 용담면 와룡마을을 소개한다. 이 마을은 마을 공동으로 건강식품을 생산·판매하여 6000만원가량의 소득을 올려 가구당 400만원씩 나눌 수 있었다. 앞으로는 숙박 등으로 사업을 늘려서 가구당 1000만원 나누기를 목표로 하고 있다. 구자인씨는 소득증대만을 성공의 잣대라고 보지는 않지만, 농촌의 어려운 현실에서는 이런 가시적인 성과가 중요하다고 본다. 특히 함께 일해 소득을 올리고 분배할 뿐 아니라 마을회의를 열어 어떤 사안을 결정하는 경험을 거치면서, 주민 스스로 마을만들기가 작게나마 성공을 거두고 있다고 생각한다.

> 결국은 사업을 통해서 해야 되고, 성공의 열매를 자꾸 보여주면서, 스스로 느끼면서 그렇게 발전해나가지 않겠느냐고 봅니다. 사업의 기회들, 그 조그만 데서 성공의 열매를 맛볼 수 있는 기회를 자꾸만 주어야지요. 소득 부분에 치우쳐 너무 경제주의적으로 빠져선 안되겠지만 그 부분에서 주민들의 절실함들을 어느정도 인정하고, 그 분들이 거기서 뭐랄까 성공의 단맛을 볼 수 있는 기회를 자꾸 만들어주면 그때부터 조금 더 여유있게 생각할 수 있는 여지가 있지 않을지.(구자인, 11면)

구자인씨는, 인재를 키워야 하지만 강의식 교육은 별 효과가 없다고 본다. 소득증대라는 성공 사례를 통해 "성공의 단맛"을 보면 그걸 바탕으로 마을에 대한 자신감과 여유가 생길 거라고 전망한다. 백운면의 간판 바꾸기도 꽤 성공한 사업이다. 백운면에서는 이전에 새마을금고 사건이 터져서 분란이 심했다. 구자인씨는 이곳에 새 기운을 불어넣기 위해 간판을 바꿔보자는 제안을 내놓았다. 이 사업에는 진안군의 역사와 문화를 조사하고 새 사업을 기획하는 마을조사단도 참여했다. 간판 제작은 전주대학교에서 맡았다. 이리하여 어디에서도 보기 힘든 백운면 고유의 느낌을 풍기는 멋진 간판들이 가게에 걸렸다.

깨끗하고 개성있는 간판이 시골 마을의 분위기를 바꾸었지만, 이게 간판 같지 않다며 별로 반기지 않는 주민들도 적지 않았다. 그러나 텔레비전 뉴스에 보도되고 관광객들이 간판을 구경하러 와서 사진을 찍어 가자 마을사람들은 '뭔가 있구나'라고 생각하게 되었다. 이 사업에는 주민 참여가 미흡했고 군청도 그리 유기적으로 협조하지는 않았다. 그러나 구자인씨는 딱히 돈 되는 일은 아니지만 간판을 바꿈으로써 지역에 생기가 돌았고, 이것만으로도 작은 성공이라고 평가한다.

행정의 힘

이런 경험을 해온 구자인씨는 행정의 중요성을 강조한다. 그는 충남 홍성군 홍동면이나 전북 남원 실상사 주변 마을 같은 '주민 스스로 마을만들기 운동'이 행정을 바꾸거나 행정의 도움을 받지 못하는 것이 문제라고 본다.

활동가분들하고 좌담회를 할 기회가 있었는데, 빨리 지역정치에 눈 뜨시라고, 안 그러면 그동안 10년 쌓아왔던 걸 1년 만에 무너뜨릴 수 있는 게 행정이라서. 개발사업도 하나 들어와 가지고 그 횡단할 도로 4차선 도로 놓아버리면 분단되는 것 같고. 저는 진안 같은 경우에 행정을, 제가 자꾸 들어와서 하는 게 그 행정의 힘과 영향력이 있잖아요. 행정이 움직였을 때 지역주민들이 거세게 반발은 안 하거든요. 그리고 또 합리적으로 그런 여지들, 공간들을 자꾸 만들어주니까. 근데 이게 빠져버린다, 행정이 그런 역할 안해버리면, 그러면 남원 실상사 같이 되어버리거든요. 실상사 산내면 그 좋은 공간에도 불구하고 (…) 면사무소조차 설득을 못했거든요. 계속 갈등이 있고, 군하고 시청하고도 갈등이 있고.(구자인, 19면)

구자인씨는 '힘' '영향력' '무리 없이' 같은 용어를 사용하면서 '행정'의 중요성을 일관되게 강조한다. 그가 말하는 행정은 박정희식 새마을운동처럼 위에서 지침을 내리는 관청이 아니라, 밑으로부터 주민이 공적인 의식과 역량을 발휘할 수 있도록 지원하는 공적 기구이다.

우리사회가 좋아질까

그러나 대안정치세력이 영향력을 행사하기 힘든 지역 현실에서 그가 말하는 '행정'의 힘과 영향력을 얼마나 이용할 수 있을까? 진안군의 마을만들기 모델을 다른 농촌에도 잘 적용해 마을을 발전시킬 수 있을까? 구자인씨는 진안군의 실험이 매우 더디게 진행되고 있다고 말한다. 그리고 진안군에서 성공한다 해도 다른 곳에서 성공할 수 있을 거라고 보지도 않는다. 그는 사회 전체를 보면 비관적인 느낌이 든다고 말한다.

농촌 현실에 들어가서 지역에서 일을 해보니까, 느낌이 참 암담하다는 생각을 많이 하거든요. 사회구조적으로 뭘 믿고 갈 수 있을까? '열심히 하면 뭔가 되겠지' 이런 생각을 하면서도 우리사회 전체가, 이렇게 한다 해가지고 좋아질까? 이거 바꾸는 데도 이렇게 힘든데 전체를 바꾸는, 대통령 바꾸는 거는 쉬울지 몰라도 지역에 있는 단체를 바꾸

는 건 더 힘들 거 같다는 생각도 해보고요. (구자인, 35면)

　구자인씨는 기대했던 지역의 시민사회단체, 정당 등에 깊이 실망했다.[5] 그렇지만 '적어도 10년은 이곳에서 일하겠다'는 첫마음을 간직하고 주민 스스로 마을을 만드는 '행정'을 하고 있다.
　구자인씨처럼 환경운동, 주민운동을 경험하고 박사학위를 받은 '특이한' 이력을 가진 사람이 군청 공무원이 되어 '특이한' 자기 생각을 실천에 옮기는 사례는 드물다. 그러므로 구자인씨와 진안군의 사례를 일반화하기는 어려울 것이다. 왜냐하면 관료제에서 공무원은 조직의 직무를 수행하는 '도구적 합리성'의 담지자이기 때문이다. 도구적 합리성을 추구하는 사람은 조직이 추구하는 목적이 무엇이든 그것을 달성하기 위한 수단의 합리성에만 관심을 기울인다. '영혼 없는 공무원'은 관료제에서는 미덕이다. 구자인씨는 선출된 지방자치단체장이나 지방의회 의원이 아니라, 계약직 공무원 신분으로 변화를 만들어가고 있다. 이것이 가능한 이유는 전임 진안군수가 마을만들기를 역점 사업으로 선정해 지원했고 구자인씨의 전임자가 변화의 씨앗을 심어놓았기 때문이다. 이러한 배경에서 구자인씨가 특유의 성실성과 추진력으로 군청 안팎에서 신뢰를 얻고 성과를 냈기 때문에 진안 모델이 작게나마 성공을 거두었다고 볼 수 있다.
　구자인씨의 실험은 매우 중요하다. 그러나 좁게 보면 중앙정부와 지방자치단체, 넓게 보면 자본주의시장과 국가체제 안에서 이루어지는 실험이다. 그의 실험이 '무리 없이' 영향력을 발휘하는 이유는 사회제도 안의 행위이기 때문이다. 이러한 실험으로 인한 변화를 과

소평가해서는 안될 것이다. 그러나 그것이 제도 안의 변화임에는 분명하다. 구자인씨의 답답함과 비관은 아마도 이러한 구조적인 문제 때문일지도 모른다.

삶을 바꾼 책 한권

우리는 진안을 떠나 남원 실상사를 향했다. 실상사를 지나 '한생명'이라는 영농법인 사무실에서 이해경씨를 만났다. 그는 귀농인들과 함께 농사를 짓고 판매도 도우며 바쁜 하루하루를 보내고 있었다. 50대의 인상 좋은 중년신사가 지리산에 내려와서 농사를 짓게 된 데에는 책 한권이 큰 영향을 미쳤다.

이해경씨는 한국경제사를 전공한 경제학박사다. 박사학위를 받고 대학강사를 하던 1992년, 우루과이 라운드 협상에 따라 쌀시장이 개방되면서 이에 대한 반대운동이 거세게 일어났다. 농민들의 격렬한 시위를 보면서 이해경씨는 정말 대안이 없을까 고민하다 자료를 찾고 공부를 시작했다. 그러던 중 우연히 서점에서 후꾸오까 마사노부(福岡正信)라는 일본인이 쓴 『생명의 농업』이라는 책을 발견했다. 이 책에서는 자연농법, 즉 무농약, 무비료, 무경운, 무제초라는 사무(四無)농법을 제안했다. 그는 이 책을 읽고 큰 충격을 받았다.

단순하게 경제학적으로 비용이 안 들어가니까, 자연농업, 유기농업, 환경농업 하는 게 아니라 그야말로 어떤 자연이라든지 환경, 생태라든지 이런 부분들이 중요하기 때문에 그런 걸 안해야 된다는 걸 그때 처음으로 자각하게 되었어요. 그러니까 저로서는 그 책 한권이 삶에 큰 전환이 된 거죠. (…) 단순하게 수입농산물이 들어오고 개방이 되는 게 문제가 아니라, 우리가 가지고 있는 인식, 삶의 태도, 철학, 가치관 이런 것들이 근본적으로 잘못되었기 때문에 문제라는 것을 깨닫게 됐죠.

그래서 제가 하고 있는 공부에 대해서도 나름대로 생각을 해봤죠. 과연 이게 옳은 공부냐. 이걸 해서 누군가, 나에게 무슨 의미가 있겠느냐. 뭐 궁극적으로 삶을 행복하게 하는 것이 경제학의 목적이지만, (…) 행복이라는 것은 물질적인 것만이 아닌데, 정말 경제적이지 않은 행복, 이것을 우리가 경제학적으로 분석을 못하잖아요. 그런데 그런 행복이 진짜 행복이라는 것을 느끼게 되고. 하여튼 그 책을 통해 많은 생각이 들면서 고민을 하게 되고 좀 대안적으로 살아봐야겠다는 생각이 들었습니다.(이해경, 13면)

『생명의 농업』을 보고 이해경씨는 머리로만 하는 공부를 할 게 아니라 "자연이나 환경, 생태, 지역 이런 것들을 고려하는 농사도 짓고 지역주민과 함께 살아가면서 지역의 변화에 내가 조금이라도 힘을 보태고 싶다"는 생각으로 귀농을 결심하고, 1995년부터 농사공부를 하면서 귀농을 준비했다. 그는 개발이 덜 되고 환경친화적으로 농사를 지으면서 살 수 있는 전북 장수군이 좋겠다고 생각했다. 이때쯤에 윤구병 선생의 변산공동체, 합천의 생명누리공동체, 상주의 푸른누리공동체 등이 생겨나기 시작했다. 이해경씨는 장수군수를 만나 10만평을 임대해주면 귀농자를 끌어와서 농사를 짓겠다고 제안했다. 그러나 그 일은 성사되지 않았다.

농사공동체

그러던 중 전국귀농운동본부의 이병철 본부장 소개로 전북 남원에 있는 실상사의 도법 스님을 만났다. 도법 스님은 사찰이 비대해지는 것은 잘못됐고, 농촌을 살리는 역할을 사찰이 해야 한다고 생각했는데 그리하여 실상사 귀농학교가 탄생했다. 이해경씨는 도법 스님을 만난 인연으로, 남원군 산내면 실상사 주변에 자리 잡은 귀농학교 교장직을 1998년에 맡게 되었다. 이 귀농학교를 다니며 농사를 배우는 사람들이 늘어났고, 산내면에는 귀농자들이 많이 들어오기 시작했다. 그중에는 따로따로 농사만 지을 게 아니라 지역을 한번 새롭게 바꾸어보자는 사람들이 생겨났고, 그들은 '한생명'이라는 영농법인을 만들었다. 이해경씨는 한생명을 통해 '마을공동체'를 다시 만들어가고 있다.

> 지역주민들과 함께 농사를 기반으로 한 농사공동체, 사실 공동체라는 표현을 많이 쓰는데 그것은 전통의 공동체 개념인 상부상조인데요. (…) 지금은 자본주의 씨스템 때문에 그러한 것이 다 깨져버렸잖아요. 그런 것들을 한번 복원해보자는 차원에서 공동체라는 표현을 쓰는 거죠. 우리가 공동체라고 하면 보통 무소유의 공동체를 많이 생각한단 말이지요. 계획공동체 하면 재산을 다 거기에 쏟고 공동생산 공동분배 이런 식으로 생각하는데, 그런 것보다는 옛날 전통적인 우리 마을공동체 같은 개념으로, 우리가 지금 하는 농사를 서로서로 협력해서 해나가면 조금 더 좋아지지 않겠느냐는 생각으로 농사공동체를 하는 거죠.(이해경, 3면)

이해경씨가 말하는 공동체는 엄격한 계획공동체가 아니라 옛 마을의 소통과 협동의 전통이 살아있는 '농사공동체'이다. 이는 앞에서 본 안철환씨의 생각과 맞닿아 있다. 자본주의의 확산으로 개인주의와 이기주의 문화의 지배를 받는 농촌에서 생명을 살리는 새로운 협동 조직과 문화를 만드는 것이 이해경씨의 꿈이다.

이해경씨는 농사공동체를 만드는 방향을 크게 세가지로 제시한다. 첫째는 "안전하고 건강한 먹을거리를 제공할 수 있는 농사"여야 한다. 즉 "생명을 살리는 농업"이어야 한다. 둘째는 "더불어 하는 농업, 공동체적 농업"이다. 이해경씨는 "농사짓는 사람들끼리 서로 협력"해야 효율성도 높아진다고 말한다. 셋째는 "자립할 수 있는 농업" 즉 지역에 보탬이 되고 지속가능한 경제성있는 농업을 해야 한다(이해경, 3~4면). 이해경씨가 제안하는 세가지 원칙은 지속가능성의 세 축인 생태적·사회적·경제적 지속가능성과 매우 유사하다. 이해경씨는 농촌지역에서 이러한 지속가능한 발전 모델을 만들어보리라 꿈꾸며 일하고 있다.[6]

그러나 오랫동안 화학농업에 길들여진 토박이 주민들을 설득하는 일은 쉽지 않았다. 지역 농민들은 관광사업에 더 관심이 많고, 농사는 부업 정도로 생각하다보니 힘든 유기농업을 할 생각을 하지 않았다. 도로도 크게 내고 자본이 들어와 뭔가 일을 벌려야 발전한다고 생각하는 사람들이 많았다. 이런 상황에서 귀농자들이 늘어나고 이들이 지역을 조금씩 변화시켜가니 토박이들 사이에 정서적 거부감도 생겼다고 한다.[7]

그렇지만 이해경씨와 귀농자들은 2003년경 정부가 쌀 수매를 중지하자 이 기회를 이용하여 주민들이 유기농업을 하도록 유도하는

데 성공했다. 한생명에서는 주민들이 생산한 친환경 쌀을 '인드라망공동체'라는 생명운동단체를 통해 좋은 값에 판매해주었다. 이런 일들을 하면서 이해경씨는 조금씩 자신감을 얻었다.

사람도 돈도 부족하고, 공무원들 생각이……

그렇지만 이해경씨는 아직도 외롭고 힘들게 일하고 있다. 그는 "맨땅에 헤딩하는 식으로, 아무것도 없는 상태에서 엄청 많이 노력"해왔지만, 그가 꿈꾸는 대안적인 농사공동체의 실현은 아직 멀기만 하다.

> 지금은, 저희가 7년 했는데 여전히 실제 하고 있는 사람들이 굉장히 어려워요. 외롭게 하고 있는 거죠. 사람도 부족하고, 돈도 부족하고, 또 지역에 지역 사람들하고 같이 그런 것들을 풀어가야 되는데, 그것도 굉장히 어렵죠. 또 지방자치단체 공무원들하고도 풀어가야 되는데, 공무원들 생각이 딱 막혀 있으면, 오히려 공무원들이 막아버리거든요. 진짜 일하기 힘들어져요. 공무원들이 막아버리면 아주 일하기가 어렵습니다. 그냥 차라리 안 도와주려면 방해라도 말아야 하는데, 만약에 공무원들이 조금이라고 좋지 않은 생각을 가지고 막으려 들면요, 아주 풀기 어렵거든요. (이해경, 21면)

행정이 돕지 않거나 오히려 방해하면, 마을공동체 만들기가 매우 어렵다고 한다. 도시에서 비슷한 경험을 해본 구자인씨가 좀더 부드럽게 농촌을 바꾸기 위해 '행정'기관으로 들어간 까닭은 이런 문제를 우회하기 위해서이다. 그러나 그런 전략이 어디서나 가능한 것은 아니다. 진안군은 "의식있는" 군수의 당선이라는 '우연'에 크게 의존한 사례라고 할 수 있다. 대부분의 지방자치단체장이 개발에 정치적 운명을 걸고 있는 상황에서 실상사 모델은 행정의 도움 없이 주민 스스로 마을만들기에 성공할 수 있을지를 가늠할 중요하고 가치있는 실험이다.[8]

지구 자본주의시대의 농업과 농촌

우리는 지금까지 농사를 짓거나 농촌에 살면서 대안을 만들어가는 사람들을 만나보았다. 어떤 이는 어려움 속에서도 희망에 가득 차서 새로운 공동체를 만들어가고 있고, 다른 이들은 외로움과 어려움을 호소하고 있다. 일하는 곳과 삶의 여정이 각기 다른 이들의 공통점은 무엇일까? 이들은 모두 도시가 아니라 농촌, 공업이 아니라 농업 혹은 '농'이 희망이고 대안이라고 생각하여 이를 실천하고 있다. 이들에게 석유에 바탕을 둔 산업문명과 자본주의는 대안이 아니라 문제의 원인이다. 약간 방향을 바꾸거나 속도를 늦추는 정도로는 거기에서 벗어날 수 없고 이 구조를 근본적으로 전환해야만 한다. 이러한 전환을 이끄는 핵심 가치는 생명, 자연, 생태, 농, 그리고 공동체이다. 이들은 현대의 산업자본주의가 물리적으로 지탱할 수 없고, 사회적으로 정의롭지 못하다고 본다. 자본주의를 반대하는 사회주의 역시 이 문제에 대한 해답이 될 수 없다고 본다. 이들은 이런저런 인생의 전기를 맞아 스스로 변화를 선택했다. 어떤 이들은 극적인 전환을 맞았고 또 어떤 이들은 자연스럽게, 우연히 삶을 전환했다.

산업자본주의에 대한 이들의 대안은 '농촌공동체'이다. 이는 대체로 이념이나 가치를 중시하는 '서구식' 계획공동체가 아니라 전통적인 농사공동체를 되살리는 느슨하고 자연스런 공동체를 의미한다.[9] 이들은 개인의 욕망과 차이를 인정하고 협동과 호혜의 관계를 발전시킴으로써 새로운 공동체를 만들려 애쓰고 있다. 이 실험은 어려움 속에서도 작게나마 성공을 거두고 있는 것으로 보인다.

그러나 이것이 국민국가나 지구 차원에서 지속가능한 성공일까? '우리식으로 자립갱생'하는 모델이 복지와 생태, 민주주의를 보장할 수 있을까? 이들은 아직 이러한 질문에 답을 내리지 못한 듯하다. 한국사회 현실에서는, '농'이라는 대안의 실천도 도시의 산업과 금융, 정부 지원에 의존할 수밖에 없다. 연두농장도, 진안의 마을만들기도, 부안의 에너지 자립마을도 정부의 보조금 없이는 유지하기 힘들다.[10] 정부보조금은 산업자본주의의 이윤 축적을 통해서만 끊기지 않고 유지될 수 있다. 피할 수 없는 딜레마이다. 그렇다고 '농의 대안'이 빛을 잃지는 않는다. 우리는 자유의지에 바탕을 둔 소규모 공동체라는 빛을 살리면서, 구조적이고 장기적인 대안을 함께 생각해야 한다. 세계적인 경제위기의 시대에 농의 대안을 발전시키기 위해서는 이론과 실천 양 측면에서 좀더 많이 노력해야 한다.

04장
학교를 넘어, 대안학교를 넘어

　우리사회의 여러 문제 가운데 먹고사는 것(경제)과 집(주택) 다음으로 중요한 것으로 아마도 환경·건강(의료)·교육문제 등을 꼽을 것이다. 그중에서도 교육문제는 누구도 해결하기 힘든 사회문제의 종합병원 같은 것이다. 그렇지만 교육은 우리나라가 '눈부시게 발전'하는 데 밑거름이 되었다는 평가를 받는다. 경쟁과 효율, 성과 위주의 교육은 기적 같은 경제성장에 필요한 인적 자원을 공급하는 데는 어느정도 성공한 것 같다.
　그렇지만 오늘날 교육은 만인의 고통이다. 교육이 사회의 행복지수를 높이기보다 낮출 뿐이라면 분명 문제가 있다. 이 문제를 해결하기 위해 많은 사람들이 학교 안팎에서 애쓰고 있다. 그중 민들레 출판사에서 일하는 김경옥씨와 간디학교에 딸을 보낸 김명철씨를 만났다.

'민들레'가 만드는 불씨

『학교를 넘어서』

대안교육 책을 펴내는 민들레 출판사의 김경옥씨도 남원 한생명의 이해경씨처럼 책 한권의 인도를 받아 여기에 이르렀다. 그는 민들레 출판사의 『학교를 넘어서』를 읽고 충격을 받았다. 자신이 교사였을 때 왜 그렇게 무기력했는지, "열심히 살려고 했지만 왜 그렇게 안되는 교사였는지" 이 책을 보고 깨달았다. 책 속에 있는 '국가 구조 속의 교사'가 바로 자신이었던 것이다. 그는 이 책을 만든 출판사에 호감을 느껴 마침내 여기서 일하게 되었다(김경옥, 8면). 세상을 바꾸는 데 책 한권의 힘은 의외로 크다. 지금으로부터 10여년 전에 수능시험을 마친 이한이라는 청년이 원고뭉치를 들고 한 출판사를 찾아왔다. 제목은 '학교를 해체하라'였다.

> 학교가 자기의 젊음을 어떻게 갉아먹었는지, 교사들의 행위가 어떻게 비교육적인 건지, 얼마나 비굴한 건지. 이런 거를 엄청나게 꼼꼼하게 적고, 교사나 학교가 그렇게 될 수밖에 없는 여러가지 근거들을 학교 안에 있는 세세한 것들까지 꼼꼼하게 기록하고 분석하면서 아주 충격적으로 기술을 했었어요. 심지어 학교를 해체하고, 어떤 교육의 패러다임을 구성하고 조직해야 이것을 넘어설 수 있는가에 관한 이야기, 대안까지도 적어놓은 두꺼운 원고를 들고 교육 출판사들을 찾아다닌 거예요.(김경옥, 1~2면)

그때만 해도 책의 내용이 너무 과격하다고 출판사마다 "고개를 절래절래 흔들었다." 그때 현병호씨(현 민들레 출판사 사장)가 편집부장으로 있던 보리출판사도 이런저런 문제 때문에 출판을 하지 않기로 결론을 내렸다. 현병호씨는 이 책은 반드시 세상에 나와야 한다는 생각으로 보리 출판사를 나와 오늘의 민들레 출판사를 차렸다.

김경옥씨는 이 책이 자신뿐 아니라 대안교육 전체에 매우 큰 영향을 미쳤다고 생각했기 때문에, 자신이 직접 체험한 것처럼 현장의 이야기를 생생히 전하고 있다. 하지만 그는 이 책을 만나기 전부터 우리 교육을 깊이 고민하고 대안을 찾는 성숙의 시간을 보내고 있었다.

해직 당하지 않은 이의 괴로움

그는 1985년 2월에 사범대학을 졸업했으나 바로 교사로 임용되지 않아 1년 동안 "땡땡이를 치면서" 좋은 교사가 되기 위해 열심히 공부했다. 여섯명이 모여서 공부했는데 이런 모임이 주변에서도 "꿈틀꿈틀" 만들어지고 있었다. 이렇게 해서 전국의 교사들이 뭔가 해보자고 모여 만든 단체가 전국교직원노동조합(이하 전교조)의 전신인 전국교사협의회(이하 전교협)였다. 그는 전교협 활동도 하면서 좋은 교사가 되려고 애썼지만 "뭔가 아니라"는 느낌이 들었다.

제가 이제 도덕 선생이었으니까. 좀 잘 가르쳐보려고 했지만 도덕이란 과목이 왜 필요한지도 모르겠고. 그래서 애들한테 날마다 이야기했던 게, "나는 도덕 선생이 아니고, 도둑 선생이다." 그렇게 얘기를 많이 했었거든요.(웃음) "그냥 니네 마음을 도둑질하는 사람인 것 같다. 도덕이라는 게 그냥 살면서 배우는 거지. 뭐 그걸 이렇게 도덕책 한권으로 배우고, 그걸 시험으로 보고, 그것도 4지선다형으로 보고 어느 게 맞는지 점수를 매겨가지고 어떤 인간은 도덕적인 인간이고, 어떤 인간은 도덕적이지 못한 인간이고, 이렇게 결과적으로 얘기가 될 수밖에 없는, 이런 거는 뭔가 잘못된 것 같다." 이런 이야기들을 되게 많이 한 것 같아요, 애들한테.(김경옥, 5면)

학교 안에는 아이들을 가르치는 데 미흡해서 많이 미안했지만 학교 밖에서는 교사들을 만나 공부하고 조직하면서 "카타르시스"를 느꼈다. 그러나 1989년에 전교협이 전교조로 탈바꿈하면서 학교 안팎에서 심각한 갈등이 일어났다. 김경옥씨는 커다란 정신적 고통을 경험했다.

이제 전교조가 만들어지고, 그렇게 전교조 교사들이 해직이 되고, 이런 일련의 과정이 있었는데, 저는 겁이 많아서 해직을 안 당했어요. 음…… 전교조가 만들어져야 한다는 서명을 그때 당시에 하고, 그 서명을 한 사람들은 해직을 시키는 거였거든요. 근데 그 과정에서 서명 명부가 교육청에 넘어가면서 한 1주일 정도 여유를 주면서, '그 명부에서 자기 이름을 뺀다는 말만 하면 해직을 안 시켜준다' 이렇게 돼가지고, 교장들이 엄청나게 회유를 하는 기간이 1주일 정도 됐었죠. 그 기간 동안 겁이 많아서 회유를 당했었죠, 저는…… 그랬었어요.

그래가지고 해직을 안 당하고, 해직을 안 당하고 있는 동안 되게 좀 괴로웠어요. 친구들은 이제 해직이 되고. 그러면서 이제 해직을 안 당한 서명했던 교사들이 일종의 물주가 돼서 그 친구들을 먹여 살리는 구도를 만들었거든요. 전국적으로 뭐 비슷하게 했었는데. 그러면서도 이제 그…… 뭐라고 해야 되나. 회의, 자괴감 이런 것들은 좀 사라지지 않았던 것 같아요. 그러면서 되게 힘들어했던 사람들이 저 말고도 꽤 많았어요. 그러면서 도망치고 싶은 마음도 있고, 내가 비겁한 인간이라는 것, 겁쟁이라는 것 때문에 되게 힘들어하고. 그러면서 이제 아이들을 만나는 것도 미안하기도 하고. 이러던 와중에 인제 결혼을 핑계로 교사생활을 그만뒀어요. 그래가지고 교사생활을 그만두고 쭉 이제 밖에 있었죠. 교육의 장 밖에 있었죠. 그러다가 일본에 가게 됐어요.(김경옥, 5~6면)

20년 가까이 지난 지금, 김경옥씨는 1989년의 아픈 경험을 자신을 "겁쟁이"라고 부르며 회상한다. "겁이 많아서" 교장의 회유에 넘어간 자신에 대한 자괴감은 해직된 친구들을 먹여 살려도 치유되지 않았다. "비겁한 인간, 겁쟁이"라는 부정적 자의식 때문에 동료들뿐 아니라 아이들 만나기도 힘들었다. 결혼은 "도망치고 싶은" 그를 학교에서 구출해주었다.

조국, 민족, 학교로부터의 해방

그는 남편과 함께 일본에 가서 일본어 공부도 하고, 일본 사람들에게 한국어 교육도 했다. 일본 생활은 새 세상을 열어주었다. 일본에서 만난 사람들은 "대단히 괜찮은 사람들"이었다. 그들은 일본의 식민지배를 반성하며 김경옥씨 앞에 무릎을 꿇고 용서를 빌었다.

제가 만난 일본의 좋은 사람들이 이른바 되게 잘난 사람이 아니고, 그냥 보통사람이었어요. 근데 보통이면서 되게 양심적인 사람들이었던 것 같아요. (…) 저는 또 그 분들한테 자극을 되게 받았거든요. 제가 일본에 갈 때는 사실은 (…) 엄청나게 이제 목에 힘을 주고 간 거예요. 그때 당시만 해도 저는 민족이나 국가나 이런 거에 되게 매여 있었기 때문에, 민족의 민자만 들어도 가슴이 울렁거리고, '아! 이 한몸 다 바쳐서' 이런 생각을 관념적으로나마 하고 있을 때였거든요. 그러니까 일본에 가는 거를 저는 꼭 무슨 민족의 투사가 되는 것처럼 그렇게 이제 생각을 하고 간 거예요.(김경옥, 6~7면)

전교조 체험을 하고 민족교육의 영향을 받은 김경옥씨는 여느 젊은이들보다 더 강한 반일의식과 민족의식에 젖어 있었던 듯하다. 페어트레이드코리아의 이미영씨가 "애국애족"에 청춘을 바쳤듯이 당시 젊은이들에게 '민족'은 피할 수 없는 문화적 유전자였던 것 같다. 이미영씨가 아시아 여성들과의 교류를 통해 좁고 닫힌 민족주의를 넘어섰다면 김경옥씨는 일본의 양심적인 보통사람들을 만나면서 민족과 국가를 다시 생각하게 되었다.

이제 그 사람들을 만나면서 어깨에 힘이 좀 빠졌어요. 아, 내가 생각했던 민족이 뭘까? 그러니까 이 사람들이 민족을 위해서 그렇게 전쟁을 벌이고 했던 거랑, 내가 생각하는 민족이랑, 그다음에 내가 생각하는 국가랑, 내가 소중히 지켜야 될 국가, 조국 이런 게 과연 뭘까. 이제 이런 거에 대해서 다시 한번 좀 적나라하게 생각하는 그런 계기는 됐던 것 같아요. (…) 제가 5년을 있었는데 그 과정에서 제 개인이 조국에서 해방되고, 민족에서 해방되는 그런 경험을 한 거죠. 근데 조국에서 해방되고 민족에서 해방되는 경험은 한국에 돌아왔을 때, 교육이 학교에서 해방되는 과정이기도 했던 것 같아요.(김경옥, 7면)

일본의 "좋은 사람들"을 만나 교류하면서 김경옥씨는 국가나 민족이 아니라 사람을 보게 되었다. 일본 생활 5년 동안 '나'라는 '개인'이 "조국에서 해방되고, 민족에서 해방되는 경험"을 하게 되었다고 평가한다. 또한 일본이 우리나라를 침략한 사실과 "우리가 베트남에 가서 한 짓"을 공정하게 평가하고, "마음을 나눌 수 있는 사람들이 세계시민으로서 연대하는 것"을 고민해야 한다고 말하는 사람이 되었다. 국가와 민족의 이데올로기에서 해방되어 양심적 개인이자 세계시민으로서 자신의 정체성을 새롭게 구성했다. 중요한 점은 이 과정을 통해 전교조활동에서 입은 정신적 외상을 심리적·사회적으로 치유했다는 것이다.

한국에 왔는데, 그때부터는 학교에서 이야기하는 민족이라는 말에 그렇게 가슴이 두근거리지도 않고 (…) 그다음에 나는 어떻게 세상을 바꾸는 거에 기여할 수 있을지에 대한 (생각이), 그간 좀 달라져 있었던 것 같아요. 그때 당시에 난 해직이 되지 못했던, 전교조라는 조직을 보위하지 못했던 그런 어떤 자괴감이나 뭐 이런 게 있었고. 제가 한국에 돌아왔을 때, 전교조가 이야기하고 있던 그런 어떤 담론이나 이런 것들이 좀 멀게 느껴지는 일이 있었던 것 같아요.(김경옥, 7면)

1994년 한국으로 돌아온 후에 그는 민족을 강조하는 학교교육에 거리를 두게 되었을 뿐 아니라 전교조로 인한 상처도 거의 극복한 것 같다. 그런 상황에서 이전에 읽은 써머힐[1]이나 충남 홍성군의 풀무학교[2] 이야기를 읽으면서 새로운 학교, 새로운 교육에 대한 꿈을 키워갔다. 그때 만난 책이 바로 앞에서 말한 『학교를 넘어서』였다. 그러니까 김경옥씨는 자신을 조국과 민족, 전교조에서 해방시켰다. 그리고 이런 제도에서 해방된 사적 체험을 "교육이 학교에서 해방되는" 사회적 과정과 일치시킨다. 이런 그의 말에서 우리는 '새로운 인간형이 새로운 사회를 만든다'는 말을 다시 생각해본다.

대안교육의 탄생: 교육이 곧 학교는 아니다

민들레 출판사에서 1998년부터 일한 김경옥씨는 대안교육 잡지 『민들레』를 펴내고, '자퇴생의전화'와 민들레청소년사랑방 등을 운영하는 데 참여하고 있다. 『민들레』는 1999년에 창간하면서 교육과 학교는 다르다고 주장했다.

> 『민들레』가 창간해서 주장한 게, '교육 이퀄(=) 학교는 아니다'였어요. 근데 그때만 하더라도 '교육은 학교에서 이루어진다'가 상식이었어요. 그래서 교육을 하려면, 또는 교육을 받으려면 학교에 가야 된다. 이게 상식이었거든요. 그래서 학교에서 우리가 어떻게 하면 더 좋은 교육을 할 건가. 그것을 위해서 많은 사람들이 애도 쓰고 노력도 하고 했는데, 저도 그 생각에 사로잡혀 있었죠. 근데 그게 아닐 수도 있다는 이야기를 했는데, 처음에 되게 사람들이 놀라워했어요. 그러면서 저희가 이제 창간호부터 이제 그것의 실천태로서 이야기한 게 뭐가 있었냐면 홈스쿨링이었어요. (김경옥, 10면)

『민들레』는 학교가 맞지 않는 아이는 학교 밖에서 교육할 수 있다는 대안을 제시했다. 그리고 학교씨스템의 비민주성을 넘어서야 인간해방이 가능하다는 메씨지를 전달했다. 잡지『민들레』는『학교를 넘어서』를 출판한 후 남은 돈으로 만들었는데 폭발적인 반응을 얻었다고 한다. 사실 민들레 출판사의 시작은 매우 소박했다. 현병호씨가 4000만원짜리 전세집에 살다가 2000만원짜리 집으로 옮겼는데 그 집이 바로 출판사였다. 그러니까 2000만원이 종잣돈이었던 셈이다. 처음에는 현병호씨가 잡지 100권을 자전거에 싣고 우체국에 가서 발송했는데, 그 100명이 꼬리에 꼬리를 물고 주문을 해서 전화기를 놓을 새가 없었단다. 지금은 4000부를 발행하는데 대부분 정기구독으로 소화한다. 김경옥씨는,『민들레』가 발간된 10년 동안 학교가 곧 교육이라는 상식이 깨졌다고 평가한다.

김경옥씨는『민들레』에서 "경쟁적인 교육, 획일화된 교육을 넘어 아이가 스스로 서고 서로를 살리는 교육이 되도록 여러 실천 사례를 소개하고 필요한 담론을 만들어내는 일"을 하고 있다. 그리고 민들레 출판사 1층에 있는 '공간 민들레'에서 아이들끼리 혹은 아이들과 어른들이 교류하는 공간을 꾸미고 기획하는 일을 한다.

김경옥씨는 학교를 넘어서는 대안이 이곳저곳에서 꽃을 피우고 있다고 본다. 잡지『민들레』를 보고 학교를 나온 아이들, '공간 민들레'에 와서 자유롭게 토론하면서 공동생활하는 아이들이 대안적인 삶을 살면서 이 사회에 좋은 영향을 미치고 있다고 생각한다. 그에 따르면, 민들레는 조직운동이 아니라 의식의 변화를 꾀하는 운동을 한다.

민들레가 하는 운동방식에 조응하는 그게 조직적 방식이 아니거든요. 뭐라 그래야 하나, 한 사람 한 사람에게 '숙숙숙숙' 이렇게 생활로 스며드는 식의 변화를 꾀하는 거죠. 조직적인 변화가 아니라, 의식의 변화를 꾀하는 그런 운동인 셈인데, 그런 운동에 조응하는 세상이 좀 있었던 것 같아요. (김경옥, 10면)

대안교육의 '영역화'와 그 너머

그는 우리사회에 이러한 새로운 운동방식이 나타난 시기와 자신의 내면에서 운동에 대한 인식이 변화한 시기가 거의 비슷했다고 말한다. 그는 이러한 변화가 세상에 적지 않은 영향을 미쳤다는 사실을 매우 높이 평가한다. 그러나 그런 흐름이 여전히 소수의 삶에 머물러 있고 주류를 변화시키지 못한 것 아니냐는 질문에 이렇게 대답했다.

그건 분명히 이제 대단히 고민이 돼요. (…) 그래서 교육을 바꿈으로써, 교육이 바뀌면서 세상이 바뀔 수 있다는 지점으로 제 삶의 영역이 이렇게 정해졌는데. 근데 그걸 대안교육이라고 이름을 불러 영역화시킨 거죠. 그 교육운동의 영역이 영역화된 게 이제 대안교육이었는데, 근데 저는 이제 그 영역화되는 거가 사실은 별로 마뜩지 않아요. 아까 말씀하신 것처럼 일정한 영역으로 되니까 그 무리가 이제 만들어지는 거죠. 그랬을 때, 대안교육운동이 갖는 한계는 분명히 있는 것 같아요. 현재 소수자라든지, 앞으로도 소수자일 가능성이 많은 거고. 그랬을 때 그게 정말 우리사회에 어느정도 영향을 미칠 수 있는 건지. 그리고 그 교육의 범주 안에 있었던, 그 영역 안에 있었던 한 사람 한 사람은 이 사회에서 어떻게 살아갈 건지 이런 생각을 할 때에 여러가지 고민거리가 쭉 많긴 하거든요.(김경옥, 11면)

김경옥씨는 대안교육이 '영역화'되어 소수자들끼리만 모이는 것이 별로 마음에 들지 않고 고민도 된다. 그렇지만 민들레를 통해 스스로 서서, 서로를 돌볼 줄 알게 된 아이들이 한 곳에 모여 있지 않고 세상에 나가서 변화를 일으키리라 믿는다. 그는 대안교육이 일으킨 기적 같은 변화를 부산의 '우다다' 학교 이야기를 통해 들려준다. 좀 길지만 자세히 들어보자.

부산에 '우다다'라고 하는 대안학교가 있거든요. '우리는 다 다르다'라는 걸 줄여서 '우다다'라고 하는데, 그 학교는 5~6년 전에 시작을 했어요. 가난한 아이들, 그러니까 점심밥도 못 먹는 불쌍한 아이들을 위한 대안학교를 시작을 했던 곳이에요. 근데 그런 의식을 가진 부모들이 자기 아이를 학교 안 보내고 대안학교를 보내야 되겠다 하고 학교를 찾았는데 그게 부산에 있으니까 한번 보내보자 해서 그 학교에 보내게 됐어요. 또 소위 문제아, 가난해서 문제아가 된 아이들도 다니고, 부모들이 버린 아이들도 다녔으니까, 되게 도식적으로 이야기하면 그 아이들과 부모들이 너무 사랑해서 일반학교에서 빼와서 보낸 아이들, 이런 아이들이 섞여서 우리는 다 다르지만 인정을 하면서 배우고 이렇게 하는 학교가 하나 있어요. 우다다라고.
근데 그 우다다가 이제 하는 수업이 뭘 많이 하느냐면 체험 프로젝트 수업을 많이 하거든요. (…) 부산 앞바다에 진우도라는 무인도가 있어요. 거기 가서 생태탐사를 하다가 그 물에 휩쓸려 죽었어요. 교사

한명하고 아이 세명이 빠져 죽었거든요(2007년에 일어난 사건). 8월 31일에 일어난 일인데, 근데 보통 학교 활동으로 교사랑 아이가 그곳에 가서 빠져죽었다 이렇게 되면, 그 학교 아이들이 한 쉰명도 채 안되는 학교거든요. 근데 그중에서 이제 세명이 죽으면 그 부모들의 원망이나 그 구성원들의 붕괴가 엄청나게 일어날 텐데 그게 아닌 거예요. 그러니까 처음에는 이제 막 슬퍼하고 왜 그런 데를 갔을까 이런 이야기를 하다가, 나중에는 이 세명의 아이들의 부모가 어떤 이야기를 하느냐면, "우리 아이가 여기에서 받은 교육이 너무 훌륭한 거였다. 이 아이가 평생 누려야 될 즐거움을 여기서 누리고 갔다. 그래서 우리 아이가 누린 이 즐거운 교육이 우리 아이의 죽음으로 깨져서는 안된다. 더 이어져야 한다"라는 이야기를 그 부모들 입으로 막 하는 거예요. 그리고 "내 아이 잘 키우려고 나는 여기 보낸 게 아니고, 우리 세상에 아이들이 좋은 교육을 받았으면 하는 마음으로 여기 보냈기 때문에 이 학교에 다니는 모든 아이들이 내 자식이다. 그래서 나는 스빠게띠 되게 잘 만드니까 스빠게띠 먹고 싶으면 우리 집에 와라. 니네가 다 우리 자식들이다" 이렇게 얘기했어요. 아이들은 "제가 당신 자식이 되겠습니다. 당신은 딸이 없었죠, 제가 딸이 되겠습니다. 제가 한복을 짓는 걸 배우고 있는데, 좀더 커서 잘 만들게 되면 우리 엄마, 아버지, 할아버지, 할머니 한복만 만드는 게 아니고 당신 한복도 꼭 만들어드리겠습니다" 하고 맹세를 하는……(김경옥, 12면)

자신의 분신이나 마찬가지인 아이의 죽음 앞에서 자식을 행복하게 해준 친구들과 학교에 감사하고 서로 격려하는 부모를 보면서 김경옥씨는 큰 충격과 감동을 받았다. 이런 사람들을 보면서 "우리라는 인간이, 나라는 인간이 이런 동네에 있었구나. 아, 나도 어쩌면 이렇게 성숙한 인간일지도 몰라" 하고 생각했다고 한다.

> 한 20년, 20년을 우리가 그냥 뭔가 좀 감동 없이 매몰되어 있었는데 그 세상에 대한 확신, 낙관, 희망 이런 걸 역설적으로 그날 이 아이들의 죽음을 통해서 발견한 거예요. 그걸 우리가 해결하고 넘어서는 과정에서 "아우! 우리가 해온 교육이 이런 거였구나. 그러니까 단순히 아이들한테 뭘 가르친 게 아니고 어른들도 이렇게 성숙되어 있었구나. 이렇게 자라 있었구나" 하는 걸 이제 느끼는 거죠. 그래서 저는 그 대안교육이라는 거가 단순히 지금 몇명이 하고 있느냐, 어떤 사람들이 하고 있느냐, 어떤 한 영역의 운동 아니냐, 이런 거도 맞기는 하지만, 그 속에서 자란 아이들과 어른들이 만들어낸 그런 기운, 에너지, 일종의 의식혁명이라고 해야 하나. 왜냐면 자기가 감동을 했으니까. 막 이렇게 번져갈 거라고 생각을 해요. (김경옥, 12~13면)

자식의 죽음 앞에서 죽음을 넘어선 사랑을 체험한 아이들의 부모와 다른 부모, 아이들과 교사들은 더욱 성숙한 자신들과 공동체를 발견했다. 김경옥씨는 이 사건을 통해 대안교육이 소수의 운동 혹은 '한 영역의 운동'이라는 자의식을 벗은 듯하다. 비록 좁은 영역의 운동이지만 그 변화의 에너지가 넓게 퍼져가기를 기대한다.

결국 우리의 수준을 높이지 않으면, 우리 UCC의 수준을 높이고 우리의 블로그 수준을 높이지 않으면 포털의 수준이 높아질 수 없잖아요. 내 수준이 높아지고, 우리 동네 수준이 좀 높아지고, 그다음에 내 옆에 있는 동네 수준이 좀 높아지고, 그런 의식의 성장을 좀 만들어가는 게 중요하겠다. 그래서 교육의 장 안에서는 특히 아이를 둘러싸고 있는 우리와 세상이 안전할 때, 내 아이도 정확하게 보험에 들 수 있다는 걸 자각하는 것. 이게 우리 교육의 문제이고, 뭐 이런 걸 해결하려고 보험에 들려는 두려움 속에서 벗어나는 게 중요하지 않을까 하는 생각이 들거든요.(김경옥, 19면)

김경옥씨는 결국 오늘의 교육씨스템은 학교를 바꾸는 것으로, 학교를 넘어 대안학교를 만드는 것만으로는 해결할 수 없는 구조적인 문제를 안고 있다고 본다. 그는 내 아이, 다시 말해서 나 자신의 욕망 혹은 두려움을 제대로 보고, 서로 더 많은 '보험'에 들기 위해 경쟁할 게 아니라 욕망과 두려움을 해결하는 세상을 함께 만들어야 한다고 말한다. "세상이 대안적이지 않으면 대안교육도 힘들다"는 말을 덧붙이며.

아이들은 기다려주면 된다: 경남 산청 간디학교

당당해지는 아이들

경남 산청 안솔기마을의 김명철씨는 대안학교인 산청 간디학교에 딸을 보냈고, 지금은 대안학교 학부모 연대를 만드는 일에 참여하고 있다. 그는 대안교육과 대안공동체를 만드는 일이 재미있어서 그런 일들을 하느라 바쁘다. 김명철씨는 30여년 전 젊었을 때부터 친구들과 함께 야학을 했는데, 그때부터 교육이 중요하다고 생각했다. 부산 거제성당 신자들이 중심이 된 '원(圓)모임'에 참여하면서 대안학교나 공동체를 만드는 꿈을 키웠다. 그러나 각자의 생활이 있다보니 마음을 모아 함께 시골로 내려가는 일이 쉽지는 않았다. 그래서 자신은 가족과 함께 지리산 언저리 산청에 있는 안솔기마을로 들어가고, 딸은 산청에 있는 대안학교인 간디학교를 보냈다. 그는 간디학교에서 교사도 하면서 대안교육의 중요성을 절감했다. 그는 대안교육을 받은 "아이들이 정말 당당해진다는 느낌"을 받았다고 말했다.

우리 딸 둘 다 대안교육을 받아보니까, 아이들이 정말 당당해진다는 느낌을 받았고, 그리고 뭐 비록 공부는 못할지 모르지만, 우리 큰딸 같은 경우는 대학을 안 갔거든요. 걔가 스물한살인데 졸업한 지 2년 됐어요. 음 걔 보면서 물론 걔 성향이 스스로 잘하는 편이긴 했지만요. 그래도 요즘 아이들 치고는 정말 혼자 잘한다 이런 생각을 해요. 작년에 1년간 영국에 에머슨 칼리지(Emerson College)라는 데 갔다왔어요. 슈타이너[3]의 발도르프 교육 하는 교사양성소 비슷한 그런 곳인데. 제가 딱 한가지 도와줬어요. 은행의 잔고 확인 그거 딱 한가지만 도와주고, 나머지는 학교를 알아보고 뭐 비행기 티켓팅은 언제 해야 되고 뭐 그런 거 저 혼자 싹 다했어요. 뭐 어찌해야 하는지 저는 아무 것도 모르고 하니까요. 근데 그거 보면서, 아 제 삶을 살아갈 수 있겠다, 이 아이가 어떤 형태로든지. 그래서 점점 확신을 하게 되었죠.(김명철, 4면)

딸이 대학에 가지 않기로 했을 때 김명철씨는 사실 좀 불안했지만, "아이들은 기다려주면 된다. 느리게 가지만 믿어주면 된다"라는 말을 믿었다. 그런데 자립해 살아가는 큰딸을 보면서 "정말 사람을 믿어주고, 자신감을 키워주면 거의 모든 것을 할 수 있다"는 자신감이 생겼다고 한다.

김명철씨는 자연과 함께 살며 자연에 부담을 주지 않는 공동체 생활을 꿈꾼다. 아이들 교육도 그러해야 한다고 생각한다. 농사도 지을 줄 알아야 하고, 여러가지 육체적 일을 경험해보는 것이 중요하다고 말한다.

> 목공도 하고 뭐 옷도 만들고 빵도 만들고 이렇게 해보게 하는 이유가 일단 최소한 낯설지 않아야겠다. 그러면 자기가 맘먹었을 때 접근을 할 수가 있거든요, 그런 생각이지요. 뭐 너무 크게 욕심을 내면 안되지요. 아, 그래도 큰 아이들은 그렇게 하면 좀 뿌듯해해요. 자기들이 예를 들면 뭐 이번에 김장 담그는 것도 저희들이 전부 한 거거든요. 마늘, 고추, 뭐 자기들이 농사지은 거거든요.(김명철, 29면)

김명철씨는 자신의 아이들이 "완전 야생마"인데 야생마를 길들이는 교육은 바람직하지 않다고 본다. 아이들의 본성을 살려주는 것이 자연스럽고 더 생명력이 있다고 말한다.

> 그 맛없는 딸기가 맛은 없을지 모르지만 정말 자기 생명력, 본성을 그대로 가지고 있는 거라서 훨씬 더 폭발력이 강하고, 확 폭발할 수 있는데, 약으로 쓸 때는 진짜, 이런 딸기가 필요한데……(김명철, 29면)

김명철씨는 대학 보내기 경쟁 때문에 고등학교 교사들이 대안교육을 할 수 있는 여지가 없는 것이 문제라고 본다. 그렇지만 대안학교가 많이 늘어나 작은 변화가 생기고 있고 그것이 점차 확산되리라 기대한다.

다행스러운 것 중에 하나가 대안학교가 많이 퍼졌기 때문에 지금 대안교육하고 공교육하고 좀 만나는 자리가 많아지고 있잖아요. 요즘에 직무연수를 같이해요. 몇백명씩 이렇게. 그게 좀 확산이 되면, 물론 대안교육이 뭐 제대로 안하는 부분도 많긴 하지만, 내가 생각할 때는 대안교육이 좋은 부분이 참 많거든요. 그런 좋은 부분을 일단 맛을 꼭 보라는 거죠. 그럼 자기 신념이 있는 분들이 한명, 두명 늘어나면 그 신념에 의해서 변할 수 있다고 생각하죠.(김명철, 36면)

부모가 행복해야 아이들도……
김명철씨는 대안학교 학부모들도 자신감이 부족해서 애들을 믿지 못하고 경쟁에 내모는 경우가 많다고 말한다. 부모가 행복하고 자신감이 있어야 대안교육도 성공할 수 있다는 얘기다.

재미있는 학년이 있어요. 주로 촌에서 살거나 대안적으로 사는 사람이 많으면 재미있어요. 그런 사람들은 자유롭기 때문에 자식들 놔두고 자기들끼리 놀러다니는 거예요. 이게 그 정도 되면 학부모들끼리 만나는 게 즐거운 거예요. 우리 이야기를 하니까. 아이들 이야기만 하다보면 재미가 없거든요. 근데 우리 삶을 이야기하다보면, 이제 학부모들이 자기 삶을 쳐다보고, 자기 삶을 행복하게 살 수 있도록 되면,

당연하게 아이들의 교육은 더 잘되겠죠. 부모의 그 아름다운 즐거움이 다른 데 조금씩 전염이 되더라는 거예요. 내가 해야 될 역할은 일단 학부모들끼리 좀 즐거울 수 있게 자리를 마련해줘야 되겠다, 이런 생각을 좀 하고. 대안학교 연대를 하겠다 생각을 하는 거죠.(김명철, 37면)

교육문제는 결국 학부모들의 욕심과 불안감이 원인이라고 그는 진단한다. 대안학교 안에서도 학년마다 분위기가 다른데, 그 차이는 부모들이 얼마나 자유와 행복을 즐기는가에 달려 있다고 한다. 부모가 즐거워야 아이들도 즐겁다는 것이다. 그래서 김명철씨는 대안학교 학부모 모임을 추진하고 있다.

우리 딸은 지금 인도 아체를 가겠다는데, 거기서 이제 봉사활동이랑 구호활동 해보겠다는데, 먹고사는 문제는 그 정도면 해결된다고 생각해요. 그 구호활동 하면 월급 한 70~80만원 받고 재미있게 살면 되죠. 근데 나는 나한테 돈 좀 보태달라고 할 필요가 전혀 없기 때문에. 뭐 그런 것도 있고 자신감도 좀 있고요. 내가 의산데 뭐 계속해서 안 벌겠습니까. 적게 벌든 많이 벌든. 그래서 그런 불안심리, 불안감 때문에 결국엔 뭐 그렇게 간다고 생각합니다. 자기 욕망 때문이죠. 그리고 또 다른 사람에게 보이는 것. 우리 애가 이 정도는 돼 있어야지, 이런 사고방식이죠.(김명철, 38~39면)

적게 벌어도 된다고 '생각'만 하면 자기가 하고 싶은 일을 얼마든지 고를 수 있다고 김명철씨는 자신있게 말한다. 그런데 왜 많은 사람들은 돈 때문에 고생할까? 왜 불안해할까? 정말 생각만 바꾸면,

자신감만 가지면 인생을 멋있고 보람있게 살 수 있을까? 김명철씨는 그런 자신감이 자신의 경제력에 바탕을 두고 있음을 숨기지 않는다. 그런데 만약 의사도, 한의사도, 교사도, 공무원도 아닌 사람들도 그런 자신감을 가질 수 있을까? 이 질문은 김명철씨의 생각에 괜한 딴지를 거는 것일까. 김명철씨는 욕심을 줄이고 하고싶은 일을 열심히 잘하면 기본적으로 먹고사는 문제를 해결하면서 보람있고 행복한 삶을 살 수 있다고 주장한다. 사실 평범한 진리다. 문제는 이 평범한 진리가 우리사회 그리고 전지구에서 온전히 실현되지 않고 있다는 것이다. 5장에서 보게 될 이랜드노조의 주부사원들이 510일 동안 거리에서 싸운 것은 그 평범한 진리를 실현하기 위한 노력이라고 볼 수 있다.

학교를 넘어, 국가를 넘어

김경옥씨는 경쟁을 줄이고 함께 큰 보험을 들면, 불안에 떨지 않고 서로 도우며 잘살 수 있을 거라고 말한다. 문제는 그 큰 보험을 들도록 사람들을 설득하고 이끄는 '사회'와 '국가'의 공공성이 취약하고, 협동의 문화와 제도가 미비하다는 점이다. 사실 이런 요인이 대안교육의 가장 큰 걸림돌이다. 그러나 교육문제를 다시 사회로 환원한다면 동어반복에 불과할 것이다.

동어반복의 악순환을 끊고 자신의 자리에서 학교를 넘어, 대안학교를 넘어 대안을 실천하는 사람들이 바로 김경옥씨와 김명철씨 같은 사람들이다. 출판을 하고 교사·학부모 들과 만나면서 교육의 대안, 학교의 대안을 만드는 이들이 있어, 세상은 겉보기에 느릿느릿한 듯하지만 얼음 아래 흐르는 물처럼 빠르게 변하고 있다. 대통령 바꾸는 일보다 학교를 세우고 바꾸는 일이 사실은 더 중요하고 시급할지도 모른다. 학교를 넘어선다는 것은 결국 대안학교는 물론이고 국가를 넘어서는 일일 것이다.

05장

차별 없는 세상

    사람은 누구나 무시 당하지 않고 인정과 사랑을 받으며 살고 싶어한다. 그래서 배고픈 것은 참아도 배 아픈 것은 못 참는다고 하는지도 모르겠다. 그런데 우리사회는 가난하다고, 여자라고, 피부색이 다르다고, 국민이 아니라고, 정규직이 아니라고 차별하는 문화와 제도가 구조화되어 있다. 이런 상황에서 우리사회가 진짜 민주화되었는지 의심스러울 때가 많다. 혹시 우리의 민주주의는 대한민국 국적을 가진 부자 남자들의 전유물이 아닐까? 물론 그들의 민주주의조차 후퇴의 위험 속에 흔들리고 있지만.

    민주주의, 즉 다수의 지배체제는 다수결로 환원될 수 없다. 민주주의는 하늘 아래 모든 사람들이 평등하게 인간의 존엄성을 누릴 권리가 있음을 선언하고 그것을 실현하는 제도이다. 가난한 사람이건 부유한 사람이건, 능력이 있든 없든, 여자든 남자든, 제 나라 국민이

든 아니든 간에, 인간의 기본권과 행복하게 살 권리를 보장 받아야 비로소 민주주의가 살아있다고 말할 수 있다.[1] 우리는 그런 민주주의를 누리고 있는가? 우리가 만난 사람들은 그렇지 않다고 말한다. 이들은 불평등과 불의를 온몸으로 체험하고 차별 없는 세상을 만들기 위해 애쓰고 있다. 이제 그들을 만나보자.

여성은 마을을, 마을은 여성을 살린다: 서울 여성의전화 나비쎈터

박신연숙씨는 여성의전화라는 여성운동단체에서 15년 가까이 일해온 활동가이다. 그는 요즘 서울 동작구 대방동 근처에서 동네 아줌마들을 만나느라 바쁘다. 폭행을 당한 여성들에게 전화로 상담을 해주던 그는 2005년부터 '마을'로 내려와서 여성들을 만나고 있다. 그는 왜 여성의전화에서 일하게 되었고 왜 마을을 찾아갔을까?

여자로 살기 참 힘들다

박신연숙씨는 어릴 때는 온화하고 부드러운 성격이었다고 회상한다. 그렇지만 부모님의 불평등한 관계, 그리고 남동생에 대한 편애를 보면서 가정에서부터 여성에 대한 차별을 온몸으로 느낀 듯하다. 대학에서도 모든 것이 남학생 중심으로 운영되고 동창회도 남자들끼리만 모이는 것을 보고 불만을 느꼈다. 지하철, 버스 같은 공간도 그에게는 안전하지 않았다. 더 큰 위협은 직장이나 가정에서의 차별과 폭력이었다.

직장이나 가정 이런 데는 일상적인 차별의 온상이잖아요. 그러다보니까 늘 그런 게 스트레스였던 것 같아요. 그게 직장, 제가 대학을 졸업하고 여성의전화에서 활동하면서 그때를 회상하게 됐어요. 그때까지만 해도 내가 사는 내내(웃음) 그런 거를 인식하고 있었으면 아마 그 심리치료 받았어야 됐을 것 같아요. 늘 매일 오늘 있었던 일을 잊어버리니까 사는 거죠.(박신연숙, 29면)

그에게 이 사회는 "매일 오늘 있었던 일을 잊어버리고 사니까" 살 수 있는 곳이지, 잊어버리지 않으면 심리치료를 받아야 겨우 살아갈 수 있는 엄청난 스트레스로 가득 찬 공간이었다. 대학 졸업 후 다닌 첫 직장에서 그는 성희롱을 겪는다.

당시에 성희롱을 당했을 때 그 자리에서 그냥 피했거든요. 피하는 게 아니라 문제제기하고 회사에 알리고 사과를 받고 왜 그렇게 하지 못했을까. 그게 권력관계인 거잖아요. 그러면 제가 각오해야 되는 거잖아요. 이 아르바이트를 그만둘.(웃음) 그런 게 작동하고, 늘 두려웠어요. 또 성희롱을 당하지 않을까. 이러니까 업무에 집중을 하기보다는 또 성희롱이 일어나지 않을까. 그런 거에 전전긍긍하고. 그리고 그 불쾌감. 그때는 성희롱이라고 이름 지어지지도 않았던 시절인데 그 대우를 당한 거니깐. 그런 불쾌감. 그다음에 누구한테 말하기도 참 그렇고.(박신연숙, 29면)

박신연숙씨는 그런 용어도 없던 시대에 성희롱을 당한 체험을 회상한다. 그 불쾌감과 불안감을 회상하면서 당당하게 대처하지 못했던 자신의 한계를 구조적 권력관계에 종속된 여성의 정치적 한계로 해석한다.

치유와 성장

그의 여성으로서의 자의식은 1986년, 대학에 다니면서 점차 자라나기 시작했다. "여자로 살다보니 참 힘들다"는 생각이 많이 들었고, 한편으로 "나는 여자다"라는 생각이 삶의 중심에 놓이기 시작했다. 그래서 자연스럽게 '여성의전화'를 찾아 자원봉사를 하기 시작했다. 나이 스물다섯, 1992년의 일이다. 회원으로 활동하고 상담교육을 받고, 상담도 하면서 "억하심정"은 조금씩 치유되기 시작했다.

> 제가 좀 불행한 어린 시절을(웃음) 그 여성, 여성으로서 차별 받으면서 살다보니까(웃음) 억하심정이 많았는데. 이제 여성의전화에 와서 이렇게 회원활동을 하는 과정에서 뭐, 상담교육도 받고 상담도 하고, 또 이게 나 개인의 문제가 아니라 우리사회 여성들 누구나 겪으면서 이렇게 해결하고자 하는 조직들이 있구나. 그래서 굉장히 그 개인적으로도 그런 게 치유의 경험이 되고, 제가 성장하는 경험이 되었어요.(박신연숙, 9면)

차별과 폭력으로 생긴 마음의 상처는 자연스럽게 그를 여성의전화로 이끌었다. 이곳에서 사람들과 이야기하면서 자기 문제를 개인의 문제가 아니라 사회문제로 확장하게 되었다. 상담교육을 받고 사람들에게 상담을 해주면서 자신의 상처가 치유되는 것을 느끼기 시작했다. 자신과 같은 처지에 있는 사람이 많고 그 동지들과 함께 문제를 해결할 수 있다는 자신감이 그를 성장시켰다. 서로 힘을 주고 격려하면서 자매애를 키워나간 것이다. 이러한 자신감이 있어 박신연숙씨는 1995년부터 상근활동가로 일하기 시작했다.

풀뿌리 여성운동

여성의전화는 2005년부터 '나로부터 비상하는 지역쎈터' 즉 나비(飛)쎈터를 만들어 지역의 여성들을 조직하는 사업을 시작했다. 박신연숙씨도 여성의전화에서 일한 지 10년 만에 지역활동에 참여했다. 그런데 막상 지역에 가보니 그가 생각한 것과는 많이 달랐다.

> 와, 진짜 지역에 가보니까 여성운동 너무너무 해야 되고. 내가 여성의전화 사무실에서 일할 때는 우리가 그래도 으쌰으쌰, 이슈 파이팅(issue fighting) 하면서 제도도 바꾸고 많이 변화시켰다. 그래서 큰 성장과 발전이 있었다. 텔레비전에서도 마치 세상이 바뀐 것처럼 드라마니 뉴스니 이런 데 나오잖아요. 근데 이렇게 지역 현장에 가서 보니까 '어머 이건 다 거품이었어' 이런 걸 전 너무 많이 느꼈어요. 그리고 정말 경제 세력화, 정치 세력화야말로 너무나 취약한 거예요. 그러니까 가난한 건 다 여자들이고. (박신연숙, 19면)

여성은 여전히 정치적·경제적으로 열악한 처지에 놓여 있다는 사실을 절감했다. 여성의전화가 주목하는 '여성 폭력' 문제도 여전히 심각한 상황이었다. 마을에는 한집 걸러 가정폭력이 일어나고 있고 남편에게 살해 당하는 일도 드물지 않다고 한다. 그는 여성을 폭력에서 보호하기 위해서는 마을이 필요하다고 말한다. 고립된 피해 여성을 찾아가는 지역운동이 필요한 것이다.

> 근데 이웃은 알 수 있잖아요. 제 옆집도 항상 폭력이 있는 집이거든요. 제가 항상 폭력을 감시하잖아요.(웃음) (…) 이웃이 참 중요한 거 같아요. 그래서 여성 폭력에 관한 한 지역 풀뿌리 여성운동이 너무너무 중요한 거 같아요.(박신연숙, 15면)

폭행을 당하는 여성들은 숨어 있고, 고립되어 있기 때문에 이들을 찾아가는 주민운동과 지역운동이 필요하다. '한 아이를 키우기 위해서는 마을이 필요하다'는 말처럼 "한명의 폭력 피해자가 있을 때 그 문제에 관심을 갖는 온 마을이 필요하다"고 그는 말한다. 그러나 폭력에 관대한 문화 때문에 피해 여성들은 이중으로 고통 받고 있다. 박신연숙씨는 이러한 문제를 밑에서부터 풀어나가야 한다고 생각한다. 지역에 내려와보니 중앙 중심의 운동이 아무런 성과를 내지 못하고 있는 것을 보고 그는 절망했다. 그리고 "운동을 아래에서부터 하지 않으면" 안된다고 반성했다. 박신연숙씨는 지역에서 이런저런 피해를 받고 상담을 받으러 온 여성들의 상처를 "여성주의 상담"으로 치유한다. 이를 통해 피해 여성들은 성차별구조나 가부장주의의 문제를 인식하고, 여성의 인권을 정치적으로 인식할 수 있게 된다.

> 여성 폭력 피해자도 그렇고요. '이거는 당신의 잘못이 아닙니다.' 이런 관점이 이분들한테 굉장히 힘을 주는 거예요. 자신감을 주고. 자기

가 피해를 당하면서도 죄책감을 많이 갖고 살았는데, 너무너무 속이 시원하다고 하시고.(박신연숙, 11면)

'폭행한 남편이 문제지 당신이 문제가 아니다'라는 말을 들으면 피해 여성은 상황을 새롭게 해석할 힘을 갖게 된다고 박신연숙씨는 말한다. 그렇지만 아직 경찰이나 마을의 상황은 그리 변화되지 않았다. 경찰은 "좀 참고 사세요"라고 말하거나 심지어 "더 맞고 신고하세요"라는 말까지 한다고 한다. 가정폭력문제를 해결하기 위해서는 우리사회 전체가 폭력문제를 근본적으로 성찰하는 발상의 전환이 필요하다. 특히 경찰, 지방자치단체, 중앙정부 같은 국가기구의 개혁이 필수 과제이다.

매일매일 힘들어요

전통적인 농촌공동체가 대부분 해체된 마당에, 도시에서 마을을 되살리고 여성들의 지역 조직을 만드는 일이 얼마나 힘들지는 충분히 상상할 수 있다. 지역운동이 어렵다는 것은 우리가 앞에서 만난 사람들을 보아도 잘 알 수 있다. 박신연숙씨는 "매일매일 힘들다"고 말한다. 동네사람을 만나서 함께 일할 수 있다고 생각했지만, 한시간만 지나면 그 사람 마음이 변해서 좌절한 경험도 많았다.

만남이 지속될 것이냐 (웃음) 그 갈림길에서 그렇죠. 그래서 지속되면 웃다가, 지속될 거라 기대를 했는데, 뭐 여러가지 개인 사정 혹은 여기가 이념에 맞지 않아서, 다른 돈벌이를 해야 되기 때문에, 혹은 단체에 실망을 해서 (…) 또는 조직 내부의 사람들이 서로 싸워서,

음…… 또는 남편끼리 싸워서, 뭐 이유야 굉장히 많거든요.(웃음) 그러면 이제 슬프고 속상하죠. 그러면서 이제 지금 함께하고 함께 만나는 사람이 얼마나 소중한가 하는 것도 느끼게 되죠.(박신연숙, 25면)

박신연숙씨는 이러한 어려움을 동료와 마을사람들의 힘으로 이겨내고 있다. 그의 이야기를 들으면, 물리적 폭력이 우리 삶을 얼마나 황폐하게 만드는지를 새삼 되새기게 된다. 남편의 일상적인 폭력에 시달리는 여성에게 피난처를 제공하여 격리하는 일은 생명을 살리는 긴급한 일이다. 이제는 사생활이 아니라 공적인 차원에서 해결해야 할 문제다. 그러나 국가와 지방자치단체는 여전히 검정 양복 입은 남성들의 독무대이고, 경찰은 "더 맞고 신고하라"고 말하거나 폭력 남성을 쉽게 풀어주기도 한다. 또한 가부장사회에서는 성찰적 여성을 '유별난' 여자로 낙인찍어 문화적으로 고립시키고 무력화시킨다.

박신연숙씨는 이러한 세상에 저항하는 힘을 여성의전화에서 찾았다. 그리고 자신의 상처를 치유하고 더 성장했으며, 치유하면서 치유 받았다. 치유의 순환이 이루어진 것이다. 지역활동은 그를 다시 한번 변화시켰으니, 그는 지역 여성과의 교류가 부족한 시민사회단체의 틀을 깨고 그들과 '터놓고 자기 얘기를 할 수 있는' 소통적인 인간으로 새롭게 태어났다. 고통과 좌절을 경험하면서 내면의 소리, 친구의 소리를 들으며 내면의 힘을 키울 수 있게 되었다. 이런 체험은 '마을'을 찾아나섰기에 가능한 일이었을 것이다. 마을과 지역이 중앙의 '이슈 파이팅'이라는 상징체계에 갇힌 그를 해방시켰다. 그는 지금 실제 세상에 내려와 세상을 바꾸는 희망을 키워가고 있다.

살이 더 탔다는 거 말고는 우리와 똑같은 사람들: 서울 이주노동자쎈터(현 '외국인노동자와함께')

장윤수(가명)씨는 요즘 대학원 박사과정에서 이주노동자에 대한 공부를 하고 있다. 그가 이런 공부를 하게 된 까닭은 이주노동자를 지원하는 시민단체에서 4년 이상 일했기 때문이다. 그는 이 일을 왜 하게 되었을까?

어떻게 살 것인가

장윤수씨는 1990년대에 대학생활을 하면서 정당의 청년조직에서 활동했다. 그는 학생운동을 통해 정권을 교체하기란 요원하다고 생각했기 때문에 "차라리 야당운동에 직접 투신하는 것이 좋겠다"고 생각했다. 그리하여 1990년대 중반까지 정당활동을 계속했다. 그러다가 1990년대 중반이 되자 어느정도 민주화가 이루어져서 "더이상 이런 일을 안해도 되겠다"고 생각하고 자동차회사에 취직했다. 회사를 다니면서 대학원에서 경영학 석사학위를 받았고 생활의 여유도 생겼다. 하지만 뭔가 채워지지 않는 것이 있었다.

충분히 생활의 여유도 있고 그렇기는 한데…… 잘 안 맞더라구요. 그러니까 월급도 많이 받고 먹고사는 데 지장은 없는데, 저는 개인적으로 그 당시에 어떻게 하면 좀 그러니까 내 삶을 좀 충실하게 살 것인가에 대한 화두가 계속 있었어요. 근데 그게 다가 아니더라고요. 그렇게 사는 게. 그래서 회사를 그만두고 사표를 내고.(장윤수, 2면)

회사생활이 삶의 여유는 주었지만 '충실한 삶'을 살고 싶은 내적 욕구까지 충족시키지는 못했다. 그는 회사를 나와 시민운동에 관심을 갖게 되었다. 장윤수씨는 "시민운동 중에서도 무엇을 할 것인가를 놓고 고민하다가 한국사회에서 가장 하위 계층에 해당하는 사람들이 누굴까 고민했다".

그는 1999년말부터 서울 이주노동자쎈터에서 일하기 시작했다. 그때만 해도 이주노동자들의 인권은 열악하기 이를 데 없었다. 그는 불법체류자가 된 미등록 노동자들이 산재처리를 받고 퇴직금을 받는 일 등을 도왔다. 처음 하는 일이라 어려움이 많았지만 이주노동자가 마땅히 누려야 할 노동자의 권리를 찾는 데 힘을 기울였다. "월급 못 받아서 찾아오는 사람들 월급 받아주고, 퇴직금 받아주고, 산재처리 해주면서" 보람을 느꼈다. 그렇지만 이주노동자쎈터의 노동자 쉼터에서 숙식을 하다보니 매우 힘들었다고 한다.

저같은 경우는 거기서 숙식을 다 해결하게 되니까, 일단은 뭐 먹고사는 문제가 좀 괴로웠죠. 왜냐하면 사무실하고 제가 숙식을 해야 하는 사적인 공간이 붙어 있으니까, 전혀 사생활이 없는 거잖아요. 그니까 뭐 자다 말고 일하러 그냥 밤에 나가야 되고요.(장윤수, 4면)

그는 손에 화상을 입은 우즈베키스탄 사람 이야기를 하면서 힘들었던 생활을 회상한다.

우즈베키스탄 사람이었는데, 이 사람이 손에 화상을 입고 들어왔어요. 농장에서 일하다가 손에 화상을 입었다는 거예요. (…) 그래서 그날은 눈이 엄청 많이 와가지고, 얼마 멀지 않으니까 웬만하면 다 차를 태워서 같이 가는데 눈이 너무 와서 이제 걸어갔어요. 걸어가고 있는데, 이 사람이 간질을 일으키는 거예요. 동대문역에서 한번, 또 운동장 앞에서 한번, 저 동대문운동장 전철역에서 한번. 그 눈밭에서 사지가 뻣뻣해지면서 이제 거품을 막 이렇게 물죠. 그래가지고 수건 같은 거로 혀 안 물게 이렇게 싸매고 다리 주물러가지고 깨우고 또 좀 걸어가다보면 또 그러고 또 그러고, 이래가지고 데려갔는데 간질 증세가 있다고 그러니까 급하게 입원을 시키기로 했어요. 선한이웃 클리닉에 입원을 시켰는데, (…) '내 이 치료해달라' 한밤중에도 그러고 뭐 낮에도 그러고. 그래서 안하면 링거를 맞은 거를 뽑아가지고 벽에 집어던지고. (…) 나 여기 아프니까 주사 놔라. 그래서 안 놓으면 다 걷어차고 그러는 거예요. 근데 그 사람이 저만 내려가면 아주 순한 양처럼 순해져요. 이상하게. 그래서 어떨 때 보면 새벽 3시에 자는데 전화가 와요. 지금 이 사람 난리 났다고 지금. 다 때려 부순다고. 그럼 새벽 3시에 자다 말고 터덜터덜 또 일어나가지고 밤에 눈밭을 또 걸어서 내려가는 거죠. 이대목동병원에 주로 많이 입원을 했는데 제가 가면 또 잠잠해요, 양처럼. 그러지 마라고. 영어도 잘 못하고 그러니까 주로 몸짓으로 '그러지 말아라. 그러면 너 내가 데리고 나가겠다.' 이렇게 해가지고, 치료시키고 그랬죠.

 그러니까 개인적인 생활이 없으니까, 밤에도 부르면 나가야 되고, 네팔 사람들, 그쪽에 네팔 식당도 많거든요. 네팔 사람끼리 자기네가 막 싸워서 난리가 나면 경찰들이 오면 무섭잖아요. 일단은 저 오버스테이(비자기간 뒤까지 머무는 것)를 하고 있는 상태니까. 싸움 났다 그러면

가야 되고, 누가 아프다 그러면 가야 되고, 그런 게 수도 없죠. 사생활이 없으니까.(장윤수, 4~5면)

이 이야기를 들으면 그가 의사소통도 제대로 안되는 사람들을 위해 밤낮 없이 얼마나 고생했는지 어렴풋이 상상할 수 있다. 이주노동자쎈터 자원봉사자들과 술 먹는 일도 매일 계속되다보니 몸이 배겨나기 힘들었다고 한다.

그냥 동생이고 친구죠

이러한 육체적 고통 속에서 그가 얻은 게 있다면 동생 같은 친구들이다.

그냥 저같은 경우는 형, 동생 이렇게 많이 지냈어요. 그래서 뭐 지금도 이제 제가 현장을 떠나 있는데도 연락을 하는 친구들이 있거든요. 그래서 자기 나라 돌아간 친구들 중에서도 "형, 우리나라 한번 놀러와요" 이런 친구들도 있고. (…) 좀 피부색만 다르고 다른 그냥 아는 친한 동생 뭐 선후배 이런 정도. 똑같은 사람이죠 뭐. 그러니까 딱 떠오르는 상은 나보다 살이 더 탔다는 거 말고는 뭐 다른 건 없는 것 같아요. 그냥 동생이죠, 친구고.(장윤수, 26면)

장윤수씨는 이주노동자에 대해 딱히 측은지심 같은 것은 갖고 있지 않다. 그들도 똑같은 사람이기 때문에 좋은 사람만큼이나 나쁜 사람도 많다고 한다.

저는 외국인 이주노동자 중에서 나쁜 사람도 많이 봤기 때문에, 그냥 그 사람들은 이렇다 저렇다 구분이 머릿속에 없어요. 그냥 탁 떠오르는 거는 친하게 지냈던 친구들 얼굴 떠오르는 거고. (장윤수, 26면)

나쁜 사람들을 많이 봤다면 이들에 대한 인상이 나쁠 법한데, 오히려 친하게 지낸 친구들 얼굴이 떠오르는 까닭은 무엇일까? 그건 바로 '그들'을 '우리'라고 인식하기 때문이다. 똑같은 사람일 뿐 아니라 '친구'이자 '동생'이다. 장윤수씨는 평등을 머리로 사유하는 것이 아니라 몸으로 살아왔다. 그는 이주노동자들 사이의 불평등도 중요한 문제라고 말한다.

상당히 엘리뜨들이 있어요. 엘리뜨들이 꾸려가는 거죠. 제가 있던 단체에 방글라데시 실무자가 하나 있었어요. 그 친구를 통해서 방글라데시 커뮤니티를 꾸렸는데, 커뮤니티에 소속된 일반 회원들하고 내가 가끔 허심탄회하게 뭐 술 한잔 먹으면서 "그 친구는 이제 높은 사람 됐다"고 얘기를 해요. 그것도 안 좋은 거죠. 그러니까 그 단체에 일하는 거 자체가 자기들하고 격이 다른 거예요. 계급이 다른 거라고 생각을 해요. 실제 마음만 먹으면 권력을 휘두를 수 있는 자리니까.
그런 단체가 있기 때문에 그런 문제가 생기는 거죠. 정책을 통해서 제도권 안에 이 사람들이 들어오면 그럴 리가 없지 않습니까. 문제가 생기면 직접 가면 되고. 그런 데서 외국인 이주노동자로서 실무자로 일하게 되면, 자기 맘에 드는 친구가 있으면 월급이든 뭐든 빨리 받게 해줄 수 있고, 자기랑 친하지 않거나 말 안 듣는 이런 애들은 핑계를 대서 미룰 수도 있죠. 그 나름대로 그들 세계의 권력화가 되는 측면이

있어요. 그러니까 똑같지 뭐, 다 똑같아. 외국 사람이나 한국 사람이나 다 똑같지.(장윤수, 26면)

이주노동자들의 권리가 제도적으로 보장되지 않다보니 단체에서 실무자로 일하는 이주노동자는 좀더 많은 권력을 갖게 되기 때문에 그들 안에도 차별과 불평등이 생긴다는 것이다. 그는 평등해야 할 인간들의 관계가 지식이나 권력의 차이로 불평등해지는 것은 이주노동자들의 사회건 한국사회건 마찬가지라고 말한다. 처음 그가 이주노동자를 돕는 시민단체에 들어갈 때는 가장 열악한 계층을 돕겠다고 생각했다. 그러나 지금은 이주노동자 사회 역시 한국과 똑같이 좋은 사람과 나쁜 사람, 권력있는 사람과 없는 사람이 죄다 섞여 사는 집단이라고 본다. 그렇기에 모두가 공평하게 권리를 누릴 수 있도록 제도를 바꾸어야 한다고 그는 말한다.

공평한 정책

외국인노동자들 중에도 나쁜 놈들 많아요. 진짜 나쁜 놈들 많아요. (…) 그래서 제가 이 문제에 대해서 정책적 접근이 필요하다고 한 부분이 그건데, 그러니까 그런 사람들이 죄를 지으면 다 처벌 받아야죠 당연히. 그러니까 열심히 일한 사람은 그만큼의 대우를 해줘야 되는 거고. 그러니까 전체적인 이주노동자와 한국 노동시장 문제로 접근을 하고, 한국사회에서의 정책 문제로 접근을 해야죠. (…) 이놈 하나 나쁘다고 외국인노동자가 다 나쁜 건 아니잖아요, 그죠? 그건 아니라는 거죠. 전체적으로 그 사람들이 한국사회에 필요해요. 물론 그중에는

> 좋은 사람, 나쁜 사람 있어요. 나쁜 사람 벌 주면 되는 것이고, 처벌하면 되는 것이고. 좋은 사람은 충분히 일할 여건을 마련해주면 되는 거지요.(장윤수, 10면)

자본은 자유롭게 국경을 넘나들지만, 사람들은 그러지 못한다. 특히 부국의 장벽은 너무 높아서 아무나 넘을 수 없다. 부자 나라 사람들은 자신들의 삶을 좀더 윤택하게 하기 위해, 힘든 일과 더러운 일을 할 외국인들을 위한 쪽문을 열어둔다. 이들은 사람이 아니라 노동력, 즉 생산을 위한 근육으로 취급되기 일쑤다. 국가는 노동력만을 들여오려고 온갖 노력을 하지만, 먹고 마시고 사랑하고 인정받기를 원하는 사람들은 오늘도 여기서 자기 삶을 꾸려간다.

장윤수씨는 이들을 처음에는 도와줘야 할 사람이라고 생각했다. 그런데 지금은 그들도 똑같은 사람이라고 말한다. 그냥 도와줘서 될 게 아니라, 사람으로서 노동자로서 똑같이 일할 수 있도록 정책을 바꾸어야 한다는 것이다. 이주노동자 없이 우리사회가 지탱하기 힘들다면 그들을 노동력이 아니라 사람으로 대우하는 것이 정의의 원칙에 합당하다. 피부색의 차이가 능력과 덕성의 차이를 의미하는 것은 아니기 때문이다.

주부사원으로 당당하게 산다는 것: 이랜드일반노조

억울한 생각

김아영(가명)씨는 주부사원이었다. 그런데 우리가 그를 만난 2008

년 1월 29일에는 사랑의교회 앞에서 복직을 요구하며 농성하고 있었다. 누가, 무엇이 이 주부사원을 투사로 만들어놓았을까?

김아영씨는 결혼하면서 남편을 따라 지방에 내려가게 되어 다니던 직장을 그만두었다. 그러다가 약 1년 후 다시 서울에 올라와 아이를 기르다가 2000년 8월부터 까르푸라는 대형 할인점에 입사해 쌜러드 바에서 일하기 시작했다. 까르푸는 성별, 연령에 따라 차별하지 않고 능력있는 사람이 경력을 쌓으면 정규직으로 전환해주었다.[2] 그도 입사한 지 9개월 만에 정규직이 되었다. 그는 처음에는 노동조합이 뭔지도 몰랐고 관심도 없었을뿐더러 무서워하기까지 했다.

> 저는 처음에는 노조, 노동조합을 잘 몰랐어요. 저는 이 나이 먹도록, 직장생활도 오래 했지만, 노동조합이나 사회활동에 관심이 없었어요. TV로만 보는 그게 좀 무서웠어요. 깃발 보이고 띠 보이고 아저씨들 되게 무서웠고, 저 사람들이 왜 저걸 하나 관심 없었어요. (…) 그랬던 사람인데, 막상 나에게 그런 상황이 닥친 거죠. 아웃쏘싱할 때부터 억울한 생각이 든 게, 구걸해서 들어온 것도 아니고, 사정해서 들어온 게 아니고, 분명히 지들이 뽑는다고 해서 면접 보고 들어왔잖아요. 그렇게 해서 이 자리에서 일하게 했는데, 갑자기 그렇게 하는 거에 대한 불만이 이제 싹트면서, 그 불만이 체계화되면서 노동조합에 가입……
> (김아영, 7~8면)

김아영씨는 경기도 부천의 까르푸 중동점에서 파업이 일어났을 때, 자신이 파업 노동자들 대신 대체근무를 하는지도 모르고 그곳에서 일하기도 했다. 그랬는데 자신이 비정규직으로 전환되자 억울한 생각이 들기 시작했다. 한 사람의 직원으로 당당하게, 정당한 절차를 통해 입사했는데 아무런 이유 없이 권리를 빼앗기자 불만이 점차 커져서 노동조합에 가입하고 어느새 열렬한 투사가 되었다.

> 그런데 지금은 누구보다도 이것이 필요한 거라는 걸 알아요. 이렇게 얘기 안하고 그냥 넘어가면 조용히 살 수는 있겠는데, 내 권리는 누가 찾아주냐…… 그건 내가 주장해야 찾는 거고. 찾든 못 찾든 최소한 내 권리를 '아!' 소리 내면서 주장할 수는 있어야 한다는 생각을 해요. 왜냐하면 뭐 있는 사람만 자기 권리 주장하는 그런 사회는 아니잖아요.(김아영, 8면)

그는 조용히 살 수도 있지만 "내 권리"를 스스로 찾아야 한다고 생각하게 되었다. 억울하게 당하고 살 수는 없다는 불만이 인정투쟁, 권리를 되찾는 투쟁으로 이끌었다.[3] 이러한 의식과 행동에는 노동자의 정체성뿐 아니라 여성, 주부라는 사회적 약자의 "본능적" 정체성이 함께 영향을 미친 것으로 보인다.

> 내가 사회적인 약자. 더더군다나 여성을 떠나서 주부라는 약자라는 걸 본인들이 너무 잘 알기 때문에 부당하거나 불합리한 일에 자기네들이 1순위로 정리될 수 있다는 것을 다 느끼기 때문에 파업을 하는 거죠. 그래서 파업을 하는 거고, 실제로 이랜드에도 관리자들이라고 하는 정규직들은 파업을 안하죠. 아주 소수만 하고. 그들은 자신들의 자리가 불안하지 않기 때문에.(김아영, 4면)

부드러운 성격, 강해진 기질

　노동자에다 비정규직, 그리고 여성이자 주부라는 약한 고리, 그런 사회적 지위 때문에 부당한 대우를 받을지도 모른다고 "본능적으로" 느낀 주부사원들이 자신들의 권리를 지키기 위해 택한 행동이 파업이었다. 그러나 인정투쟁, 권리를 위한 투쟁을 7개월 이상 해오면서 주부사원들은 많이 지쳐 있었다. 일치단결했던 처음과 달리 갈등도 잦아지고 자기주장을 굽히지 않는 사람들도 많아졌다. 김아영 씨는 이런 사람들의 생각을 조율하는 일이 매우 어렵다고 말한다. 자신도 가족의 반대 때문에 적지 않은 상처를 받았다.

　가족은 안하기를 바라죠. 근데 시댁보다 친정이 더 난리고, 그래도 제가 시집 식구들을 잘 만나서 야단을 하거나 하지는 않고 좋은 말로 "힘든데 안했으면 좋겠다" 하죠. 시집 식구들은 제가 '다른 사람들을 위해서 희생한다'고 생각해요. 어쨌든 간부고 앞장서서 하고, 지방도 많이 다니고 가정생활에는 거의 시간을 못 내고 돌아다니니까 "누구를 위해서 희생하느냐?" 이런 말들을 하시죠. 근데 누구를 위해서 희생하는 게 아니라 이건 일단은 내 문제고, 나 때문에 시작한 거고, 내가 스스로 선택한 거지, 누구를 위해서 봉사하겠다, 이런 건 아니거든요. 하지만 가족들 입장에서는 굳이 안해도 되는데, "안되면 말아버리고 다른 일을 찾지, 왜 그러느냐? 안했으면 좋겠다" 이러는 거죠. 이런 입장인데, 친정에서는 난리죠. '그렇게 해서 이길 수 있을 것 같으냐?' 이런 말은 상처가 되니까 안하시는데, "사회가 예전하고 달라져서 지금은 그런 게 먹히지 않는다. 돈이 있는 사람이 장땡이지 않느냐?"라고 친정 식구들은 막 야단을 쳐요. 대놓고 야단을 치고, 시집 식구들은 조심스럽게 "힘든데 하냐" 그러고.

아빠는 살아야 되니까. 그럼 제가 바꾸라고 그랬거든요. "이렇게 하는 게 불만이면 이런 행동을 안할 사람으로 바꿔라. 바꿔서 살아라. 맘에 드는 걸로 바꿔라". 그렇게 얘기하니까, 너무 강하게 얘기하니까 이제 말을 안하죠. 살아야 되니까 참아야 된다, 이러고 마는 거죠.

제가 투쟁하면서 기질도 강해졌어요. 원래 이런 기질이 아니었는데, 되게 유한 편인데, 이거 하면서 굉장히 기질이 강해져서 얘네 아빠도 많이 당혹스러워하지. 그래서 "바꿔라" 하니까 당황하죠. 그럴 수 없으니까 '그냥 참아야겠네'(웃음).(김아영, 13면)

김아영씨는 원래 성격이 부드러운 사람인데 투쟁하면서 강해졌다고 한다. 노조를 보면 무섭고, 아무것도 모르고 대체근무에 참여했을 정도니 그 변화는 실로 극적이다. 그는 '자신을 뽑은 회사'가 부당하게 자신의 권리를 빼앗은 데 대해 참을 수 없는 분노를 느꼈다. 그리고 권력을 가진 자들이 지배하는 세상이 자신의 존재 의미를 침해하는 데 단호히 저항하고 있다. 세상의 흐름에 따라 살기를 바라는 가족들은 점잖게 혹은 노골적으로 만류하지만, 그는 그럴수록 자신을 추스르기 위해 강하게 단련하고 있다. "이렇게 하는 게 불만이면 다른 사람으로 바꿔서 살아라"고 남편에게 말할 정도로 이 싸움에 인생을 걸고 있다.

나는 내가 못 바꾼다 지금. 내 상황을 바꿀 수 있는 상태가 아니고, 한 번 끝을 봐야 될 것 같다. 이거 끝을 정리하지 않고 하면 이거는 두고 두고 한쪽에 짐을 갖고 살 것 같아서, 불편한 마음을 갖고 살 것 같아서, 아주 그냥 피 터지면서 깨지고 작살이 나고 그렇게 되더라도 그다음에야 후회 없이 마음의 짐 없이 살 수 있을 것 같다. 그래서 나는 이거 정리를 못하니까 (웃음) 이렇게 안할 사람으로 새로 바꿔라. 능력되면 바꿔라. 이렇게 말했죠.(김아영, 13면)

김아영씨는 자신이 통제할 수 없는 상황 속에서 몹시 힘들지만 여기서 물러나면 존재 기반이 송두리째 흔들릴 것 같아 두렵다. 승리든 패배든, 어떤 파국이 오더라도 자신의 삶을 걸고 가야 할 길이라고 남편에게 말한다.[4]

무엇이 그를 이렇게 강한 인간으로 바꾸었을까? 아마도 가장 중요한 요인은 자신을 인정하지 않는 회사에 대한 분노일 것이다.[5] 이러한 그의 분노는 '언니들'과의 연대, 주부들의 지혜와 끈기로 유지되고 강화되는 것 같다. "세상이 내 뜻대로 되지 않는다는 것을 이미 몸으로 체험한" 30~40대 주부들이기 때문에 판단을 흐리지 않고 "이렇게 길게 올 수 있었다"고 한다(김아영, 15면). 세상이 만만치 않다는 것을 체험한 주부들이 자신들의 권리를 지키기 위해 노동조합에 가입하고 지속적으로 재정을 마련하면서 파업을 끌어올 수 있었다고 김아영씨는 평가한다.

이제 노조 파업 6개월, 너무 빡세게 왔어요. 한여름부터 12월까지 저는 이틀 연속 쉬는 것은 말할 것도 없고, 하루를 온전히 쉬어본 적이 없어요. 피곤하니까 먹고자고, 먹고자고 하면서 이게 악순환이 돼서 먹으면 그냥 자는 거예요. 너무 피곤하니까. 그래서 이게 악순환이 돼서 지금 거의 막 부어가지고 사람이. (…) 지금 10킬로 쪘어요. 네. 투쟁하면서 거의 10킬로 쪘고, 규칙적인 생활 안하고, 아무때나 먹고 아무때나 자고, 시간 나면 자고, 시간 나면 먹고 막 이렇게 되니까. 그래서 생활이 불규칙하니까 살이 찌고. 그다음에 밖에서 돌아다니니까 언제 먹을 수 있을지 모르니까 있을 때만 먹어두고 하다보니까.(김아영, 15면)

몸무게가 10킬로그램이나 늘고 몸이 부을 정도로 건강을 해치면서도 김아영씨는 회사, 국가 그리고 자신과의 싸움을 계속하고 있다. 이러한 어려움 속에서도 너무 힘들게 지내온 것을 반성하고 "봄에 나물도 뜯으러 가고, 나물 뜯어서 떡도 하고, 아 그렇게 해서 현장 조합원들도 나눠주고, 복귀한 사람들하고 계속 연결고리 갖고서, (…) 투쟁을 즐기면서 할 수 있는 그런 프로그램들을 마련"하고싶다고 말한다.

정규직, 비정규직

이랜드노조가 사회적 관심을 끈 중요한 이유는 비정규직과 정규직이 하나의 노조를 만들어 함께 투쟁해왔다는 점 때문이다. 노조위원장의 리더십뿐 아니라 조합원들의 지지와 신뢰가 있었기에 가능한 일이었다. 2006년초에 김경욱 위원장은 단체협상을 할 때 다른 조건을 모두 포기하더라도 비정규직이 18개월 이상 근무하면 고용을 보장해야 한다고 노조원들을 설득해 이를 관철시켰다. 당시만 해도 사람이 모자라서 비정규직을 해고하는 일이 거의 없었기 때문에 김아영씨를 비롯한 노조간부들은 이해할 수 없었다. 그러나 2007년

초가 되면서 회사는 계약기간이 지난 비정규직들을 내보내기 시작했다. 그전에는 비정규직과 정규직의 임금도 상여금 나오는 달에만 차이가 났을 뿐이어서, 조합원들도 비정규직의 노동권을 강조하는 위원장의 주장을 잘 이해하지 못했다고 한다.

확대간부회의에서도 비정규직 단협(단체협상) 때문에 어떤 조합간부랑 얘기하니까 위원장이 그때 그런 말을 한번 하더라고요. (…) "우리 직원 노조에 정규직이 50퍼센트고 비정규직이 40퍼센트다. 숫자는 정규직이 많다. 근데 여러분들, 여기 지금 간부들이 정규직이 많고, 비정규직은 한두 분밖에 없다." (…) 근데 자기가 위원장 안해도 좋고 그런 얘기를 하면서 멋지게 이야기를 하더라고요. 그래서 "이 자리에서 비정규직 투쟁을 안하실 분들은 저하고 일을 못합니다." 그렇게 얘길 했어요. 그래서 "나는 정규직이 날 배척하면 내가 비정규직 노조위원장이 돼서 싸우겠다. 정규직 다 필요 없다. 나는 당신들의 노조위원장이 아니다. 정규직하고 같이 노조활동 안하겠다." 그렇게 선언을 해버렸어요. 그렇게 강하게까지 얘기하면서 그런 거를 만들어간 거였어요.

그래서 "뭐 맘대로 해라 비정규직만 사람이냐, 우린 사람도 아니냐?"(웃음) 우리 노조에서는 정규직이 차별 받았어요, 위원장한테. 진짜 그랬어요. 그래서 만날 말끝마다 뭐 비정규직이고, 어떨 때 보면 이게 무슨 비정규직이 유세냐? (…) 정규직들이 무슨 잘못한 것도 없이 죄인 취급 받고 그런 일이 간부회의 때는 비일비재했어요, 사실.(김아영, 23면)

김아영씨는 지난 과거를 회상하며 비정규직의 노동권을 그렇게 강조한 위원장이 "앞을 내다보고" 자기주장을 굽히지 않은 덕에 비정규직 처지가 되어버린 자신들에게 그 혜택이 돌아오게 되었다고 말한다. 신자유주의 흐름 속에서 노동의 유연화라는 이름 아래 비정규직이 쏟아져나오고, 정규직 노조가 비정규직과 제대로 손잡지도 못하는 상황에서 이랜드노조의 연대는 매우 중요하다. 정규직이라도 언제든 비정규직이 될 수 있고 비정규직은 실업자나 영세 자영업자가 될 수도 있다. 자본주의시장이 씨스템의 효율을 추구할수록 약한 고리에 느슨하게 연결된 사람들은 내쫓길 위험에 처할 수밖에 없다. 이러한 악순환을 막기 위해 이랜드 노동자들은 약자들끼리의 연대를 강화해왔다.

여성노동자의 힘

재미있게도 김아영씨는 김경욱 위원장의 지도력과 통찰력을 존중하고 신뢰하면서도 그에 대한 비판을 게을리하지 않았다.

> 어쨌든 (김경욱 위원장은) 자기 원칙이나 소신이 분명하고 확고하기 때문에 조합원들도 믿음이 굉장해요. 위원장에 대한 신뢰나 믿음이. 저도 좀 있긴 있는데, 저는 좀 많이 싸우는 사람 중에 하난데, 많이 싸워요. 큰소리도 치고 전화로도 싸우는데, 싸우며 정든다고 하잖아요. 싸우며 틱틱거리기도 하는데 여성문제 가지고 좀 많이 대들죠. 남성 권위에 도전하는 말을 하고 마구 대들어서 여성국장이 됐어요.(김아영, 23면)

자신의 존재 조건을 넘어 자유부동(自由浮動)하는 지식인, 혹은 유기적 지식인으로서 보편적 정의를 실천하기란 매우 힘들다. 김아영씨는 여성노동자, 주부노동자로서 사용자와 싸울 뿐 아니라 위원장과도 싸우면서 더불어 정의와 평등을 일구고 있다.

흔히 여성들의 경우 공공활동을 할 기회가 부족해서 개인의 이해관계를 넘어 사회적 존재로서 능력을 발휘하기 어렵다는 통념이 있다. 그러나 이랜드일반노조의 사례를 보면 주부노동자들이 자식과 남편에 대한 사랑과 책임을 부담이자 자산으로 삼아 사회적 의식을 높이고 이를 실천하는 것을 발견할 수 있다. 조합원 정미화씨의 이야기를 들어보자.[6]

> 말이 길어지죠. 남편한테 미안하니까. 중학교 다니는 애는 공부방을 나가고 있고, 큰애는 자기가 안 다닌다고 했지만 사실 중요한 시기인데 학원을 못 보내고 있어요. 부모로서 해줘야 하는데 못해주니까, 그게 마음이 아파요. 시간이 갈수록 조급해지지요. 내년에 둘째가 고등학교 가는데 막 불안하죠. 그래도 내 자존심 때문에, 회사가 미운 탓도 있지만 우리 아이들 때문에 하는 것도 있어요. 아무래도 아이들 키우는 엄마다보니까. 돈이나 재산을 물려주지는 못하고 이 사회가 애들이 꿈을 많이 가질 수 있는 사회, 열심히 하면 내 꿈이 이뤄진다, 열심히 한 만큼 댓가를 받는다, 그런 거를 아이들한테 물려주고 싶은 마음도 있어요. (권성현 외 2008, 70면)

김아영씨는 자신의 자존심과 권리를 지키는 행위가 가족에게 미안한 일이지만, 길게 보아 정의와 희망이 실현되는 사회를 만들어 함께 잘사는 세상을 아이들에게 물려주는 일이라고 말한다. 주부노동자 개인의 분노와 자존심이 급진적으로 정치화하여, 학원을 보내주지도 재산을 물려주지도 못하지만, 아이들을 위해 좋은 사회를 물려주고 싶다는 공적인 책임의식과 희망으로 변했다.

약자들의 연대

이랜드노조는 2008년 11월 13일 이랜드 홈에버를 인수한 홈플러스 테스코 주식회사와 '노사 합의문 조인식'을 열어 파업을 끝냈다. 우리나라 역사상 가장 오랜 파업 기간(510일) 동안 파업에 참여한 600명 가운데 180명이 끝까지 파업을 지속했다. 조합원 수백명이 경찰에 연행되거나 고소·고발을 당했고, 250억원의 손해배상 소송을 당하기도 했다. 이런 어려움을 이겨내고 대부분의 노조원들이 복귀했지만 핵심 간부 열두명은 회사와의 합의에 따라 복직을 포기하기로 했다. 그렇지만 추가 외주화를 막고, 16개월 이상 근무한 비정규직은 계속 계약하도록 하는 성과를 얻었다. 비록 노조가 모든 요구조건을 따내지는 못했지만, 이들은 말로 다하기 힘든 몸과 마음의 상처를 안고 정규직과 비정규직이 함께 일할 권리, 인간의 권리를 얻는 데 성공했다(한겨레신문 2008.11.14). 파업이 끝난 후 김경욱 위원장은 한 신문과의 인터뷰에서 약자들의 연대가 사회정의는 물론 정규직의 생존을 위해서도 매우 중요하다고 말했다.

모든 싸움에서 정규직 노조가 패배할 수밖에 없는 것은 그들의 업무를 대체할 비정규직이 있기 때문이에요. 비정규직과 연대하지 않으면 안됩니다. "정규직이 임금 양보해서 비정규직에게 주는 것은 옳지 않다"고 말하는 분도 있는데, 저는 정규직이 자기 임금 동결해서라도 비

정규직에게 나눠줬으면 좋겠어요. (경향닷컴 2008.11.23)

우리는 김아영씨의 이야기를 들으면서 차별에 저항하면서 자신들의 존엄성과 권리를 지킨 주부들의 힘을 보았다. 비정규직노동자-여성-주부로 이어지는 약자들의 고리에 연결된 김아영씨는 분노와 연대의 힘으로 이 약한 고리를 튼튼하게 하는 데 성공했다.[7] 이 일을 위해 몸과 마음의 건강, 가족의 희생, 경제적 어려움 등 말 못할 고통을 겪어야만 했다. 그 고통을 보면서 우리는 사람이 사람답게 사는 세상을 만들기 위해서는 서로 도우며 불의에 저항해야 한다는 것을 배운다.

차별과 폭력, 평등과 평화

박신연숙씨, 장윤수씨, 김아영씨의 이야기를 들으며 우리는 차별과 폭력이 우리 모두의 삶을 얼마나 황폐하게 만드는가를 확인했다. 남편에게 맞고 심지어 죽임을 당하는 여성, 피부색과 국적이 다르다는 이유로 때로는 노예처럼 살아가야 하는 이주노동자, 주부사원으로서 비정규직으로서 차별 받는 노동자들은 서로 다른 조건에 놓여 있는 것처럼 보이지만, 사실은 구조적 차별과 폭력의 희생자라는 점에서는 다를 게 없다. 거창하게 이야기하면 '남성(혹은 남성성)=민족=국가=자본'이라는 지배구조 속에서 자신의 생존과 존엄성을 지키며 살아가느라 애쓰는 사람들이다. 이러한 지배구조 아래에서 어떤 이들은 이데올로기에 파묻혀 행복하게 살아가고 또 어떤 이들은 체념하거나 미쳐버리거나 그도저도 아니면 죽음을 향한 욕망에 몸을 맡긴다.

그런데 우리가 만난 세 사람은 이렇게 고통 받는 사람들, 그리고 자기 자신을 도우면서 삶의 의미를 찾고 있다. 이들에게 '권리'는 법이나 책 속에 갇혀 있는 게 아니라 구체적으로 실현되어야 할 정의이다. 여성-이주노동자-비정규직/정규직 노동자-주부는 존재 기반은 다르지만 인간으로서 존엄하게 살아갈 권리가 있다는 점에서는 똑같다. 이들의 삶 속에서 차별과 폭력을 넘어 평등과 평화를 이루어갈 힘을 찾을 수 있을 것이다.

우리시대 희망찾기

제2부

불안한 사회에서 새로운 세상 만들기

06장
욕망과 불안을 넘어선 행복

세상에는 숱한 어려움이 있지만 그래도 사람들은 이런저런 일상의 즐거움을 누리면서 살아간다. 우리가 만난 사람들은 무슨 일로 힘들어하고 기뻐할까? 이들은 어떤 활동을 하면서 자신의 행복을 찾아가고 있을까?

돈과 명예

돈 많이 벌면 행복할까

요즘 세상은 돈이 최고다. 돈 없는 사람은 무시 당하고 불안해할 뿐더러 돈있는 사람의 노예가 된다. 돈은 전지전능한 신이 되었다. 하지만 세상에는 돈이 다가 아니고, 돈 말고도 소중한 것이 많다고 말하는 이들도 있다. 과연 그런가? 한살림의 김민경씨는 돈에 대한 가족간의 대화를 들려준다.

제 마음속으로는, 우리 아이들이 가치있는 일을 했으면 좋겠어요. 그럼 돈은 얼마나 있으면 좋을까 생각할 때 (…) 상대적인데 저는 돈에 대해 걱정하지 않고 살고 있거든요. 남편이 교육공무원이기 때문에 '나중에 연금 나오면 연금 가지고 덜 쓰고 살면 되지'라고 생각해요. 내가 이 말을 하면 아이들은 "나는 돈을 많이 벌고 싶다. 지금부터 그런 얘기하지 마라"고 해요. 남편은 성공하는 자식이 되기를 바라는데 저는 그 말에 반대는 못하겠고 나중에 살그머니 애한테 그 얘기를 해요. "니가 행복했으면 좋겠다. 나중에 돈이 많아서 행복해지지는 않을 것 같다. 니 맘이 행복한 쪽으로, 그것을 늘 잊지 마." 그러면 아이는 "나는 돈 많이 벌고 싶으니까 그 얘기 하지 마라"고 얘기해요. 그래, 내가 강요하는 건 아닌데 나중에 니가 돈 많이 벌어서 행복하지 않다는 것을 느끼게 될 것 같다. 그때 이거를 생각해줬으면 좋겠다. 만약 니가 돈 많이 벌지 못했을 때 이것이 내 불행이라고 하지 않았으면 좋겠다. 니가 행복한 쪽으로 찾아갔으면 좋겠다.(김민경, 6면)

김민경씨는 그리 넉넉지는 않지만 돈 걱정 하지 않고 미래에도 '좀 덜 쓰고' 살 생각으로 별 걱정 없이 잘살고 있다. 성공이 돈으로 평가되는 시대에 돈=성공=행복이라는 등식을 거부하고 가치있는 일을 하는 것이 행복이라고 생각하며 산다. 김민경씨는 돈이 지배하는 세계가 아닌 다른 영역에서 찾을 수 있는 행복을 자식이 느끼지 못할까 염려하여 자식에게 돈과 행복이 항상 같이 가는 것은 아니라고 '살그머니' 이야기한다. 생활의 기본적인 필요를 충족하는 데 화폐를 매개로 한 시장씨스템이 중요하다는 것을 인정하지만, 행복을 선사하는 가치있는 일은 그 밖에 있다고 생각한다. 김민경씨는 그것을 유기농산물을 생산하는 농부들, 배달하는 청년들, 그리고 협동조합을 이끄는 주부들과 함께 하는 생활 속에서 찾는다. 한겨레신문의 권복기 기자는 돈을 벌어서 함께 나누는 데서 행복을 느끼는 사람들이 늘어나고 있다고 말한다.

> 80년대와 지금을 비교하면 사람들 의식수준을 놓고 볼 때 저는 이렇다고 봅니다. '사람들의 욕망의 양이라는 것이 훨씬 커졌다. 하지만 이게 다가 아니라고 생각하는 사람의 숫자는 이보다 훨씬 빠르게 늘어났다.' 그러니까 우리 80년대에는 예를 들면 법정 스님한테 2000억짜리 길상사를 주고 자기가 평생 요정에서 기생으로, 요정 주인으로 돈을 번 것을 또다른 가치, 숭고한 가치를 위해 무소유를 주장하는 법정 스님한테 던져주고 죽은 사람이 있었는데 이게 80년대 후반이었을 거라는 말입니다. 지금은 그런 사람들이 가능하고 (…) 일반 사람들이 기부하는 것이 점점 늘어나니까, 부와 권력과 명예라는 가치에 대해 다시 생각하는, '부라는 게 행복을 주지 못하는구나'라고 생각하는 사람도 많이 늘었다고 봅니다. (권복기, 14면)

권복기씨는 2000억을 기부한 사람 이야기를 하면서 부=권력=명예라는 패러다임과 무소유라는 패러다임을 대비시킨다. 그는 나눔과 비움의 의미를 깨달은 후에 오는 '무소유'는 숭고한 가치인 반면, 부가 행복을 가져다줄 거라는 맹목적인 믿음은 허황된 거라고 보는 것 같다. 두 가치의 싸움에서 숭고한 가치 쪽이 결국 이길 수밖에 없다고 생각한다. 왜냐하면 기부하는 사람들은 참된 행복을 느끼고, '돈이 별 게 아니구나. 나한테 진정으로 행복을 주는 게 아니구나'라는 것을 깨닫기 때문이다. 그는 놓아두면 썩는 씨앗과 달리 돈이 썩지는 않지만, 행복을 위해서는 그리 많은 돈이 필요하지 않다는 것을 알고 나누며 사는 사람이 점차 늘어날 거라고 본다. 아니 오히려 부를 나눌 때 참된 행복을 느끼는 사람이 늘어나고 있다고 말한다.

그러나 권복기씨의 낙관적인 전망과 달리 우리사회에서 돈의 위력은 점점 커지고 돈의 노예가 되는 사람은 더 늘어나는 듯하다. 김민경씨는 가족과 함께 대화를 나눈 후 자식에게 살그머니 '진정한 행복'에 대해 이야기해주어야 했다. 그만큼 돈의 힘이 시장씨스템뿐 아니라 우리 삶을 지배하고 있다.

이런 세상을 어떻게 바꿀 것인가? 구술자들 가운데는 애자일 컨썰팅의 김창준씨처럼 화폐를 매개로 한 교환시장에서 변화를 일으켜야 한다는 사람도 있고, 연두농장의 변현단씨처럼 시장 밖에서 공동체를 만들어야 한다는 사람도 있다. 많은 사람들은 그 양 극단 사이 어딘가에서 시장과 관계를 맺는다. 사는 데 돈은 필요한 재화이지만, 결단코 그것으로 행복을 살 수는 없다. 우리가 만난 많은 사람들은 돈보다 더 소중한 것들을 붙들고 때로 괴로워하고 때로 즐기며 살아간다.

하기는 내가 했는데 영광은……
앞에서 본 아낙과사람들의 윤수정씨는 빈곤여성 가장들을 도와

쿠키 굽는 일을 하다가 사회적기업까지 만들었다. 그러나 그와 빈곤여성들 사이에 사랑과 신뢰는 그다지 쌓이지 않았고 불신과 갈등만 커져갔다. 가난한 사람들은 받을 줄만 알고 베풀 줄은 모른다는 생각이 들기 시작하면서, 자부심도 사라지고 긍정적 자의식도 약해졌다.

> 우리도 자부심을 갖고 해야 되지 않겠는가? 시간에 열정에 돈까지 낸 우리는 뭐냐? 우리는 뭐냐? 도대체 우리는 뭐냐?(윤수정, 11면)

윤수정씨는 과자를 굽는 여성들과의 신뢰가 약해지자, 새로운 의미와 보람을 찾기 위해 유기농 재료로 쿠키를 굽는 사업으로 전환했다. 이 유기농 쿠키를 소아암과 희귀 난치병을 앓는 아이들에게 가져다주기도 했다.

> 이 친구들이 빵도 먹고 싶고, 케이크 과자도 먹고 싶을 거 아녜요. 그 애들은 색소 첨가된 시중 음식 먹으면 안돼요. 저희 것 외에는 없어요. 근데 다른 데는 우리밀로 (만든 것이) 비싸니까 못하잖아요. 제가 해다 주면 아이들이 주사 맞기를 싫어하는데 간호사들이 쿠키를 감춰 놓았다가 주사 맞으면 쿠키 준다고 아이를 달래고 그런대요. (…) 곰돌이 쿠키를 안고 죽은 아이가 있어 아이 장례식 때 부르더라고요. 거기 갔는데 너무 슬펐어요. 그러면서도 보람이 있었어요.(윤수정, 13면)

윤수정씨는 암에 걸린 아이들에게 유기농 쿠키를 구워주면서 큰 슬픔과 함께 보람을 느꼈다. 그렇지만 애쓰는 사람은 자신인데 정당하게 인정받지 못해 불만이었다.

제가 했는데 나는 아낙과사람들에 소속돼 있는 상임이사잖아요. 하기는 제가 했는데 영광은 아낙과사람들에게 가지요.(윤수정, 14면)

공적으로 살아간다는 것은 공동체를 위해 내 자원을 내놓고 더불어 나눈다는 것을 의미한다. 개인이든 공동체든, 공동생활을 통해 생활과 자원을 공유할 때, 이를 사적으로 전유하는 것보다 더 많은 행복을 오랫동안 누릴 수 있다. 이러한 사실이 사회적으로 학습되고 실천될 때, 다양한 형태의 공동체가 발전할 수 있다. 그러나 많은 사람들은 이러한 사실을 잊고 단기적·사적 이익에 집착하기 때문에 공유재의 사유화, 권력남용, 부패 같은 문제가 생긴다. 사회는 자신의 자원을 희생한 사람에게 존경과 인정, 혹은 돈으로 보상함으로써 이러한 행위가 지속되도록 격려한다. 그런데 문제는 이러한 보상씨스템이 느리거나, 잘 보이지 않거나, 때로는 제대로 기능하지 않는다는 것이다. 윤수정씨는 자신이 공적으로 올바른 일을 했지만, 경제적으로나 사회적으로 노력에 대한 보상과 평가가 제대로 이루어지지 않았다고 느낀다. 이러한 불만은 공동체운동이나 사회운동 혹은 다른 공적인 활동을 하는 많은 사람들이 부딪히기 쉬운 걸림돌이다. 자신의 몸과 마음을 모두 내놓고, 사회적 평가와 명예욕까지 모두 내려놓는 일은, 영성을 깊이 수련하지 않는 한 매우 어려운 일임에 틀림없다.

나의 변화, 나의 성장: 자기를 사랑하는 인간

공부의 즐거움

　많은 사람들은 일의 성취에서 기쁨을 느낄 뿐 아니라, 일을 통해 내적으로 성장함으로써 커다란 만족을 얻는다. 공부하면서, 걸으면서, 생각하면서, 동료들과 이야기하면서 이들은 자신의 변화를 확인하며 스스로 대견스러워한다. 민들레의 김경옥씨는 생각과 삶을 일치시키려는 자신을 "기특"하게 바라본다.

　보람이 있는 날도 있고, 없는 날도 있기는 했지만, 자괴감을 느껴본 적은 없어요. 그러니까 '내가 생각하는 거랑, 내가 사는 거랑 하나구나!' 하는 거를 그리고 '내가 생각하는 거에 좀 미치지 못하지만, 내가 부족한 인간이라 미치지는 못하지만, 그러려고 애쓰고 있구나!' 그래서 되게 기특한 것 있잖아요? 그거는 분명히 있는 것 같아요. 여기서 일하면서.(김경옥, 9면)

　전교조 사태 때, 뜻을 굽혀 해직 당하지 않고 학교에 남았을 때의 자괴감을 지금의 김경옥씨에게서는 찾아볼 수 없다. 그는 생각하는 것과 사는 것을 일치시켜가는 자기 모습을 대견하게 바라본다. 김경옥씨에게 돈을 더 많이 벌려고 하는 경쟁시대에 욕망의 문제를 어떻게 해결하는지 물어보았다. 김경옥씨는 여러 즐거움 중에서도, '공부'하는 즐거움이 가장 크다고 말한다.

> 저같은 경우만 해도 언제 제일 기쁘냐. 내가 스스로 고양되는 느낌이 드는 거는 공부를 할 때라는 생각을 좀 하거든요. 이제 공부는 잘 안 하지만, 뭔가 이렇게 깨달았다는 느낌이 들 때, 각성하는 내가 튕기는 느낌이 들 때 그때 제일 기쁘거든요.(김경옥, 19면)

토머스 모어는 『유토피아』에서 유토피아 사람들은 화려한 옷을 입은 사람은 아주 우습게 보지만 책을 읽고 교양을 쌓는 일에는 모두 열심이라고 말한다. 김경옥씨의 이야기를 들으면 아침에 도(道)를 들으면 저녁에 죽어도 좋다는 공자의 말씀이 그저 옛 이야기만은 아닌 것 같다.

나의 고통, 나의 성장
여성의전화 박신연숙씨는 자신이 하고싶은 일을 하는 데서 행복을 느낀다. 그는 이곳에서 성장을 경험할 수 있었다.

> 기쁜 거는 제가 살고자 하는 삶을 살고 있기 때문에, 어떠한 힘든 일이 있어도 그거를 다 이렇게 배운다는 생각으로.(웃음) 그리고 저는 여성의전화에서 상근활동을 하면서 저 자신이 상당히 역량이 강화됐어요. 리더십도 많이 높아지고 제 자신이 많이 성장하고.(박신연숙, 9면)

박신연숙씨는 전에는 어렴풋이 느끼던 차별과 폭력의 사회적 구조를 이해하게 되었다. 여성들과 치유하는 경험을 나누면서 내면의 성장을 얻었다. 그러나 오랜 조직생활 속에서 소진되는 고통도 경험했다.

제가 작년(2007년) 10월, 11월, 12월에 굉장히 약간 암흑기를 지냈어요. 좀 힘들었거든요. (…) 내가 여성의전화 10년 넘게 일했는데. 이 일을 여성의전화에서 계속할 것인가. (…) 참 저한테 깊이 고민하게 만들더라고요. (…) 그러면서 저한테 가장 큰 힘을 주는 건 제 자신인 것 같아요. 저 자신의 내면과 만나는 거. 결국 나의 철학이나 신념은 나 자신에게서 나오는 거기 때문에. 그게 기본이죠. 저는 그냥 걷는 거나, 농사짓고 땅을 만지고 흙을 만지고 이런 게 좋고, 그때가 저를 만나는 시간인 것 같아요. 혼자 할 때도 있지만 누구랑 같이 가도, 꼭 혼자 하지 않아도. 그렇게 나를 만나는 시간인 것 같고.(박신연숙, 31면)

구체적인 이유는 밝히지 않았지만, 박신연숙씨는 지역에서 조직 활동을 하던 2007년 겨울에 꽤나 어려운 시기를 보냈다. 당시에는 그냥 걷고 농사짓고 흙을 만지고 자기 자신을 만나며 어려움을 헤쳐 갔다. 그전에도 이런 어려움을 겪은 적이 있었다. 상근 9년차, 즉 2004년경에 그는 안식년을 보냈다. 그런데 막상 안식년이 되고 보니 "일하면서 만난 이들 중에 친구로 다시 만나고 싶은 사람이 그렇게 많지 않았다." 그냥 쉬고만 싶었다. 그때 겪은 어려움에 비할 만한 고통이 2007년에 다시 찾아왔다. 그런데 2007년 겨울은 이전과는 달랐다.

지난 3개월(2007년 겨울)은 오히려 사람들과의 만남 속에서 더 많은 고비들을 넘겼어요. 제가 고민하고 있는 그런 고비들을 넘기고. (…) 그래서 함께 일하는 사람들 또 제가 만나는 지역 여성들 이런 분들과 더 많이 터놓고 이야기하게 됐고, 더 속얘기를 하게 됐죠. 그렇게 되더라고요. 지난 3개월을 그때(2004년)와 비교했을 때, 그때는 내가 혼자 해결할 수 있는 척하면서 뭐랄까, 잘 나누지 않고 (웃음) 어느새 그렇게 됐었어요.

제가 지난겨울엔 그렇게 느꼈어요. 한없는 좌절감도 느꼈지만, 어느새 이렇게 그 좌절을 딛고 정상을 찾았을 때 마음의 평정을 찾았을 때 보니까, 그 과정에는 저와 함께하는 그런 회원들과 활동가들 또 상근자들, 이런 사람들이 저의 힘의 원천이었더라고요. 아, 정말 사람 관계가 중요하다, 그런 걸 느꼈고요.(박신연숙, 32면)

2004년에 박신연숙씨는 부안의 이현민씨가 느낀 것과 비슷한 고독과 외로움을 경험한 것 같다. 그러나 2007년에는 "한없는 좌절감"을 느꼈지만, 사람들의 도움으로 극복할 수 있었다고 스스로 평가한다. 폭력 피해로 몸과 마음에 깊은 외상을 입은 여성들을 도우면서 자신의 힘도 완전히 소진되었지만, 내면을 바라보는 시간을 보내고 자매들의 도움을 받아 마음의 평정을 되찾았다. 그는 마을사람들과 속얘기를 할 수 있게 된 자신을 대견스러워한다. 마을에서 여성들과 함께 대화하며 소통하는 힘을 얻은 그는 혼자 담을 쌓았던 2004년과는 다른 자신을 발견하게 되었다.

주는 기쁨, 받는 즐거움: 호혜적 인간

우리는 대개 내것을 늘리느라고 바쁘다. 내 돈, 내 집, 내 차, 내 명예, 모두 내것을 더 얻으려고 애쓴다. 어떤 이는 좀더 많이 누리려고, 또 어떤 이는 늙어서 힘들까봐 불안해서 그런다. 그런데 우리가 만나본 사람들은 사랑과 돌봄, 물질을 나누면서 행복감을 느낀다.

돌봄의 즐거움, 몰입의 즐거움

사람들이 이기적인 욕망을 충족함으로써 행복을 느낀다고 우리는 보통 생각한다. 그러나 남을 돌보는 일이 즐겁고 그 일을 통해 자신이 확장된다고 느끼는 사람들도 많다. 신승미씨는 하자센터와 노리단 일을 하면서 자신이 "넓어지는" 체험을 하게 되었다고 말한다.

『백년의 고독』에 보면 마콘도의 우르술라라는 대모가 있잖아요. 그런 사람처럼, 수많은 자손들을 다 완벽하게 잘한다는 뜻은 아니지만, 그 많은 사람들을 봐주고 돌보잖아요.[1] 돌본다는 것에는 일을 같이 한다는 뜻도 있겠죠. 그렇게 한다는 것이 저에게 도전이기도 했고, 참 그게 인생에서 좋은 경험, 좋은 성장이 되었던 것 같아요. 사람을 넓어지게 하거든요. 그러니까 부대껴서 계속 물리적으로든 아니면 내면적으로든 계속 넓어지게 만들어주는 것 같아요. 이전에는 뭔가 우리사회는 좀더 분절적이고 단절된 곳으로 계속 매진하기를 원했다면, 하자(센터)에 와서 그 하나의 장벽을 깨고, 노리단에 와서 사무장을 하면서 좀더 넓어져서 계속 저의 영역들이 팽창하는 거죠. 그런 경험이 저에겐 꽤 좋았던 것 같아요. (신승미, 10면)

신승미씨는 사람들과 함께 일하고 이들을 돌보면서 내면의 확장을 경험했다. 해외 공연에서 기립박수를 받을 때도 행복하지만 아홉

살 난 단원의 손을 잡고 떡볶이 사먹고 잡담하며 놀 때도 행복을 느낀다. 그렇지만 그가 행복에 집착하는 것은 아닌 것 같다.

> 행복만 100퍼센트 있다고 행복해진다고 생각 안해요. 그 안에는 좌절도 있어야 할 거고, 실패도 있어야 될 거고, 어려움도 있어야 될 거고, 고통도 있어야 될 거고, 그 수많은 것들이 결론적으로 행복감을 주는 것이지, 100퍼센트 행복감만으로 행복이 온다고 생각은 안해요. 오히려 그렇다면 불행해지겠죠. 우울증이 온다거나. 또다른 만족을 구하고, 욕망이 더 많이 생기겠죠. 근데 행복은 그런 데서 온다고 생각하지 않고요. 자기가 가치있다고 생각하는 어떤 것에 몰입하는 즐거움, 몰입하면서 겪게 되는 좌절, 고통, 수많은 것들, 성취감, 그런 것들이 총체적으로 행복감을 준다고 생각해요.(신승미, 13면)

스스로 자신의 삶을 기획하고 거기에 몰입할 때 생기는 좌절과 고통, 그리고 성취감이 어울려 행복감으로 승화된다. 함께 이룬 행복 에너지는 다른 사람들에게 전파되고 삶의 새로운 에너지로 전화하여 널리 확산된다.

김경옥씨, 박신연숙씨, 신승미씨는 모두 사람들과의 관계 속에서 성장을 경험했다고 말한다. 대상은 다르지만 이들은 모두 다른 사람을 돌보면서 행복을 얻었다. 사랑을 주는 즐거움을 몸으로 깨달아 안다. 윤수정씨는 이런 사랑의 순환을 경험하지 못한 것으로 보인다. 돌봄과 사랑이 화폐의 매개 없이도 자연스럽게 오갈 때 사람의 자아는 성장하고 행복은 커진다.

안철환씨는 농부들은 자연에서 얻은 씨앗을 남에게 거저 주면서

"주는 기쁨"을 누린다고 말한다. 토종 씨앗을 채종하고 또 얻으러 다니느라 안철환씨는 바쁘다. 귀한 토종 씨앗을 선선히 나누어주느냐고 물었더니 그렇다고 대답한다.

> 개중에 꼬불치는 사람도 있는데 그런 사람은 드물어요. 대부분 줘요. 농사짓는 사람들이 마음이 좋은 게, 예를 들어 씨라는 게 벼 한 알 심으면 한 1000알이 나오잖아요. 한 알 심으면 한 포기에 한 이삭에 200개 달리니까 최소한 열개, 스무개 달리니까 1000개가 넘지요. 그러니까 인심이 좋을 수밖에 없지요. 많이 나니까.(웃음) 근데 동물 키우는 사람들은 짜요. 왜냐하면 새끼 몇마리 안 낳는데 막 줄 수 있겠어요? 근데 농사짓는 사람들은 많이 나니까, 기본적으로 농사꾼들이 농부들이 마음이 좋은 거죠. 그리고 또 이 농사라는 게 항상 상(上)품만 있는 게 아니라, B품도 있고, C품도 있고 그러니까 자기가 다 못 먹거든요. 그러니까 남한테 줘야 돼요. 그러지 않으면 버리니까. 그러니까 농부들에겐 주는 마음이 기본으로 깔려 있는 것 같아요. 저도 농사지으면서 주는 기쁨이 있어요. 주는 기쁨. 내가 갖고 있으면 썩는데.(웃음) 씨도 마찬가지야. 달라 그러면 줘요.(안철환, 7면)

칼 폴라니(Karl Polanyi)에 의하면, 전통적 공동체에서는, 공동체 안에서 호혜관계를 통해 자원을 나누고, 시장에서의 교환은 보조적으로 이루어진다. 그러한 호혜적인 교환관계가 지배적인 사회에서 사람들은 "주는 기쁨"을 누린다. 그것이 씨앗이든 사랑이든 돈이든, 자원을 거저 주면서 즐거움을 누리는 것이다.

부산 물만골에서 의사로 일하는 오지훈씨는 매우 행복하다고 말한다. 첫째로는 이웃간에 오며 가며 싸우기도 하고 삐지기도 하면서 살아가는 마을이라 사람 냄새가 나서 좋고, 둘째로 공기가 좋고 자연이 좋아서 고향 같은 곳이라서 행복하단다.

세번째는 할일이 많잖아요. 아직 물만골은 할일이 너무 많아요. 쓰레기도 청소해야 될 것 같고, 환경도 개선해야 될 것 같고, 또 주민들의 의견을 좀 모아내야 될 것 같고, 또 먹고살기 힘들잖아요. 이런 자잘하고 쓸데없는 일이 많습니다. 그러니까 어려운 일이 많아요. 누가 다쳤다더라, 누가 입원했다더라, 아픈 사람이 많아요. 그런 사람들에게 누군가를 소개해주고, 도와줘야 되고, 의료원 입원도 시켜줘야 되고, 때로는 원무적인 처리도 해줘야 되고, 이런 할 일이 많아서 약방에 감초가 되어야 된다고 생각해요. 그래서 약방의 감초로서는 인기 1위 아닙니까? 그러니까 나를 부려먹을 수 있고, 내가 많이 부림을 당할 수 있기 때문에 참 좋다고 생각해요. 인생을 살면서 제일 좋은 거는 내가 남한테 뭔가 해줄 수 있다는 거, 나를 원하는 데가 있다는 거, 내가 누군가와 함께할 수 있다는 거만큼 더 좋은 경험은 없다고 생각해요. 그래서 첫 번째로 내가 행복하다고 생각하는 게, 내가 많이 갖고 있어요, 물만골에서. 내가 살고 있는 그 물만골에 어느 집이든지 내가 들어갈 수 있다는 것, 그게 제일 부자예요. 내가 많이 갖고 있구나, 많은 사람을 알고 있고, 많은 사람과 관계가 있다는 것, 물만골에서. 두 번째는 많은 사람들과 대화를 나눌 줄 알고, 서로.(오지훈, 11면)

오지훈씨는 남한테 무언가를 해줄 수 있는 게 인생에서 제일 즐거운 일이라고 말한다. 어느 집이든 들어갈 수 있고, 누구와도 이야기를 나눌 수 있어서 자신이 제일 부자라고 한다. 마을사람들을 도울 수 있고 그들의 신뢰를 받으니 오지훈씨는 큰 자산을 갖고 있음에 틀림없다.

부산 반송의 박서희씨는 아이를 키우고, 경제적인 문제를 해결하는 것이 고민되고, 친구들을 만나서 "차를 샀다. 애들이 뭘 한다" 이런 이야기를 들으면 마음이 흔들린다고 한다. 그러나 자신이 지역에서 하는 일이 그런 일보다 더 크고 중요하다고 생각한다. 그는 동네 사람들이 '희망세상에서 하는 일은 옳다'고 인정해줄 때 보람을 느끼고, 사람들을 만나서 함께 무언가를 하는 데서 즐거움을 찾는다.

저는 제일 행복한 게 그거예요. 길 가다가 사람들 만나서 인사하는 거요.(박서희, 19면)

우리가 만난 사람들은 그들이 도운 사람들의 표정이 바뀌고, 삶이 바뀌는 것을 보면 행복해진다고 말한다. 시흥 연두농장의 변현단씨는 왕따 당하던 사람이 창의적으로 변한 모습을 보면서 보람을 느낀다. 애자일 컨썰팅의 김창준씨는 컨썰팅을 해준 고객이 "덕분에 제 삶이 바뀌었습니다"라고 말할 때, 고객 회사의 직원들 표정이 바뀔 때, 제일 좋다고 말한다.

이런 이야기를 듣다보면 시장에서 교환할 수 있는 자원은 매우 한정되어 있다는 느낌을 지울 수 없다. 나의 행복과 즐거움을 이웃에게 나누어줄 때 가장 큰 기쁨을 느낀다는 사람들이 많다. 공짜 선물은 신이나 자연에게서만 받는 게 아니다. 우리가 이웃에게 나누어줄 수도 있고 받을 수도 있는 것이다. 이런 돌봄, 사랑, 인정의 순환을 만드는 사회가 건강하고 행복한 사회이다.

농사의 즐거움: 생태적 인간

우리사회에는 자연과 교감하면서 자신의 변화를 느끼는 사람이 점점 늘어가고 있다. 안철환씨는 농사짓는 일이 너무나 재미있다고 말한다. 뭐가 그리 재미있느냐고 묻자, 신이 나서 농사의 즐거움을 설파하기 시작했다.

> 저는 크게 세가지를 꼽는데, 다 재미있지만 그러면 끝이 없고, 크게 세가지를 꼽아요. 거름 만드는 것. 자기 똥오줌으로 거름 만들어가지고, 더러운 것이 나중에는 먹어도 될 정도로 풋풋한 흙으로 변할 때 저는 그걸 마법이라고 표현을 하는데 매직(magic)이다.(웃음)
> 그다음에 씨를 심어서 싹이 터질 때, 이게 가슴 두근두근하고 조마조마하게 만들어요. 과연 싹이 터질까? 나는 초보자라 나만 그런 줄 알았더니 우리 어르신도 평생 농사 지으셨지만 싹이 터질 때 참 그 기쁨이 크다고. (…) 3년, 5년 되니까 흙이 살아나는데, 아 그 느낌이 참 좋아요. 흙에 지렁이는 기본이고 땅강아지, 뱀, 두꺼비, 청개구리, 지금 멸종 위기종이라는 청개구리, 금개구리도 나오고 계곡에는 반딧불이도 나오죠. 올라오다 오늘 아침에 봤는데 수리부엉이, 수리부엉이는 이따만 한 게 날개 펴고 선회를 하는데 매도 있고 딱따구리도 있고, 얼마전에 족제비가 계단에 왔다 갔다 하더라고요. 여기에 소문 듣고 오는 거지. 여기는 깨끗하고 먹을 것 많다더라.(큰 웃음) 그래 흙이

살아나고 이러니까.

　그다음에는 채종. 요새 우리가 토종 보급 사업을 하는데 토종이 급격히 사라지고 있잖아요. 결국은 지구가 멸종한다면 종의 멸종인데, 지금 그 방향으로 가고 있어요. 사실은 종의 멸종 방향으로. 종이 단순해지고, 토종이라면 토종의 특징은 종의 다양성이거든요. 무진장 많으니까 가짓수가.(안철환, 4면)

아는 선배가 농사를 짓는다고 해서 도와주겠다고 시작한 일이 그의 본업이 되어버렸다. 그는 배추 싹이 돋아나는 모습을 보고 너무 좋아서 도시 농부가 됐다. 그리하여 농사짓는 즐거움을 도시 사람들에게 나누어주며 새로운 즐거움을 느낀다.

우리는 농작물이 공장에서 나오거나 슈퍼마켓에서 만들어지는 것으로 착각하기 십상인 시대에 산다. 이 시대에 안철환씨는 인간이 자연과 상호작용함으로써 생겨난 놀라운 변화를 보여준다. 산업혁명 이후 자연을 지배하고 약탈하는 데 성공한 인류에게 사회적 관계뿐 아니라 자연과의 관계 회복은 피할 수 없는 과제이자 즐거움이다.

세가지 행복: 자기애, 호혜, 생태

우리가 만난 이들은 유별난 사람들인가, 아니면 그냥 동네에서 볼 수 있는 보통사람들인가? 그들은 우리와 동시대에, 비슷한 고통과 행복을 느끼며 살아간다는 점에서 그리 특별한 사람들은 아니다.

그러나 지배적인 사회체계가 자신들에게 요구하는 틀을 거부하고 다른 방법으로 변화시키려 한다는 점에서 좀 특별하다. 이들이 어떤 점에서 특별한지 살펴보자.

첫째로, 이들은 '나'의 행복, '나'의 존재를 매우 사랑한다. 민들레 출판사의 김경옥씨는 생각과 삶을 일치시키려고 노력하는 자신을 보면서 행복을 느낀다. 노리단의 신승미씨와 애자일 컨썰팅의 김창준씨는 몰입의 즐거움을 말한다. 하고싶은 일을 할 때 즐거울 뿐 아니라 성과도 높다고 한다. 특히 김창준씨는 몰입해서 짧은 시간에 생산적으로 일하고 나머지 시간에 여유를 즐기는 것을 바람직한 삶으로 본다. 이들은 모두 지배적인 사회구조가 요구하는 틀에 박힌 삶이 아니라 뭔가 다른 삶, 자신이 원하는 삶을 살아가면서 행복을 느낀다. 여기에서 우리는 지배적인 사회구조 속에서 살아가면서도 그것을 벗어나 자신의 정체성을 새롭게 만들어가는 자기애적(自己愛的) 인간을 발견할 수 있다. 이들은 타자 지향형 인간이 아니라 차이를 즐기고 확장하는 사람들이다.

둘째로, 우리가 만난 사람들은 서로 돕는 데서 즐거움을 찾는다. 서로 이익을 따져서 거래하는 것이 아니라 많이 주고 덜 받아도, 즉 부등가교환을 하고, 아무 댓가 없이 주기만 하면서도 그 행위 자체를 즐기는 사람들이다. 여성의전화 박신연숙씨는 여성의 정체성을 깨달은 후 자신과 같은 고통을 느끼는 여성들을 도우면서 치유를 경험했다. 노리단의 신승미씨는 단원들을 돌보는 데서 행복감을 느꼈다. 물만골의 오지훈씨는 밥 먹으라고 하는 이웃 사람들한테 반해서 마을생활을 즐기고, 반송의 박서희씨는 길 가다가 사람들 만나서 인사하는 것이 제일 행복하다고 한다. 성미산 마을의 박미현씨나 한살림의 김민경씨는 마을이나 협동조합 사람들과 함께 일하면서 새로운 일들을 꾸미는 데서 즐거움을 찾고 있다.

이들이 행복해하는 모습을 보면, 좁은 의미의 경제적 이익을 바탕으로 사람들의 행위를 설명하는 경제학적 인간관에 얼마나 큰 한계가 있는지 확인할 수 있다. 우리가 만난 사람들은 매일 얼굴을 마주치는 이웃들과 더불어 돌봄과 나눔의 즐거움과 행복을 누리고 있었다. 여기에서 우리는 '호혜적 인간'의 모습을 발견한다.

셋째로, 이들은 자연과의 교감 속에서 행복을 느낀다. 안철환씨는 농사짓는 즐거움에 빠져 있다. 거름 만들고, 싹트는 것을 보고, 씨앗을 모으는 재미가 너무나 크다고 말했다. 오랜 조직생활로 뭔지 모르게 억눌려 있던 변현단씨는 산을 돌아다니면서 행복감을 느꼈고 농사에서 해답을 찾았다. 이해경씨는 농사를 지으면서 "진짜 행복"을 느꼈다. 이처럼 우리는 산업사회를 넘어 포스트산업사회에서 자연 속의 즐거움을 누리는 '생태적 인간'을 본다. 이들에게 자연이나 농사는 먹고살기 위해 필요한 도구적 대상이 아니라 그 자체로 가치있는 무엇이다. 그렇다고 이들이 자연을 막연히 대상화하거나 낭만적 상징으로 인식하는 건 아니다. 이들은 현대 산업문명의 지속 불가능성과 거기에 기반을 둔 '경제적 행복'의 허구성을 깨닫고 자연과의 상호작용 속에서 행복을 느끼는 사람들이다.

우리가 만난 자기애적 인간들은, 이웃과 함께 대화하는 자신을 사랑한다. 이들은 은둔형 외톨이도 아니고 나르씨시스트도 아니다. 산업화된 근대의 개인주의와 자유주의 문화 속에서 탄생했지만 그것을 넘어서는 대화와 소통의 힘을 가진 인간이다.

우리가 만난 이 사람들은 전근대의 자연적·사회적 제약 속에서 수동적으로 형성된 호혜적 생태적 인간형과는 달리 근대적 자기조정적 시장을 비판할 뿐 아니라 자발적이면서 호혜적이며 생태적인 삶을 창의적으로 만들어가고 있다. 그런 삶 속에서 자유와 평화를 누리고 있다. 전근대적 유제(遺制)에 속박되지 않으면서 새로운 공동체를 창조적으로 만들어가는 새로운 정체성을 가진 자기애적, 호혜적, 생태적 인간형이 우리사회에 나타나기 시작했다.

07장
사람, 소통, 그리고 신뢰

 이 책의 주인공들은 여럿이서 뭔가 새로운 발상을 하고, 새 일을 꾸미느라 바쁘다. 그런데 늘 그렇듯이 좀 삐딱하거나 남다른 일을 하려는 데는 어려움이 따를 수밖에 없다. 과연 이들은 어떤 어려움을 겪고 이를 어떻게 풀어갈까?

사람이 제일 어렵지요

 지리산 실상사 근처에서 농사를 짓고 있는 이해경씨는 귀농하는 사람들을 교육하랴, 마을사람들을 설득해서 새로운 일을 꾸미랴 바쁘기만 하다. 그에게 가장 어려운 점이 무엇인지 물어보았더니,

어려운 점은 역시 사람이죠. 제일 어려운 것이 보면, 보통 사업을 하면 돈이 제일 어렵고, 돈 문제가 제일 어렵지마는 그보다는 저는 사람이 제일 어렵죠.(이해경, 11면)

귀농자들은 대부분 도시의 복잡하고 골치 아픈 일에서 해방되어 편안하게 살겠다는 생각으로 농촌으로 온다. 이들은 남들과 함께 일하는 것을 두려워해서, 힘든 일은 안하려 들고 조직에 의존하는 경우가 많다고 한다.

저도 일에 대한 욕심이 많아 귀농학교 때부터 이런 걸 자꾸 벌리고 뭘 해보려고 했는데, 사람이 변하지 않고는, 사람이 같이 가지 않고서는 절대 될 수 없다는 것을 느낀 거예요. 그래서 일을 통해 끌어가려고 무리하게 생각하던 것이, 일은 좀 천천히 하더라도 사람들을 변화시키고 그들의 마음을 모아가는 쪽에 더 비중을 둬야겠다.(이해경, 12면)

이해경씨는 일 중심으로 사람들을 끌고 나가려 해도 사람들이 바뀌지 않고 마음을 모으지 않으면 안된다는 사실을 경험을 통해 깨달았다고 말한다. 진안군청의 구자인씨도 일할 사람이 부족해 힘들다고 말한다.

제일 힘든 거라고 하면 같이 일할 만한 그룹이 없다는 거죠. 만들면서, 사람을 키워가면서 일을 해야 된다는 게. 조급함이겠지요? 아무래도.(구자인, 10면)

변화를 만들어내는 것은 사람이니, 사람이 없으면 변화도 어렵다는 게 구자인씨의 호소이다. 그런데 앞에서 보았듯이 그는 귀농자들을 마을간사로 임명해 지방자치단체 예산으로 지원하고 이들을 지역발전 자원으로 활용함으로써 문제를 해결했다. 물론 기존 마을 주민들의 리더십을 키우는 일도 함께 추진했다. 한겨레신문의 권복기 기자는 공동체운동의 성패는 사람을 변화시키는 데 달렸다고 말한다.

> 공동체운동의 성패는 바로 거기에 달려 있다고 생각하거든요. 어떻게 사람들을 공동체적 심성을 가진 사람으로 바꾸어낼 것인가. 그 사람 한명이 있어서 두세 사람을 바꾸어내면 할 수 있는 일들은 금방금방 할 수 있거든요. 일이 없어 못하는 게 아니라 사람이 없어서 못하는 거거든요. 사람도, 제대로 된 사람. (권복기, 25면)

부안 시민발전소 일을 하는 이현민씨는 외로움이 제일 힘들다고 말했다. 함께 일할 사람이 부족하고, 생각이 다르다보니 뜻과 마음을 모아 꾸준히 함께 일하기가 매우 어렵다. 사람이 변화를 만들어내지만 사람을 키우고 사람을 변화시키는 일은 참으로 어렵다는 이야기를 너도나도 한다.

여기에서 우리는 사회구조와 인간 행위라는 개념을 생각해볼 필요가 있다. 우리는 사회구조라는 감옥에 갇힌 죄수인가? 아니면 스스로 사회를 만들어가는 주체인가? 만약 전자가 사실이라면 이들이 세상을 바꾸어보려고 아무리 애써도 주류사회는 아랑곳없이 지금 이대로 흘러갈 것이다. 그러나 만약 후자가 진실이라면 우리가 만난 사람들의 작은 노력이 세상의 변화를 촉발할 수 있을 것이다. 진실은 이 두 길 사이 어딘가에 있을 것이다.

중요한 것은 사회구조 전체가 흔들리고 요동칠 때에는 작은 실천으로도 사회구조가 바뀔 개연성이 매우 커진다는 점이다. 이들은 대부분 주류사회 밖에서 혹은 그 안팎을 넘나들면서 변화를 실험하며 즐기는 사람들이다. 이들의 행위는 너무 작거나 보잘것없어서 이런 일들로 과연 세상을 바꿀 수 있을지 의심스럽기만 하다. 시골에서 농사짓는 일이 과연 세상을 바꿀 수 있을까? 대안학교 몇개 만들어 학교 자체를 넘어설 수 있을까? 구술자들은 대개 이런 큰 질문에는 즉답을 피했다. 그러나 자신들의 일이 비록 대단치 않고 느린 것처럼 보이지만 멀리 보면 더 빠르고 근본적이며 급진적이라고 생각한다.

이러한 변화를 만드는 힘은 어디서 나오는 것일까? 정치경제적 조건, 물리적 환경, 아니면 우연 등 여러가지가 있을 것이다. 그 가운데에서도 '사람'이 가장 중요하다고 말할 수 있다. 영웅 이야기로 역사를 설명하려는 게 아니라 사람의 사상, 담론, 그리고 실천 속에서 변화를 이끄는 힘을 발견할 수 있다고 보기 때문이다.

그렇다면 사람은 어떤 경로로 변할까? 책 한권, 프로그램 한편이 사람을 변화시키기도 하지만, 결국에는 함께 살아가는 이들과 대화하고 부대끼면서 어느덧 변화된 자신을 발견하게 된다. 그래서 다음 이야기의 주제는 대화이다.

대화하는 사람, 소통하는 공동체

대화와 자존감

앞에서 우리는 사람 문제가 제일 어렵고 중요하다는 이야기를 들었다. 그런데 사람은 혼자 살아갈 수 없으며, 누군가와 더불어 대화하고 일하며 놀고 즐길 때 행복을 느낀다. 우리가 만난 이들은 타인과의 대화와 소통을 중시할 뿐 아니라 그 속에서 행복을 느끼는 사람들이다. 그 가운데 민들레의 김경옥씨는 학교를 자퇴하고 공간 민들레로 찾아온 아이와 나눈 대화를 이야기한다.

> 예를 들면 한 아이가 학교에서 문제를 일으키고 자퇴를 방금 했다. 그러면 그 아이하고 이야기할 때, 걔가 그렇게 문제를 일으키고 자퇴를 하고 싶었던 이유는, '니가 워낙에 그런 생각을 가지고 태어난 게 아니고, 너를 둘러싼 이런 사회적·구조적 문제도 있었고, 이런 환경들이 있었다'라는 걸 설명을 해줘요. 오히려 사회과학적으로 접근하거든요. 그러니까 '세상이 이렇게 생겨먹었고, 그 속에서 너는 어쩌면 옴짝달싹할 수 없는 존재였는지도 모른다'고 설명을 해주면 갑자기 그 아이의 안에 있는 어떤 선한 마음이라고 해야 되나, 그게 확 살아나요. 그러니까 자존감이 회복되는 거죠.(김경옥, 22면)

김경옥씨는 아이의 이야기를 잘 들어주고, 자기 문제를 사회구조와 연관시켜 볼 수 있도록 도와주면, 아이는 자존감을 회복하면서 치유를 경험한다고 말한다. 김경옥씨는 이 사회에서 "어떤 모습으로 서고 싶은지" 이야기하면서 아이가 스스로 변화할 수 있도록 도와준다. 작은 공간에서 함께 생활하는 시간이 많기 때문에, 그의 말과 생활이 다르지 않다는 것을 아이들이 매일 본다고 한다. 이 때문에 아이들이 그를 신뢰하면서 자신을 변화시키는 것 같다는 말이다.

앞에서 본 박신연숙씨도 비슷한 이야기를 들려준다. 남편에게 폭행을 당한 여성에게 "이것은 당신 잘못이 아닙니다"라고 말해주면 여성은 자신의 상황을 새로이 해석할 힘을 얻고 점차 치유를 경험한다. 앞에서 본 노리단의 신승미씨는 동료에게 찾아가 무슨 걱정이 있는지 묻고 진심으로 들어주기만 해도 많은 문제가 풀린다고 말한다.

만장일치의 어려움

두세명이 얽힌 작은 관계에서는 공감하며 들어주거나 진심이 깃든 조언으로 신뢰가 쌓이고, 이 신뢰를 바탕으로 새 힘을 얻는다. 그러나 좀더 조직이 커지면 토론을 통해 무언가를 결정해야 한다. 귀족제나 군주제에서는 귀족이나 왕이 권력을 갖고 주요한 의사결정을 내린다. 그러나 민주주의체제는 다수가 결정하는 것이 원칙이다. 그렇다고 다수결로 환원할 수는 없다. 소수자도 배려해야 하고, 투표에 참여하지 못하는 미래 세대와 말 못하는 자연의 권리도 고려해야 한다.

우리는 다수결보다는 숙의와 토론, 소통이 더 중요하다고 본다. 대의제와 다수결이 자유, 평등, 박애의 민주적 가치를 온전히 보장할 수 없다고 보기 때문이다. 그렇다면 우리는 어떻게 소통하고, 의사결정을 할 것인가? 작은 공동체는 대화와 토론, 그리고 만장일치를 중요한 의사결정과정으로 삼는다. 권복기씨는 신라시대의 화백에서 행한 만장일치제가 사실은 조정과 타협의 동의어라고 말한다.

> 역사에서 존재하는 걸로는 화백이라는 게 있지 않습니까? 그게 저는 초등학교 국사 교과서 배우면서 만장일치라는 것이 이해가 안되었어요. 그런데 만장일치라는 원칙을 채택하고 나면 사람들 사이에 조정이 이루어집니다. 그게 타협이거든요. (권복기, 18면)

과연 공동체 내에서 만장일치제를 택하면 무난히 조정하고 타협할 수 있을까? 산청 안솔기마을의 김명철씨는 생각이 다른 사람들이 모여 살다보니 의사결정을 하기도 매우 어렵다고 말한다. 마을일을 결정하는 데 만장일치제가 좋겠다고 생각했지만 그것도 정답은 아니더라고 한다.

> 만장일치제는 아니라 하더라도 전체가 동의하지 않으면 일을 안한다는 정도까진 갔었는데, 이것도 나중에 깨지더라고요. 이것도 문제 많아요. "그 소수 말도 못하고 있는 사람들 마음 알기나 하나? 차라리 그러지 말고 손들자." 뭐 이런 정도까지 이야기가 나오기도 해요. (…) "만장일치가 좋은 것 같제? 사실은 그 말 안하는 사람들 마음 얼마나 불편한지 아나? 말도 못하고 다친다." 소수가 소수가 아니라고 생각할 수가 있다는 거지. "몇명 말 많이 하는 사람들만 말해가지고 리드를 해가기 때문에, 너희 목소리 큰 사람들이 전체라고 생각하제. 그거 아니다." 이런 식으로 표현하는 거예요. 그러면서 이제 만장일치제를 부정을 하게 되고 지금은 또 어중간해서, 아직도 손을 안 듭니다.

안 드는데 어쨌든 제가 진행하게 되면 상황 봐가지고 그냥 넘어가도 되겠다 싶으면 그냥 결정 안 내리고 넘어가거나 합니다.(김명철, 13면)

김명철씨의 이야기를 들어보면 작은 마을에서도 만장일치로 무언가를 결정하기가 매우 어렵다는 사실을 알 수 있다. 안솔기마을 사람들처럼 지리산 자락에서 자연을 지키면서 생태친화적인 삶을 살아갈 때에는 익명의 도시생활과는 다른 규범과 문화가 필요하다. 이들은 작은 일, 예를 들면 에어컨 틀기, 세탁기 돌리기, 세제 사용 등 도시생활에서는 기본이라 할 일도 합의를 통해서 공동 규범을 만들려고 노력했다. 만장일치제나 그와 비슷한 방식으로 의사결정을 한다 하더라도 신뢰가 쌓이지 않으면 공동체는 어려움에 처할 수밖에 없다.

협동조합과 민주적 의사결정

그러면 협동조합은 어떻게 소통하고 의사결정을 할까? 협동조합은 1주 1표의 주식회사와 달리 1인 1표의 민주적 의사결정 원칙을 갖고 있다. 그러나 이 원칙만으로는 부족하다. 다른 사람의 의견을 존중하고 경청하여 대화하고 타협하는 문화가 없다면, 협동과 민주의 정신은 실현되기 어려울 것이다. 그래서 밝음신협의 정인재씨는 협동조합이 '민주주의의 교육장'이며 여기서 중요한 것이 회의와 공개라고 말한다. 그러면 의료생협은 어떻게 의사결정을 하는지 임종한씨에게서 들어보자.

의사결정 부분에 있어서 서로간에 의견을 모으는 과정, 이런 부분이 상당히 중요하죠. (…) 결정하는 과정중에 지역주민들의 결정이 상당히 중요하고 과반수 이상을 주민들을 위해 배려해왔어요, 의사결정 구조에서. 그런데 나머지 30~40퍼센트 같은 경우는 실무자나 전문 의료인들이 또 그것을 담당해야 하는 거니까요. 전문적인 의견들하고 지역주민들의 의견이 잘 조화될 수 있도록 의사결정과정에도 서로 합의가 이뤄질 수 있도록 그렇게 배치를 해놨죠.(임종한, 24면)

인천 평화의료생협은 정치적 이해관계에 따른 분열을 우려해서 국회의원이나 시의원을 이사회에서 배제한다. 제도정치에 대한 입장차 때문에 생협의 공동체적 자치가 어려움에 처하고 갈등이 생길까 우려한 듯하다. 의료생협의 경우, 일반 조합원과 의사, 실무자 등의 충분한 대화와 토론뿐 아니라, 비전문가인 조합원의 요구를 의사결정과정에 반영하는 것 또한 중요하다. 의료처럼 전문가의 권력이 강한 영역에서 비전문가인 조합원이 의사결정과정에 참여해 식견을 키우고 민주적 의사결정 방법을 배운다. 이는 협동조합의 정신과 일치한다. 이런 방식을 중시한다 해도 실제 운영하는 데에는 어려움이 적지 않다. 임종한씨는 상대방의 입장을 경청하고 대화를 통해 합의를 이끌어내는 사회적 능력이 아직 부족하다고 말한다.

서로간에 대화하는 훈련이 잘 안되어 있으니까 얘기하면서 싸우고 서로 삐지는 게 다반사인데, 상대방의 입장들을 경청하고 합의를 도출할 뿐 아니라 그것의 합리성 등을 훈련해야 하는데, 그렇게 하는 훈련이 없나봐요. 그래서 사회적 경험이 없는 분이 여기에 오면 상당히 서로의 궁합을 맞추기 전까지는 좌충우돌하는 경험들이 많아요. 그래서

이런 훈련 자체가 많이 필요한 부분이라는 생각을 갖게 되었고요.(임종한, 24면)

상대방의 말을 잘 듣지 않고 서로 자기 말만 하다가 언쟁을 하고, 결국 서로 "삐지는" 일이 우리 주변에는 매일 일어난다. 임종한씨는 이런 문제를 해결하기 위해서는 훈련이 필요하다고 말한다.

함께 생활하며 풀어가는 갈등
부부나 부모자식 사이에도 갈등은 끊일 새 없다. 가깝기 때문에 갈등이 더 많을 수밖에 없으리라. 계획공동체를 잘 꾸려가기 어려운 이유는 너무 가깝기 때문일지도 모른다. 그러면 도시에서 마을을 만들어 살아가는 사람들은 어떨까? 성미산마을의 박미현씨는 자신들도 갈등이 없지 않았다고 말한다.

우리라고 갈등이 없었겠어요? 그런데 어떤 이슈가 달랐던 것 같아요. 마을을 하나 만들자 해서 모여서 인위적으로 학습해서 만든 마을이 아니라, 아이가 어려서 아이 문제를 해결하기 위해 육아 때문에 모였잖아요. 서로 관계도 안 좋았는데 경매라는 문제가 터지면서 힘을 합치게 되었고, 넓은 곳으로 옮기면서 조합이, 많은 사람이 생겨서 저희도 내부적으로는 그런 갈등이 있죠. 조직간에 조직 내부에서 서로 신뢰하지 못하는, 그런 사람들은 결국 떠나더라고요.(박미현, 14~5면)

아이들을 함께 잘 키우려고 모인 엄마들이 처음에는 사이가 썩 좋지 않았지만 임대해 있던 어린이집 건물이 경매에 넘어갈 위기에 처하자 서로 단결하면서 오히려 사이가 좋아졌다고 한다. 결국 서로를 신뢰할 수 있는 사람이 공동체 속에서 행복감을 맛보고, 생활을 함께 하면서 더 큰 신뢰를 쌓아가게 된다는 얘기다. 그들은 갈등이 생겼을 때 어떻게 해결할지 서로 고민하고, 그것을 풀어갈 수 있는 마당을 마련했다. 고민을 떨어낼 수 있는 명상·공부·노래 모임 같은 것들을 꾸리면서 서로 이해와 신뢰의 폭을 넓혀갈 수 있었다.

> 어린이집 조합원들끼리 청소를 늘 해요. 부모들이 돌아가면서 청소를 하죠. 그러면 모든 부모들이 노동력을 동원을 해야 되거든요. 그런데 늘 오는 사람들만 와. 그러면 안 오는 사람들에 대해선 비난을 하지. 그런 갈등들은 있죠. 그거를 기꺼운 마음으로 '내가 더 하더라도 난 행복해'라는 마음을 가질 수 있게끔 서로가 서로에게 양보하고 욕심내지 않는 거죠. (…) 서로 조금씩 기다려줄 줄 알고 조심스러운 거를 10년 이상의 역사 속에서 배우게 되는 것 같아요. (박미현, 15면)

박미현씨의 이야기를 들어보면, 결국 공동의 일을 좀더 많이 하는 사람들이 기쁘게 양보하고 희생해야 한다. 권복기씨의 표현을 따르면 사람들의 '영성'이 높아져야 공동체가 발전할 수 있다. 갈등을 생활 속에서 서로 풀어가는 마당을 만들어가는 것도 중요하다. 그들은 생활협동조합을 통해서 먹을거리 나누기, 동네 자전거길 만들기, 반찬 가게, 마을 까페, 바느질 공방과 되살림 가게 등을 열었다. 이처럼 주부들을 중심으로 한 공동생활 마당을 열면서 기쁨과 신뢰를 쌓아왔다.

박미현씨는 성미산마을에서 맨 나중에 만들어진 성미산학교를 보면서 신뢰의 중요성을 다시 한번 절감했다. 성미산학교의 경우 처음부터 돈이 많이 들었고, 학부모들의 욕심도 적지 않았기에 첫 1년간은 갈등이 많았다고 한다. 그러나 지금은 그런 갈등이 걸러지고 "내 아이만 잘 키워보자고 모인 사람들은 떨어져나가고 마을 학교로" 자리를 잡아가고 있다. 그는 조직을 "의심하기 시작하면" 그 조직은 깨지고 만다고 말한다. 성미산 사람들은 생활을 함께하면서 갈등을 풀어가고 있다.

부산 물만골의 오지훈씨는 마을에 갈등이 적지 않아 힘들어하고 있다. 땅을 사서 대안개발 계획을 세워 추진하는 일을 마을사람들의 의견을 조정하면서 해야 하니 힘들 수밖에 없을 것이다. 오지훈씨는 문제가 힘들고 복잡할수록 마을사람들 이야기를 들어야 한다고 말한다.

> 할아버지, 할머니 찾아가서, 한번이 안되면 열번 가고, 열번이 안되면 스무번 가고, 반대론자가 있으면 그 반대론자를 밟으려고 하지 말고 왜 반대하는가, 반대하는 부분이 뭔가를 다시 한번 들어보세요. 그래서 그걸 들어가지고, A가 안되면 A′를, A′가 안되면 A″를 가져가자. 그리고 생각의 차이점이 무언지, 또 어디에서 생각이 바뀌었는지를 배워야죠, 배워야죠, 다른 사람들에게서 배우는 거예요. 흑인들한테 배우고, 여자한테 배우고, 노인한테 배우고.(오지훈, 16면)

그는 마을의 갈등을 해결하는 방법은 "지속적으로 설득하고, 함께 대화하고 토론하는 방법"밖에 없다고 말한다. 그의 말이 올바른 것은 분명하나, 그 과정이 매우 어렵다는 것도 분명한 사실이다.

사람의 변화, 공동체의 성숙

우리는 이 장에서 대화하고 소통하는 사람들의 이야기를 들어보았다. 선생님과 아이, 동료와 동료, 폭력에 다친 여성과 상담자가 대화를 통해 서로 행복해지고 치유되는 경험을 들었다. 우리는 물질을 통해 노동만을 교환하는 게 아니라 사랑과 마음을 서로 나누면서 살아간다. 그러므로 공동체란 물질과 마음을 함께 나누는 공동생활의 터전을 의미한다. 그 가운데에는 긴밀한 공동체도 있고 느슨한 공동체도 있다. 긴밀한 공동체에서 전면적인 관계 맺기를 더 좋아하는 사람도 있고, 느슨한 공동체에서 부분적인 관계 맺기를 더 즐기는 사람도 있다.

세상에는 나무도 있고 풀도 있듯이, 다양한 공동체와 공동생활 방식이 이곳저곳에서 생겨나고 있다. 사람들은 공동체 안에서 정서적 안정을 얻고 인정받으며 소통하고 협력하며 살아가기를 원한다. 공동체를 유지해주는 것은 바로 대화와 소통, 인정(認定)과 사랑의 교환이다.

어떤 공동체든 대화와 소통이 없다면 더이상 공동체일 수 없다. 차별 없이 대화와 소통의 문이 열려 있는 공동체는 안팎의 문제를 해결할 능력도 뛰어나다. 뭔가 잘 풀리는 조직은 서로 말하지 않아도 이해하고 도와주며 사랑하고 배려한다. 서로의 차이를 알고 그 차이를 이해하려고 애쓰는 사람들이 많을 때 그 공동체는 성숙할뿐더러 더욱 성장한다.

08장
무엇이 문제인가, 누구의 책임인가

우리는 앞에서 개인과 공동체의 행복과 어려움, 그리고 그 해결책에 대한 이야기를 들었다. 이제는 우리사회의 문제가 무엇인지 들어볼 차례다.

우리나라는 경제성장과 민주주의를 함께 이룬 성공 모델로 종종 평가 받는다. 그런데 주변을 돌아보면 모두들 살기 힘들다고 아우성이다. 행복하다고 느끼는 사람은 그리 많지 않은 것 같다. 1990~98년 세계가치조사(World Value Survery) 자료에 의하면 우리나라의 주관적 행복도는 조사 대상 65개국 가운데 22위이고 2005~2007년 자료에 의하면 37개국 가운데 28위이다. 이정전(2008)은 우리나라는 경제적으로는 반에서 3등 안에 들지만 행복지수는 20등 밖에 있다고 말한다(32~33면). 1980년 이후 주요 행복도 조사를 연구한 조승헌은 우리나라는 가장 불행한 국가보다 약간 위쪽에 있다고 말한다.

교육, 평균수명, 일인당 소득, GDP 등을 고려하면 우리나라는 상위 20퍼센트 안에 들 정도이지만 행복도는 하위 20퍼센트 정도에 머문다는 것이다. 조승헌(2008)에 의하면 구매력 기준으로 1인당 국내총생산이 2만 2000달러인 한국의 행복도는 6000달러 수준인 페루와 비슷하다(134면).

왜 소득이 크게 높아지고 절차적 민주주의도 달성했는데 불만이 이리도 높을까? 우리는 사람들에게 대체 무엇이 문제인지 물어보았다. 거기에서 문제 해결의 실마리를 찾을 수 있을 거라고 보았기 때문이다. "우리사회의 문제가 무어라고 생각하십니까?" 이런 뜬금없는 질문에 구술자들은 당황해하면서도 자신의 생각을 털어놓았다.

불안

사람들은 불안해한다. 왜 그럴까? 회사에서 잘리면 어떡하나? 애들이 좋은 대학을 못 가면 어떡하나? 취직을 못하면 어떡하나? 병이 들면 어떡하나? 노후생활은 어떡하지? 당장 발등에 떨어진 문제로 고통 받는 사람도 많지만, 미래의 불안 때문에 고통 받는 사람도 적지 않다. 이러한 불안은 사회적으로 재생산되고 있다. 한살림의 김민경씨에 따르면 사람들은 미래에 대한 불안 때문에 연금보험, 종신보험 등을 든다.

> 다들 연금보험이랑 종신보험 몇개씩 드는데, 보험은 사고가 나야지 혜택을 받는 희한한 것인데, 들었어도 여전히 불안한 거죠. 불안하기

때문에 돈을 많이 벌어놓고 노후대책을 세워야 되고 그런 얘기를 많이 하고 있는데, '그것으로서 노인복지원, 요양원으로 간다면 그걸로 해결이 되는 걸까? 그리고 그것을 위해 돈을 벌고 저금해야 하는 것이, 나중을 위해 지금의 행복한 생활을 희생하는 것이 맞는 걸까? 그리고 자기 혼자 돈 많이 벌어 비싼 요양원을 간다고 재미가 있을까?' 그런 생각도 들고요.(김민경, 12면)

김민경씨는 두가지 문제를 제기한다. 첫째는 미래에 대한 불안을 줄이기 위해 현재의 행복을 희생하며 보험에 드는 게 과연 올바른 일일까? 둘째는 혼자 돈 많이 벌어 이웃은 아랑곳없이 노후를 즐기면 재미있을까? 행복할까? 두가지 질문에 김민경씨는 모두 "아니다"라고 답한다. 불안에 시달려 현재를 희생하며 홀로 미래를 대비하는 것은 올바르지도 재미있지도 않다는 것이다. 미래에 대한 두려움 때문에 보험을 들어도 여전히 불안해할 수밖에 없는 현실을 보면서 그는 한살림 사람들과 함께 미래의 복지를 대비하는 사업을 구상하고 있다.

대안교육에 관한 잡지와 책을 출판하는 민들레 출판사의 김경옥씨는 사람들이 "두려움" 때문에 일류대학에 가려고 경쟁한다고 말한다. 그는 교육이 "실력을 갖추거나 지성을 닦기 위한 것이 아니라, 미래 보험에 드는 것"이라고 본다.

그러니까 좀더 강력한 보험을 드는 게 일류대학 가는 거고, 뭐 삼류대학이라도 가지 않으면 진짜 싸구려 보험도 안 든 게 되니까 사람들이 불안해하는 거죠. 그러니까 온통 사회구조 자체가 보험에 들지 않으면 두려움 속에서 오늘을 살지 못하게 떨게 만드는 구조. 이게 우리사회의 가장 큰 문제가 아닌가 생각해요.(김경옥, 14면)

김경옥씨는 입시경쟁의 사회심리적 원인이 미래에 대한 불안이라고 진단한다. 그리고 대학 진학의 목적도 지적인 성취가 아니라 졸업 후의 미래 보험에 가입하는 것이란다. 대입경쟁은 '지독한 경쟁'에서 살아남기 위한 자구책이나 다름없다는 것이다.

김민경씨와 김경옥씨는 우리사회의 문제를 '불안'으로 설명한다. 왜 사람들은 불안해할까? 지난 100여년 동안 우리는 혁명적 변화를 겪었다. 그 과정에서 사람들은 스스로 살아남고 가족을 먹여 살려야지, 그 누구도 내게 도움의 손길을 내밀지 않을 거라는 고립감을 내면화했다. 1997년 외환위기 이후 이러한 생각은 집합적 외상이 되어 우리사회를 지배하고 있다.

욕망

우리는 누구나 고통을 피하고 쾌락이나 행복을 누리고 싶어한다. 그러나 이러한 욕망은 자연의 한계 속에서 사회적으로 조절되고 통제된다. 모든 사회와 문명은 스스로 조절할 수 있는 범위에서 욕망을 관리할 수 있을 때에만 존속할 수 있다. 개인은 이러한 사회적 규제 안에서 욕망한다.

그런데 공업생산력에 바탕을 둔 자본주의는 자연의 한계와 사회적 규제를 넘어 욕망을 예찬하는 인류 역사상 최초의 사회체제이다.

전통적 공동체의 사회적 강제와 자연의 굴레에서 해방된 한국인들은 자신과 가족만의 행복을 욕망하는 능력과 권리를 얻게 되었다. 구술자들은 '욕망하는 개인'이 우리의 주요 문제라고 이야기한다.

언제부터 돈돈돈 하게 됐지?

자본주의사회의 중요한 특징은 화폐로 무한정 욕망을 충족할 수 있게 되었다는 점이다. 돈으로 살 수 없는 것이 거의 없는 시대가 되었다. 한살림의 김민경씨는 "내가 돈의 주인이 아니라 돈이 스스로 힘을 지니면서 나를 어떻게 하는 느낌이 들었다"고 말한다.

> '제가 고기를 먹었던 때가 언젠가?'라는 생각이 들어요. 제가 고기를, 소고기라고 하는 것을 아무렇지도 않게 먹기 시작했던 때가 수입고기가 들어온 아시안게임 이후였어요. 제가 가끔 혼자 생각할 때, 그때부터 고기를 많이 먹었던 것 같다고 생각하죠.
> 또 한편 '언제부터 돈돈돈 하게 됐지?'라는 생각을 하는데, 돈이라는 게 참 희한해요. 저도 돈 모으기를 해봤어요. 돈 모으기를 해보니까 돈이라고 하는 것이 아귀를 맞추고 싶더라고요. 돈을 모아서 뭘 하리라고 목표가 설정이 안되고 돈이 돈을 모으는 식이 돼가지고, 하여간 적금을 들어서 700만원이 되면 1000만원으로 아귀를 맞추고 싶고 (웃음) 그래서 계속 돈 생각을 하게 되더라고요. 그래서 안되겠다 하고는 그 뒤로는 적금을 안하고 돈 모으기를 안해요. 미래를 대비해 저금을 하긴 하지만, 그때 돈이라고 하는 것의 위력이랄까 속성이랄까 이런 걸 경험했어요. 그때는 이미 내가 돈의 주인이 아니라 돈이 스스로 힘을 지니면서 나를 어떻게 하는 느낌이 들었어요. 저는 제가 독특한

견해를 가졌다기보다는 '사회를 연구했던 분들이 얘기했던 게 이런 것이었구나'라고 생각되고 또 한편 '자본주의 힘이 이런 거구나' 하고 생각되는 게……(김민경, 20면)

김민경씨는 아시안게임이 열린 1986년경부터 수입 쇠고기가 들어오면서 쇠고기를 '아무렇지도 않게' 먹기 시작했다고 회상한다.[1] 한국 자본주의의 급속한 성장으로 대중소비사회가 도래하면서 생활양식도 바뀌기 시작했다. 그런데 재미있는 것은 그가 쇠고기 먹는 것과 '돈돈돈 하게 된 것'을 연관 짓는다는 사실이다. '돈돈돈' 하기 시작한 게 언제부터인지 알 수 없지만, 김민경씨의 기억으로는 그것이 쇠고기를 '아무렇지도 않게' 먹기 시작한 사건과 무관하지 않다.

그는 돈을 모으다보니 자기도 모르게 돈 생각만 하게 되었다고 말한다. 행복하게 살려고 돈을 버는 게 아니라 돈을 위해 돈을 버는 사태가 벌어진 것이다. 김민경씨는 반성과 성찰을 통해 이 악순환을 단절했다. 그런데 대부분의 사람들은 한편으로는 불안 때문에 다른 한편으로는 욕망 때문에 돈이 지배하는 구조에서 살아간다. 돈을 벌지만 쓸 시간이 없는 딜레마 속에 살아가는 사람도 많다.

내 욕심, 자식 욕심

민들레 출판사의 김경옥씨는 대안학교에 아이를 보내는 부모들도 자식 욕심을 버리지 못한다고 말한다.

이제 부모라고 하는 거는 자기 자식에 대한 욕심이나 이런 거를 가지지 않은 사람은 없는 것 같아요. 특히 대한민국처럼 혈연 중심의 사회일 경우에는 더 그렇죠. 그 가족이 가지는 욕망이나 욕구 이런 게 훨씬 더 큰 것 같거든요. 특히 부모들이 아이를 자기 욕망의 대리만족 대상으로 많이 생각을 하니까. 아이를 통해서 자기의 꿈을 실현하고 싶어한다거나, 아이를 통해서 뭔가 보험을 들려고 하는 그런 것도 분명히 있는 것 같아요. 그게 대안교육 현장에서도 그런 게 보일 때는, '아 이러면 안되는데' 하는 생각이 되게 많이 들거든요.(김경옥, 18면)

김경옥씨는 부모의 자식 욕심을 대리만족 욕구이자 불안에 대한 반응으로 해석한다. 그가 보기에 대안교육 현장에서도 이러한 모습이 나타나고 있다. 어느 부모든지 자식이 사회에 나가 좀더 잘살기를 바랄 것이다. 그러나 하나의 잣대에 따라 줄 세우기보다 수만가지 다른 삶을 살도록 격려하고 지원하는 것이 새 세상을 꿈꾸는 사람들의 희망이 아닐까? 그런 꿈도 언제나 현실의 경쟁, 현실의 '자식 욕심'과 맞서지 않을 수 없다.

소유하지만 향유하지 못하는 사람들

애자일 컨썰팅의 김창준씨는 우리사회의 가장 중요한 문제가 장시간 노동이라고 말한다. 뭔가 사회적 실험을 하려고 해도 '퇴근하면 열한시니까' 뭘 해볼 여지가 없다는 것이다. 노동의 미덕이 너무 강조되고 있는 것도 문제라고 본다(김창준, 18면). 그는 사람들이 소유하려고 더 많은 일을 하지만 그것을 향유하지는 못한다고 말한다.

대부분 나는 어찌할 수 없다고 얘기하는 분들이 굉장히 많아요. 그리고 이미 거기에 노예가 되어 있어요. 뭐냐 하면 밤에 남아서 일을 하면 야근수당을 주고요. 토요일, 일요일 나와서 일을 하면 또 휴일수당을 줘요. 그걸로 아이팟을 사야지, 청바지를 사야지. 근데 아이팟 들을 시간 없죠, 청바지 입을 시간이 없죠. 근데 거기에 익숙해져버린 사람들은 못 벗어나요. 그게 역관계가 된 건데, 내가 저걸 소유하고 싶어서 일을 더 많이 하는 게 아니에요. 거기에 이미 빠져 있는 거예요. 일을 줄일 수가 없는 거죠. 그리고 내가 소비한다고 해서 그걸 향유할 수 있지는 못하고요.(김창준, 11면)

김창준씨는 회사라는 구조에서 탈출할 수 없는 현대인의 모습을 보여준다. 우리는 돈을 벌어 가정을 꾸리고, 자기를 실현하고, 사회적으로 인정받으며 살기 위해 직업을 얻는다. 그런데 세계적인 경쟁구조에 매몰된 회사는 살아남기 위해 혹은 더 높은 이윤을 얻기 위해 장시간 노동을 강요한다. 개인은 거기에서 탈출할 수 없다. 회사 밖에는 가난과 차별, 사회적 낙인 같은 불안이 기다리고 있기 때문이다. 일 시키는 사회에서 우리는 일을 줄이지 못하고 일에 빠져 헉헉대며 마구 달리고 있다.

'인간'의 욕망

김민경씨와 김창준씨의 이야기에서 우리는 욕망을 욕망하게 만드는 오늘날의 자본주의를 떠올린다. 그런데 좀더 근본적인 인간의 욕망이 문제라고 보는 사람들도 있다. 영농조합 한생명에 참여하고 있는 이해경씨는 자연을 착취하는 인간의 욕심, 상대를 인정하지 않는 자기 중심성이 문제의 근원이라고 말한다.

편 가른다는 것은 결국 내가 모든 것을 소유하겠다는 거 아닙니까. 뭐 혼자 모든 것을 소유하고 독점하겠다, 이런 거죠. 이게 우리나라만의 문제라고 볼 수 있을지 모르겠지만, 제가 볼 때는 그렇죠. 인간, 그냥 인간이 잘못됐다, 고쳐야겠다는 생각을 가지고 있고, 농사꾼인 나도 마찬가지죠. 땅에서 모든 것을 뽑아서 내것으로 만들겠다는 욕심, 이런 것이 강하고 그러니까 농약, 제초제 이런 걸 다 해서라도 이걸 내 걸로 만들겠다, 이런 욕심 때문에 그런 것이 나타나는 게 아닌가 싶거든요. 결국 편 가른다는 것은 상대를 보지 못한다는 거죠. 상대의 존재를 인정하지 못한다는 거고, 그건 결국 '상대가 없어야 내가 완전히 독점적인 지위를 가진다' 이런 개념이잖아요. 상대를 인정하고 서로 조화롭게 되는 그러한 것들이 필요하지 않을까 싶네요. (이해경, 17면)

그는 자연에서 농작물을 얻는 인간의 노동에서도 '욕심'을 본다. 자연을 공경하는 태도 없이 제초제나 농약을 써서 농사를 짓는 것은 소유욕의 발현이라고 본다. 이것은 사람들 사이의 관계에도 나타난다. 타인을 인정하지 않는 독점의 욕망이 근본 문제다. 그는 자연을 대상화하고 착취를 정당화하는 인류중심주의(anthropo-centrism)를 넘어서는 인간과 사회를 꿈꾼다.

병든 생태계

고삐 풀린 욕망이 낳은 중요한 문제는 환경오염이다. 공업과 과학기술의 발전은 인류에게 풍요를 가져다주었다. 의료보건 수준은 향상되었고, 평균수명도 길어졌다. 그러나 이러한 '발전'의 뒤에서 환경오염과 자원고갈 같은 환경위기가 우리를 위협한다. 사회적으로 통제되지 않는 욕망은 체계의 존속마저 흔들고 있다. 의료생협에서 일하는 임종한씨는 환경문제가 우리와 미래 세대의 삶을 어떻게 위협하는지 자세히 설명한다.

> 실질적으로 보면 지금도 수은 문제라든가 잔류성 유기물질이라든가 농약이라든가, 이런 부분들이 결국에는 인간이 만들어낸 산업문명 때문에 생태계가 병들어가고 그것의 영향으로 먹을거리가 오염되면서 직접 영향을 받는 거고 계속 진행되고 있거든요. (…) 미래 세대의 삶의 기회 자체가 점점 줄어드는 거예요. 왜냐하면 버리는 양은 점점 많아지고 그것 자체가 쓰레기가 돼서 결국에서는 미래 세대한테 전가되고 대기가 오염되고 그러잖아요. 결국에는 지금의 소비생활 자체가 미래 세대의 목을 조이는 그런 형태로 가는 거기 때문에 그것에서 벗어나 애들을 살리고 우리가 새로운 소비패턴으로 가지 않으면 안돼요. (…) 잘못된 문명 때문에 자연이 오염되고 자연이 또 복수를 하는 왜곡된 구조 자체를 벗어나지 못해요.(임종한, 15~16면)

도시농업을 하는 안철환씨는 공업 중심의 문명이 환경파괴, 에너지 고갈을 낳고 그것이 결국 우리사회와 지구 전체를 지탱할 수 없도록 몰아간다고 말한다. 결국 소비하고 즐김으로써 생물학적 약자인 어린이, 임산부 그리고 아직 태어나지 않은 미래 세대를 위험에 빠뜨리고 있다는 것이다.

이랜드노조의 김아영씨는 좀 다른 관점에서 "경제성장이 멈췄으면 좋겠다"고 말한다. 주부들이 할 일을 기계들이 다 해낼 정도로 문명이 발전했지만 '자기 자신의 존재에 대해서' 관심을 갖고 시간을

투자하는 사람은 많지 않다는 것이다.(김아영, 27면)

사람이 사람답게 사는 게 아니라, 반은 기계화 돼갖고, 반만 사람의 모습이죠. 그게 본질을 잃어가는 모습으로의 발전이지, 사람의 편리를 위해서 더이상 발전이라고 할 수 없는 발전이에요. (…) 이 정도 발전이면 되지 않아요? 이렇게 한겨울에 이런 거 (전기난로를 가리키면서) 쓸 수 있고, 이런 게. (…) 이기기 위해서 누군가를 쳐야 되고, 누군가는 거기서 소외되는 거고 하는데, 거기서 사람들이 본능을 잃어가고 마음을 잃어가는데, 여기서 멈췄으면 좋겠어요. 어느정도 멈춰서 더 디게 갔으면 좋겠어요. 더디게 가면서 정말 한 차원 높은 세계로. 그렇게 쾌적한 생활이지만, 최대한 많은 사람이 좀 누릴 수 있는 체계를 잡아가는 세상이 됐으면 좋겠고, 음 나중에 쟤네들이 (아이를 가리키면서) 커서 또 늙어서 사는 세상이 환경오염이라든지, 사람의 정을 느끼지 못하는 그런 피폐한 세상이 될까봐 걱정이에요.(김아영, 28면)

김아영씨는 지금의 발전은 '사람이 사람답게 사는' 발전이 아니라 '반은 기계화된' 발전이라고 말한다. 죽은 노동(기계)이 산 노동(사람)을 몰아냈을 뿐 아니라 '사람의 모습'을 잃어버리게 만들었다. 그는 물질적, 경제적으로는 "이 정도 발전"이면 충분하기 때문에 "여기서 멈췄으면 좋겠다"고 말한다. 그리고 쾌적한 생활과 함께 "최대한 많은 사람이 본능과 마음을 잃지 않는" 세상을 꿈꾼다. 그러나 지금의 발전을 지속하는 한, 그의 아이들은 환경오염과 사람의 정이 메마른 피폐한 세상에서 살아갈 것이다. 그는 경제성장에 목매는 게 아니라 환경오염을 줄이면서 수준 높은 삶의 질을 함께 누리는, 사람답게 사는 세상을 꿈꾼다.

　인간은 누구나 욕망을 갖고 있다. 식욕, 성욕 등은 우리를 규정하는 기본적인 힘임에 틀림없다. 이것 말고도 우리는 다른 사람들에게 인정받고 사랑 받고 싶어하는 근원적인 욕망을 갖고 있다. 부모에게 사랑 받지 못한 사람들의 외상은 회복되기 힘들다. 사회에서 무시당하는 사람들의 마음의 상처는 매우 깊다.

　우리가 만난 사람들은 이러한 기본적 욕망 혹은 요구가 문제라고 생각하지는 않는다. 남을 배려하긴커녕 자신과 가족만을 생각하는 이기주의와 기본적 요구를 넘어서는 탐욕이 문제라고 생각한다. 그렇다면 우리는 왜 이기적으로 욕망할까? 그 해답을 생물학적으로 설명할 수도 있을 것이다. 그러나 우리의 욕망과 불안은 대부분 이 사회에서 만들어져 변형된다. 그리고 김민경씨처럼 욕망의 순환고리를 끊는 힘도 사람들에게서 나온다. 이해경씨처럼 자연을 대상화하는 인간의 욕망을 반성할 때 자연착취라는 악순환의 고리도 끊을 수 있을 것이다.

차별

　우리는 모두 다르다. 성, 인종, 지식, 지혜, 부, 언어 등 모든 면에서 똑같은 사람은 아무도 없다. 그렇지만 그 사람의 능력이나 특성에 관계없이 그의 내재적 가치를 존중해야 한다는 도덕규범을 발전시켜왔다. 보편적 세계 종교와 철학은 이런 규범을 발전시키는 데 기여했다. 인류를 넘어 다른 생물과 무생물의 내재적 가치까지 존중하는 철학과 종교 사상도 발전해왔다. 그렇지만 사회제도의 발전은 이러한 규범의 발전을 따라잡지 못하고 있다. 현실 속에서는 능력, 피부색, 성별 등의 차이에 따라 차별을 두는 게 정상이고, 평등은 비정상이다. 사람들이 불안에 휩싸여 치열한 경쟁에 몰입하는 이유도 이러한 균열 때문이다.

폭력적인 가부장주의

여성의 권리는 지난 몇십년에 걸쳐 빠르게 신장되었다. 그렇지만 아직도 여성은 제도적, 비제도적 차별로 고통 받고 있다. 여성의전화에서 일하고 있는 박신연숙씨는 가부장주의와 폭력으로 얼룩진 우리사회의 어둠을 온몸으로 체험하고 있다.

여성이 당하는 폭력, 이런 문제는 크게 달라진 거는 잘 모르겠어요. 여전히 심각하죠. 저희는 일주일이 멀다하고 살인사건 접수가 들어오거든요. 남편한테 맞아서 죽은 여자들 이야기 또 우리 회원들 친구 뭐 이런 사람들 일들. 지난 연말에도 두건이나 일어났죠. 제가 가까운 사람의 직장동료 한명과, 아니 둘 다 직장동료구나. 두 분이 모두 남편한테 맞아서 사망한 건데 뭐 10년 전이나 지금이나 달라진 걸 별로 못 느끼겠어요. 여전히 폭력이 있고요. 사실 폭력을 당하면 이웃, 가족도 잘 몰라요. 쉬쉬하기 때문에. 속상할까봐 친정에 잘 얘기를 안해요. 심지어 딸이 죽었는데, 친정에서 그제야 아는 거예요. 죽으니까. '아 평생 폭력 당했구나!' 이런 걸.(박신연숙, 15면)

가난한 사람을 무시하는 사회

    화폐를 매개로 한 시장의 영역은 그동안 지속적으로 확장되었다. 반면 가족이나 공동체에서 돈으로 거래되지 않는 호혜와 증여의 경제는 그 영역이 줄어들었을 뿐 아니라 사회적으로 인정받지 못하게 되었다. 주부의 돌봄노동이 그 대표적인 예이다. 이 때문에 사람들은 무슨 수를 써서든 돈을 벌려고 애를 쓰고, 소유를 위한 경쟁이 이 사회를 규정하게 되었다. 가난은 경제적 특성뿐 아니라 사회적 차별과 고립이라는 사회적 특성을 갖고 있어서 사람들을 이중으로 소외시킨다. 마이크로 크레디트(micro credit) 사업[2]을 하는 '신나는조합'의 박인희씨는 약자를 왕따시키고 가난한 사람을 무시하는 세태를 비판한다.

    우리나라의 걸림돌은 선성장 후분배, 성장주의, 실적주의, 이런 것들이 되게 걸림돌이에요. 그러니까 한 생명을 귀하게 여기지 않고, 생명 경시하고, 약자들을 왕따시키고 무시하고 '가난한 사람들 무시해도 된다'라고 생각하는 고정관념. 그리고 제가 며칠전에 되게 놀랐는데, 평택의 가난한 중학생 아이가 연대에 들어가고 싶어서 네이버 지식인에 글을 올렸대요. '어떻게 하면 연대에 갈 수 있겠습니까?'라고. 공부 좀 열심히 해보려고. 지식인 답변이 '연세대학교는 지방 학생들을 좋아하지 않습니다. 연세대학교는 서울의 강남에 사는 아이들이 반 이상입니다. 그러므로 당신은 연세대학교 오지 마십시오.' 그런 실질적인 경제의 격차라든지 빈부격차보다 더 무서운 것이 인식의 차이. 가난한 사람하고 부자, 딱 나누어서 도저히 어울리지 못하는 그런 고정관념을 털어야 돼요. 그렇게 안하면 희망이 없는데……(박인희, 16면)

박인희씨의 말을 들어보면, 이제 소득 차이는 사회적 차별을 구조화하고 개인의 자존감과 창의력을 떨어뜨리는 지경에 이르렀다.

민주화 20년에 늘어난 것은 비정규직뿐

1997년 외환위기 이후 경쟁과 시장의 신화가 우리를 지배하게 되었다. 국내외 경쟁에서 살아남기 위해서는 우리끼리도 서로 경쟁해야 하고 '노동 유연성'을 높이고, '구조조정'을 해야 한다는 담론이 주류를 이루었다. 비정규직에 대한 차별이 구조화되고 고용안정은 크게 약화되었다. 이랜드노조 여성국장 김아영씨는 민주화 20년에 늘어난 것은 비정규직뿐이라고 말한다.

> 20년의 민주화, 20년의 성과라는 게 겉으로 보이는 경제적인 성과 외에는 내적으로는 성과가 없잖아요. 민주화 20년 동안에 확산된 건 비정규직뿐이잖아요. 왜냐하면 20년 전에는 비정규직은 별로 없었어요. 제가 20년 전에 사회생활 시작할 때 비정규직이란 단어가 없었고……(김아영, 26면)

김아영씨는 이랜드 사장이 다니는 교회 앞에서 농성을 하면서 "이상한 생각이 많이 든다"고 말한다.

> 사람은 다 똑같다고 하고 평등하다고 하고 자기 처해진 환경에서 스스로 각자 열심히 사는 건데, 아무튼 여기 있으면서 이상한 생각이 많이 들어요. 그래서 이 땅, 이 시대에는 종교의 의미가 참 무색하다, 우

리가 어렸을 때 보았던 종교의 의미하고는요. 삼성이나 현대나 그런 큰 회사 있잖아요. 삼성 본관이나 거기 와 있는 기분이에요. 솔직히 말하면 '사랑의교회'에 와 있는데 간판만 사랑의교회지, 삼성 본관 앞에 천막 치고 있는, 내지는 현대 본사 사옥 앞에 천막 치고 있는 것과 별 차이가 없어요.(김아영, 2면)

그가 보기에 사람은 모두 평등하다는 종교적, 세속적 규범은 현실과 거리가 멀다. 그에게 공평한 사랑의 실천을 이야기하는 일부 교회는 큰 회사와 다를 게 없다.

닫힌 민족주의

우리는 피부색과 언어가 같은 공동체 밖의 사람들을 어떻게 대하는가? 우리는 세계시민으로서 그들과 함께 살아갈 준비가 되어 있는가? '외국인노동자와함께'라는 단체에서 일했던 장윤수씨 이야기에서 우리의 인종주의, 닫힌 민족주의를 발견한다.

지금 이주노동자들이 한국에 와서 문화충돌을 상당히 많이 겪어요, 지금도. 예컨대 공장에서 일을 하다가 회식을 하면 돼지고기 안 먹잖아요, 이슬람 사람들은. 그러니까 사장은 고기 값 많이 나가니까, 회식 값 많이 나가니까 "이 새끼야, 너 왜 돼지고기도 안 처먹어" 하면서……(장윤수, 9면)

이주 여성에 대한 폭력도 매우 심각하다. 장윤수씨는 이주 여성의 모국 문화에 대한 이해 없이 '간택'하듯이 배우자를 수입하다보니 자주 갈등을 빚는다고 말한다.

근데 거기서 제일 중요한 게 언어문제예요. 언어가 소통이 잘 안되니까, 그거로 인해서 저는 여러가지 문제가 일어난다고 생각해요. 남편과의 문제, 시댁과의 문제 같은 거죠. 예를 들어서 남편이 뭘 부탁을 하든 아니면 시어머니가 뭘 하라고 했는데 전혀 엉뚱한 짓을 하고 다니면 바보잖아요 바보. 바보 취급을 받잖아요. 사실 한국 사람들도 아무리 똑똑해도 영어 한마디 못하고 미국 땅에 가 있으면 바보잖아요 바보. 그러니까 사람이 바보가 된다니까요. 그러니까 욕설에서 구타도 시작되는 거죠. 그러다가 심한 경우에는 한국에 와 있는 다른, TV에도 나오고 그러던데, 다른 자기네 나라 사람을 통해서 뛰쳐나와버리는 거예요. 그 사람을 통해서 공장에 취직하고, 언어와 문화가 같은 나라 출신 노동자와 동거를 하는 경우도 있어요.(장윤수, 13면)

돼지고기를 안 먹는다고 직원에게 욕을 하고, 말이 잘 안 통하는 부인을 구타하는 일이 매일 일어나고 있다. 장윤수씨는 이런 문제를 '문화충돌'로 설명하지만, 사실 소득, 인종 등의 차이에 의한 사회적 차별은 구조화되어 있다. 페어트레이드코리아의 이미영 대표는 다른 나라, 다른 민족에 대한 세계시민으로서의 열린 자세가 시민운동 영역에도 부족하다고 말한다. 다시 말하면 우리가 좁은 민족주의의 틀에 갇혀 있다는 것이다.

한국의 시민운동이, 제가 볼 때는, 저도 옛날에 학생운동을 했던 세대고, 노동운동도 잠깐 했었고, 굉장히 민족주의적인 성향이 있어요. 뿌리로 따지면 저항적 민족주의가 될 수 있을지 모르겠는데, 그런 게 너무 강한 거 같아요. 그리고 뭐랄까, 그게 제가 운동을 해왔던 동력이었던 거 같아요. (이미영, 12면)

이주노동자, 이주여성 문제와 '애국애족' 운동에는 '우리'와 다른 민족, 다른 국가에 대한 차별의 논리와 감정이 내재해 있다. 혈통, 언어에 바탕을 둔 국민국가는 국민을 동원하여 국가경쟁력을 높여 뭉치고 싸우고 승리하는 데 유용한 체계이다. 우리나라는 식민지를 거치면서 이런 체계를 만들기 위해 큰 고통을 겪어야 했다. 하지만 그 체계가 강고해질수록 이주노동자, 이주여성, 다른 민족, 다른 국가에 대한 배제와 차별의 골은 깊어진다. '애국애족'의 열정은 세계시민으로서의 이성과 감성이 동반되지 않으면 언제든 파시즘으로 향하는 아우토반[3]을 달릴 수 있다.

우리 구술자들은 모든 사람이 더불어 공평하고 평등한 세상에서 살기를 바란다. 가난하다고, 약하다고, 여자라고, 다른 나라 사람이라고, 피부색이 다르다고, 비정규직이라고 차별하고, 왕따시키고, 무시하고, 때려서는 안된다고 말한다. 그런데 세상은 이와는 정반대로, 차이에 차별로 답하고 있다.

경쟁

언제부턴가 한국사회에서 경쟁은 최고의 미덕 가운데 하나가 되었다. 투쟁과 갈등은 좀 문제가 있지만 경쟁은 진보와 발전을 위해 필요하다는 생각이 널리 퍼져 있다. 시장에서의 경쟁은 부실기업을 퇴출시키고 소비자에게 좋은 재화와 써비스를 제공한다는 신화가 자리 잡았다. 좁은 국내시장을 넘어 세계시장에서 경쟁하여 더 많은 삼성전자, 현대자동차, 현대중공업을 키워야 우리 모두가 잘살 수 있다고 생각하는 사람들이 많다.

경쟁을 찬미하는 사회에서 소비자는 돈만 있으면 싸고 좋은 재화와 써비스를 즐길 수 있다. 그러나 노동자, 기업가, 영세 자영업자, 투자자들은 그 돈을 벌기 위해 죽기살기식 경쟁에서 이겨야 한다. 학생들은 미래의 경쟁에서 우위를 점하기 위해 목숨 걸고 공부해야 한다. 소비자로서 대형 할인점이나 백화점에서 쇼핑을 즐기기 위해, 생산자 입장에서는 야근을 해야 한다. 경쟁은 1997년 이후 한국사회를 움직이는 힘이자 신화이다. 경쟁에서 패배한 사람들은 경제적, 사회적, 문화적 고통과 싸워야 한다. 이들 중 범죄의 유혹에 빠지거나 스스로 목숨을 끊어 '영원한 평화'를 누리는 사람들도 있다. 경쟁이라는 신화 속에서 사회적, 생물학적 약자들은 체계적·지속적으로 배제되고 있다. 배제될까 불안해하며 경쟁의 쳇바퀴 속으로 들어간다. 이랜드노조 여성국장 김아영씨의 이야기를 들어보자.

> 사회 전반적으로 큰 문제는 사람이 사람에 대한 마음, 공동체의식을 잃어버린 (것이 문제죠.) 그렇게 하게 되는 것은 승자독식의 경쟁, 경쟁, 이제 경쟁, 너무 지독한 경쟁주의.(김아영, 25면)

김아영씨는 경쟁이라는 말을 무려 네번이나 반복하면서 우리사회의 경쟁이 얼마나 자신을 황폐화시키는지 웅변으로 말한다. 한살림의 김민경씨는 「에일리언」[4]이라는 영화에 등장하는 '회사'와 오늘날 경쟁과 희생을 강요하는 '회사'를 함께 떠올린다.

> 제가 에일리언 영화를 보면서 기억나는 단어가 회사였어요. 에일리언을 데리고 오면 안된다고 했을 때, 회사는 '그것을 어떻게 이용할 수 있을까' 생각하잖아요. 회사에서 파견한 사람이 에일리언이 있는 외계로 나가서 외계생물체를 데리고 오는 거였는데, 그때 회사라고 하는 게 등장하는 거였어요. 그래서 '아, 회사라고 하는 것이 저렇게 되겠구나!' 저는 지금까지 그런 생각이 있어요. 세계화라는 이런 물결을 보면서 그것과 연관이 되어 '회사라는 조직은 이게 대체 뭔가? 회사라는 조직은 결국 사람이 가서 만드는 건데 계속 되어가는 모양은 사람이 없는 회사가 되고 있다.' 이 생각이 드는 거예요. 회사가 우리를 조금, 아주(웃음) 죽을 때까지 우리를 빨아먹지 말고, 적당히 살리면서 빨아먹었으면 좋겠어요.(김민경, 7면)

김민경씨는 이익을 위해서는 에일리언까지 이용하려는 회사의 모습에서 '사람이 사라진 회사'를 보았다. 회사는 사람이 사람을 위해 만들었을 텐데, 사람은 사라지고 기계 같은 조직만 남았다고 보는 것이다. 회사는 인간을 숙주로 해서 태어난 괴물이 되어 '우리를 빨아먹고 있다.' 주로 협동조합에서 활동하면서 중년을 보낸 김민경씨가 회사를 이렇게 보는 이유는 무엇일까? 그는 아마도 세계화 물결 속에서 삶의 토대까지 위협하는 회사라는 조직체계의 비인간성을 직간접적으로 절감한 것 같다.

누구 책임인가

왜 많은 사람들이 불안, 욕망, 차별, 경쟁으로 고통 받는가? 마음이 문제인가? 아니면 사회구조가 문제인가? 이것은 누구 책임이고 누가 풀어야 하는가? 어떤 사람들은 권력자들의 책임이라고 말하고 또 어떤 이들은 '나 자신, 우리 자신'이 책임져야 한다고 말한다.

도덕 없는 자본

이랜드노조의 김아영씨는 자본가가 문제라고 말한다.

> 지금은 사실 정치보다는 자본이 더 문제인 것 같아요. 자본이 사회적인 도덕적 책임을 안 지는 부분들. 고용이라는 문제를 단순히 자기네가 노동력이 아니라 노동을 샀다고 생각하고, 자기들이 작용해서 만든 법이나 제도만 피하면 된다는 생각들. (…) 자본가들이 변해야 한다고 생각해요. 자본가들이 변해야 되고, 안되면 강제로 빼앗아서라도(웃음) 바꿨으면 참 좋겠는데, 그래서 차베스 대통령이 참 요즘 시대에 그게 쉽지 않은데(웃음) 강제로 강제로. 아니 또 민영화 안하겠다고 하면 강제로 빼앗고 외국 자본도 내쫓잖아요, "가라!" 그러고.(웃음) 그거 보면서 참 부럽다는 생각을 했어요. 그래서 그 베네수엘라는 제가 보기에 성장은 많이 못할 것 같아요. 성장은 못하지만 대신 노예처럼 사는 사람들은 많지 않을 건데.(김아영, 28~29면)

긴 시간 농성하면서 김아영씨는 '도덕적 책임을 지지 않는 자본가'가 문제라는 인식을 깊이 새긴 것 같다. 그는 자본가 스스로 변하지 않으면 베네수엘라의 차베스 대통령처럼 '강제로 빼앗아서라도' 세상을 바꿨으면 좋겠다고 생각한다. 이러한 혁명적 전략이 지불해야 할 비용이 클 것으로 예상하면서도 어찌됐든 현재의 '노예' 같은 삶을 청산하는 미래를 꿈꾼다.

중앙 중심의 정치

부안에서 '시민발전소'라는 민간 태양광 발전소 일을 하는 이현민씨는, 386세대가 정권을 잡았지만 정치권을 개혁하지 못하고 그 사회에 흡수돼버렸다고 말한다. 중앙정치가 바뀌면 사회가 바뀔 줄 알았지만 전혀 그렇지 않았다고 평가한다. 그는 아래에서, 지역에서 변화를 일으키지 못한 것이 실패의 원인이라고 진단한다.

> 정말 대통령이 가장 그래도 합리적이고 진보적인 사람이 대통령이 돼도 이 사회에 있어서 여전히 중요한 문제들은 관성에 따라 그대로 진행이 됐던 거죠. 굉장히 많은 사람들이 386세대들이 국회의원이나 지자체장이 됐음에도 불구하고, 현역의 정치권에 진출했음에도 불구하고 정치적, 어떤 정치권들을 개혁시켜내는 것이 아니라, 그 사회에 흡수되고 동화돼버렸잖아요. (…) 기본적으로 개인을 탓하고, 어떤 역할을 자임하고 나온 그 사람들 탓하기에 앞서서 결국 그 가치관들이 문제죠. 가장 중요한 거는 함께 만들어서 함께 합의해내 만들어야 한다는, 그러한 인식들이 굉장히 일천했던 것들이 아닌가.
>
> 그래서 그것은 결국 중앙 중심의, 중앙의 정치권이 바뀌고 청와대가 바뀌면 이 사회가 바뀔 것처럼 생각했지만 '전혀 그렇지 않았다'라

는 거죠. 지난 10년의 역사를 통해서, 김대중, 노무현으로 이어지는 민주정부 10년의 역사를 통해서 우리가 알아야 되는 것은 '중앙이 바뀌는 것만으로는 안된다, 지역과 함께 바뀌어야지 된다. 작지만 의미있는 실천들을 만들어내서 중앙 정치권과, 도시는 도시대로, 농촌은 농촌대로, 작은 마을은 마을대로 지역주민들과의 합의를 어떻게 만들어낼 것인가'가 함께 이뤄져야 되는 거죠. 모두가 효율성만을 따져서 중앙정치, 내지는 영향력있는 자리를 통해서 이 사회를 바꾸어낼 수 있다고 믿었던 것이 가장 큰 실수였다고 생각합니다.(이현민, 4면)

이현민씨는 소위 386들이 '지역주민들과 합의'를 통해 지역을 바꾸는 정치를 하지 못해 실패했다고 진단한다. 일단 권력을 교체하면 밑으로부터의 변화와 합의 없이도 사회 전체를 개혁할 수 있으리라는 생각이 잘못되었다는 것이다.

병든 엘리뜨의 사회

도시농업을 하는 안철환씨는 쓰레기를 함부로 버리는 사람들을 보면서 우리나라의 문화 수준이 많이 낮고 이기심이 극에 달했다고 말한다. 그는 이런 문제가 '이 사회의 엘리뜨들이 병들었기 때문'으로 본다.

엘리뜨문화가 아쉬워요. 어차피 전국민이 다 바뀌기는 힘들잖아요. 저도 옛날에는 민중이 어쩌니 이러면서 민중에 대한 환상이 있었단 말이에요, 젊은 시절엔. 근데 요즘 보면 이게 요즘에는 더 서민들이 신자유주의에 의해서 패배자들이 많아지고, 저는 우리 근현대사에서 우민(愚民)화가 아주 급속도로 진행되어서, 백성들의 민도(民度, 문화수준)가 무진장 떨어졌다고 생각해요. 하다못해 우리 여기에 회원들도 진짜 공부한 사람들이고 좋은 사람들인데 제가 아직까지 쓰레기에 골머리를 썩여요. 일주일에 한두시간은 치워요. 착한 사람들이고 교양 있는 사람이고 많이 훈련된 분들인데도 아직 쓰레기 문제가 심각해. (…) 그래 어떤 때 사람들 보면 이기심이 정말 아주 극에 달했다는 생각을 할 때가 참 많아요. 그런 면에서 그 사람들 일일이 쫓아다니면서 진짜 계몽할 수도 없고, 결국은 그렇게 민도가 떨어질 수밖에 없었던 건 이 사회의 엘리뜨가 병들었기 때문이 아닌가.(안철환, 17~18면)

안철환씨는 젊은 시절에는 "민중에 대한 환상"이 있었다고 회상한다. 그러나 지금 '민중'은 '환상'일 뿐이다. 신자유주의 때문에 이들은 패배자가 되었다. 그 역사는 근현대사의 '우민화' 과정에 겹친다. 이기심이 극에 달해 쓰레기 문제도 스스로 해결하기 힘들 정도라고 말한다. 그는 이 사회의 엘리뜨가 공동의 책임을 지지 않고 자기만을 생각하기 때문에 "민도가 떨어질 수밖에 없다"고 진단한다.

도둑이 도둑을 뽑아 임금을 세웠다

2007년 대통령선거 후에 만난 물만골공동체의 오지훈씨는 "대한민국 국민이 참 착한 국민이었는데 요즘 우리 국민이 억수로 못돼졌다"고 말했다. 자신을 포함한 국민들은 자기 얼굴에 뭐 묻은지도 모를뿐더러 '큰 병'과 '불감증'에 걸려 있다는 것이다. 그가 보기에 우리사회는 '도둑사회'이다. 모두가 '도둑질하고 사기 치고 거짓말 한다'. 오지훈씨가 보기에 못된 국민이 못된 임금을 뽑은 것이다.[5]

결국은 도둑이 도둑을 뽑아요. 지금 우리나라 사회는 도둑놈을 뽑아 가지고 임금을 세웠습니다. 그러니까 우리나라는 도둑놈의 사회입니다. 우리나라 국민들이 도둑질 안하는 사람이 없어요. 양심에 손을 얹고 생각해보면, 나도 마찬가지지만, 다 도둑질하고 사기 치고 거짓말하고 살고 있습니다. 자기 자식들한테 정말 낯부끄러워서, 한 점 부끄럼 없이 일을 하고 있느냐? 생각을 한번 해보세요. 세금 삥땅 치고, 뭐 이것저것하고 삥땅 치고, 나는 나 스스로가 이런 부분에 대해서 국민이 반성해야 될 점이 많다고 생각해요. (…) 누가 우리를 이렇게 만들었습니까, 우리가 만든 거예요. 우리가 자초한 거예요.(오지훈, 14면)

그가 보기에 근대 이전의 우리나라 사람들은 순박하고 착해서 자기 몫도 챙기지 못하는 사람들이었다. 그런데 언제부턴가 돈을 주인으로 모시면서 도둑질하고 사기 치는 일을 당연하게 생각하게 되었다. 그가 보기에 '실용주의 정부'의 탄생은 "우리"가 자초한 일이다.

내 책임, 내 안의 박정희
한살림의 김민경씨는 "윤리적인 것을 생각하기 전에 물질적인 것이 우리를 끌고 가는" 것이 느껴진다고 말한다. 그는 이러한 사회의 책임이 자기 자신에게도 있다고 생각한다.

저는 그거요. 저한테도 책임이 있다고 생각이 들어요.(웃음) 저도 일조했죠. 우리가 박정희 대통령에 대해 얘기할 때, 그분의 경제정책에 대해서 비판을 하고 그러잖아요.(웃음) 근데 저는 그 속에서 제가 편안하고 좋았던, 누렸던 것들이 저한테도 있다고 생각이 들어요. 따져보지 않아도 저한테도 있다고 생각이 들어요.(웃음) 물론 거기서 정권유지에 대한 것은 있겠죠. 정권유지에 대한 것은 분명 있었고, 그걸 위해서 흐름을 이끌어간 건 있겠지만, 그 속에서 저는 저도 거기 있다고 생각해요.(웃음) 아이고, 어려워라.(김민경, 20~21면)

김민경씨는 박정희 대통령의 경제정책을 비판하면서도 그 시대에 편안함을 느낀 자신을 성찰한다. "따져보지 않아도" 자기 책임도 있다고 말한다. 김민경씨는 "회사가 우리를 죽을 때까지 빨아먹지 않았으면 좋겠다"는 소망을 이야기한다. 그러면서도 회사와 국가가 주도하여 만들어놓은 편안함을 즐기는 자신에게도 책임이 있다고 털어놓는다. 그에게 비판은 나와 남, 개인과 구조 모두에 열려 있다.

어떤 이들은 자본가, 정치인, 엘리뜨 등의 책임이 크고 이들이 스스로 변해야 한다, 아니면 이들의 권력과 부를 '강제로' 빼앗아야 한다고 주장한다. 차별과 불안, 고통 속에서 사람들은 급진혁명을 통한 유토피아를 꿈꾼다. 또 어떤 사람들은 '나 자신'의 책임을 성찰한다. 내 안의 박정희 혹은 나만 잘살겠다는 욕망이 경제성장 신화와 이명박의 실용주의를 재생산하고 있다고 말한다. 누구 책임으로 보는가에 따라 삶의 모습도 달라질 것이다.

구조적 문제와 그 책임

사람들은 불안, 욕망, 차별, 경쟁으로 고통 받고 있다. 다들 여기에 동의한다. 경제는 성장하고 민주주의도 이룬 것 같지만 차별은 여전히 심하고 돈에 대한 이기적 욕망은 갈수록 커지고 있다. 또 누구 할 것 없이 극심한 경쟁에 내몰려 불안해하고 있다. 왜 그럴까?

자본주의, 국가주의, 산업주의, 그리고 민주주의
구술자들은 자본주의를 중요한 문제로 꼽았다. 특히나 한국 자본주의는 '지독한 경쟁, 승자독식의 잘못된 자본주의'라고 비판한다.

문제는 이러한 자본주의를 교정하고 통제할 민주주의가 미성숙하고 불충분하다는 점이다. 김아영씨의 '민주화 20년에 늘어난 것은 비정규직'이라는 말은 한국 민주주의의 허약성을 고발하는 외침이다. '잘못된 자본주의'를 교정하지 못한 국가에 대한 비판도 적지 않다. 국가를 통한 사회개혁, 중앙 중심의 정치에 대한 반성과 비판이 이곳저곳에서 들린다. 우리의 민주주의는 아직 성, 계급, 계층, 인종, 민족에 대한 차별을 없애고 공평한 세상을 만들 만큼 성숙하지 못했다.

고삐 풀린 욕망과 과학기술은 근대의 산업문명을 낳았고, 산업문명에 바탕을 둔 자본주의는 생태계를 위기에 몰아넣고 있다. 안철환씨는 이러한 체제가 더이상 지탱될 수 없다고 본다. 임종한씨는 산업문명이 환경문제를 낳고 이것이 어린이, 임신부, 미래 세대를 위험에 몰아넣고 있다고 경고한다.

우리사회의 구조적 문제와 그 책임에 대한 질문을 구술자들에게 던진 결과 두가지 사실을 발견할 수 있었다. 첫째로, 대부분의 구술자들이 개인의 체험과 느낌은 자연스럽게 잘 이야기했지만, 구조적인 질문을 받았을 때에는 다소 당황해했고 정답을 말해야 한다는 압박을 느끼는 듯했다. 그래서 면접이 끝난 후 "제대로 잘 대답했는지 모르겠네요"라고 말하기도 했다. 또다른 특징은 이 문제에 대해서는 자기 체험을 털어놓기보다는 주장을 내놓았다는 점이다.

이러한 사실을 어떻게 보아야 할까? 우리는 연구를 시작하기 전에 사회과학적인 분석방법을 통해 문제를 설정했다. '우리사회의 구조적인 문제가 무엇이고 이를 해결하기 위해 사람들이 어떤 일을 어떻게 하는가?' 이것이 주요 관심사였다. 그러나 연구가 끝난 후 우리는 구술자들이 이런 논리적 인과관계를 분석해 운동을 하거나 살아가는 게 아니라는 사실을 발견했다. 그들은 구체적인 삶 속에서 문제를 느끼거나 나름의 즐거움을 찾고 그 일에 몰입하면서 행복을 느낀다. 그러니까 체험 속에서 자신들의 행위를 틀 짓는 구조를 발견하고 있었다. 이들에게는 자본주의 비판보다 지금 여기에서 살아가는 사람들의 문제를 해결하는 것이 더 중요하다.

누구 책임인가: 권리 담론과 성찰 담론
사회문제의 책임이 누구에게 있다고 보느냐는 질문에 대해서는 자본(가), 정치(인), 엘리트뿐 아니라 우리 자신, 나 자신의 책임도 거론되었다. 재미있는 것은 노동운동에 참여하는 사람들은 자본이나 국가의 책임을 강조한 반면, 협동운동이나 공동체운동, 생태운동을 하는 사람들은 나와 우리 자신의 책임을 성찰하는 경향을 보였다

는 점이다.

    나 자신의 삶을 지키고 방어하기 위해 투쟁해야 하는 사람들에게는 권리 담론이 생각과 행위의 근거가 된다. 이들은 경제적·사회적 실존을 침해하는 자본이나 국가를 상대로 인정투쟁을 감행한다. 반면 이러한 기본적 삶의 필요를 넘어 새로운 공동체를 만들어가는 사람들에게는 자신에 대한 반성과 성찰이 타인에 대한 비판과 공격보다 더 중요하다고 볼 수 있다. 종교가 있든 없든 간에, 자기 안에 있는 욕망과 허물을 성찰하는 사람들이 옛 사회운동과는 다른 새로운 운동을 만들어가고 있다.

09장
국가와 시민사회를 넘어서

우리는 앞에서 자본주의, 산업주의, 국가주의, 민주주의 같은 우리사회의 구조적 문제들을 토론했다. 이러한 구조적 문제에 접근하기 위해서는 국가와 시민사회 사이의 갈등과 협동을 통한 민주주의 발전이 매우 중요하다. 그렇다면 구술자들은 국가와 시민사회를 어떻게 생각할까?

국가, 어찌할 것인가

현대에 국민국가만큼 막강한 권력을 갖고 있는 집단은 찾아보기 어렵다. 근대 국민국가는 폭력을 독점하고 개인의 생명과 자유를 제한할 수 있을 뿐 아니라 자연을 착취할 권리, 심지어 전쟁을 할 권리까지 갖고 있다. 그러나 이러한 국가의 힘은 종종 통제되지 않고 남용되기 일쑤다. 다른 한편으로 근대의 국민국가는 사회정책을 통해 공적 이익의 조정자, 집행자 역할을 하기도 한다. 의료, 복지, 교육 등 사회적 공공재를 관리하고 공급해서 사회정의를 실현하기도 한다. 그렇다면 국가는 공익의 관리자인가, 지배계급의 집행위원회인가?

경찰과 용역 사이

이랜드 일반노조의 김아영씨는 농성투쟁을 오래 하면서 경찰과 맞부딪치는 일이 많았다. 그리하여 국가의 모습을 새롭게 인식했다. 처음에는 자신이 근무하는 할인점에 물품을 공급하는 점주들이 노조의 파업에 그리 적대적이지 않았다고 한다. 그렇지만 경찰이 출동하면서 점주들과 갈등이 생겼다.

> 이 회사가 돈이 없고 용역을 살 돈이 없잖아요. 용역을 살 돈이 없는데 경찰이 그 역할을 해준 거죠. 용역 역할을 자발적으로 해준 거예요 세금으로, 국민 세금으로. 저는 그렇게 봐요. 그리고 한두명도 아니고 수천명 많게는 만명이 넘는 사람들. 뭐 작년 6개월 동안 거의 100개 중대가 결합을 했어요. 100개 중대가 이랜드투쟁에 합류한 거예요. 상시적으로 매장 한 열개 정도는 경찰차가 서너대씩. 많은 데는 뭐 열대까지 와 있었고.(김아영, 8면)

김아영씨는 경찰은 말도 통하지 않고, 지침이 오지 않으면 움직이지 않는 "기계"라고 말한다. 경찰은 "저들 편이고 우리 편이 아니라"는 사실을 "피부로 느꼈다." 텔레비전에서 깃발 들고 머리띠 맨 아저씨들을 보면 무서워하던 김아영씨는 몸으로 경찰과 부딪치면서 경찰은 "중립인 척하지만" 실제로는 회사 용역과 다름없는 "저들 편"이라고 판단하게 되었다.

법은 법이 아니다

키친아트의 서은희씨는 2000년경 회사가 부도나자 "돈 다 추려 가지고 빼먹은" 사장을 상대로 조합원들과 함께 법정투쟁을 벌였다. 어려운 싸움을 하다보니 폭행죄로 조사를 받기도 했다.

> 근데 법이 그렇더라고. 그래서 조사를 받는데, 그 사람을 언제 때렸냐고 그러니까, 그 사람이 맞았다고 그러면 맞은 거래. 그 사람 옷에서 옷자락을 그래서 잡았잖아. 그러면 그 사람이 난 맞았다고 그러면 그거는 맞은 거로 된대요. 폭행이래요. 법이 그렇대요. 그래서 내가 법은 법이 아니라는 거예요. 근데 내가 그 사람 언제 때렸느냐고 그러니까. 그 사람이 뭐 여기도 잡았다 저기도 잡았다 그러면 폭행죄래. 폭행죄. 그러더라고. 법이 그래요. 법이 뭐 그래서 남 싸움 하는데 구경도 말아야 돼. 그러다 걸려서 들어간 사람도 많거든.(서은희, 11면)

서은희씨는 "법은 법이 아니"라고 말한다. 법은 정의를 실현하는 제도가 아니라고 보는 것이다. 그는 정부에 대한 불만이 많다. 북한을 지원하는 것도 불만이고 세금 내는 것도 불만이다. 세금 좀 안 냈으면 좋겠다면서 이렇게 말을 잇는다.

글쎄 그건 뭐 정부에서 하는 일이니까 내가 나서서도 안되잖아요. 내 개인적으로 불만을 가지고 있다는 얘기지. 어쩔 수 없잖아요 그건. 내가 어떻게 정부를 가지고 같이 싸워. 소(小)가 대(大)를 이길 수가 있어요? 못하지. 당근 못하지. 불만만 있을 뿐이지. 그래도 뭐 의료보험이나 이런 건 뭐 회사서 탁탁 떼고 나오니까 어쩔 수가 없고. 주민세 같은 건 내가 안 낸다는 얘기지. 안 낸다는 얘기지. 나중에 가서 뭐 얼마를 물어놓든 간에 내가 안 내놓는다는 얘기지, 기분 나빠서도 안 내놓는다는 얘기지.(서은희, 10면)

주민세, 의료보험, 적십자회비 내는 게 서은희씨는 싫고 부담스럽다. 그런 게 나오면 "왕짜증"이 나서 "그 자리에서 폐기처분해"버린다. 세금에도 주민세가 붙어 나오고 의료보험도 가족들마다 각각 부과되는데 이것도 불합리하다고 말한다. 강제로 국민연금을 내는 것도 마음에 들지 않는다. "끼닛거리가 없는 사람은 그 돈으로 먹고 살아야지, 그거를 나중에 자식 주기 위해서 모아놓는다는 건" 옳지 않다고 생각한다. 서은희씨에게 국가는 폭행을 하지 않아도 폭행죄로 조사를 받게 하고, 억지로 세금을 내게 해서 당장 먹을 것 없고 아픈 사람들을 더 힘들게 만드는 덩치 큰 집단이다. 그는 이러한 국가에 맞서 '내 권리 내가 찾아야지 누가 지켜주지 않는다'고 마음먹고 살아왔다.

주민세와 4대보험 등 세금과 공적부조에 불만을 토로하는 서은희씨의 주장을 어떻게 볼 것인가? 국가가 공공성의 관리자로서 공익을 위해 예산을 잘 쓴다면 그 불만은 비판 받아 마땅할 것이지만 그렇지 않다면, 매우 정당할 것이다.

여기에서 우리는 인두세를 거부하여 미국 매사추세츠 주의 마을 감옥에 갇힌 헨리 데이비드 소로우(Henry David Thoreau)의 이야기를 들어볼 필요가 있다. 그는 "자유의 피난처임을 자임해오던 나라의 국민의 6분의 1이 노예인" 상황에서 노예제를 지지하는 정부에 세금을 내지 않을 권리가 있다고 주장한다(소로우 1999, 17면). 그는 "노예제도 폐지론자로 자처하는 사람들은 몸으로나 재산으로나 매사추세츠 주 정부를 지원하는 일을 지금 당장 중지해야 한다"고 주장한다(30면). 소로우는 육체노동으로 돈을 벌어야 하는 사람들에게는 적은 세금이라도 엄청난 부담이 된다고 말한다. 그는 1000명이 세금을 내지 않는다 하더라도 정부가 휘두르는 폭력만큼 폭력적이지는 않다고 말한다. 그에게는 이것이야말로 실로 "평화적인 혁명"이다(33~34면).

법은 법이 아니고 정의도 아니라고 생각하는 서은희씨가 주민세 고지서를 폐기처분해버리는 것과 소로우가 인두세를 거부하는 것의 차이는 무엇일까? 국가가 지배계급의 국가, 환경파괴의 국가가 아니라 공공의 민주적 관리자이자 개인권리의 보호자로 바뀌지 않으면, 소로우와 서은희씨 같은 사람이 계속 나올 수밖에 없을 것이다.

김아영씨나 서은희씨에게 국가는 지배계급의 국가이지 자신들의 국가는 아니다. 김아영씨가 보기에 국가는 자신이 낸 세금으로 사용자 용역 노릇이나 하는 경찰이라는 "기계"를 움직이는 조직이다. 서은희씨는 세금, 의료보험, 국민연금 등을 강제로 내게 하는 정부가 싫다. 그래서 국민연금공단 직원과 언쟁을 벌이기도 한다. 이들에게 국가는 공적 이익과 정의의 담지자라기보다는 지배계급의 집행위원회일 뿐이다.

행정을 움직이지 않고는……

그러면 환경운동도 하고, 풀뿌리 주민운동도 해보고 지금은 진안 군청에서 공무원으로 일하고 있는 구자인씨에게 국가는 무엇일까? 그는 사회운동을 하면서 정부나 지자체에서 중요한 의사결정을 일단 내리면 시민단체의 사후 대응이 별 효과가 없는 현실을 목격했다. 그는 공무원이 되어 주민과 행정을 연결하는 역할을 하고싶었다.

저는 행정 중시를 전략적으로 했기 때문에 제가 이 자리에 있는 셈인데. 행정을 움직이지 않고는 제 역할이나 활동들이 제약이 크다는 겁니다. 우리가 원론적으로 봤을 때는 주민들 스스로 해가지고 주민들 기반 늘려가지고 가야 되는데, 그렇게 하기에는 지나치게 오래 걸리고 제가 걱정인지는 몰라도 그 열매가 맺지를 못한다는 거죠. 지금 활동가들이 계속 재생산이 안되고 또 빠져나가거든요.(구자인, 20면)

자발성만으로 새로운 마을공동체를 만들기란 너무나 어렵고 시간이 많이 걸리기에, 행정 자원을 통해 주민들의 지원을 얻어나가야 한다는 것이다. 구자인씨가 일하는 진안군청은 농촌의 기초자치단체이므로 억압적 국가기구 기능보다는 공적 관리기구 기능이 좀더 잘 작동할지도 모른다. 그러나 풀뿌리 보수주의를 작동하고 유지시키는 기구로 전락할 가능성도 크다. 구자인씨는 이런 양면성을 가진 국가기구를 적극 이용하면 주민들의 자립 역량을 키워나가는 자원으로 활용할 수 있고, 이런 활동이 꼭 필요하다고 본다.

국가의 강제력이 동원되어야

이주노동자들을 돕는 일을 해온 장윤수씨는 외국인 여성과 결혼하는 한국 사람들이 그들의 문화도 모른 채 결혼중개업소를 통해 "돈 주고 사오는" 것처럼 여성을 "간택"하는 것은 큰 문제라고 본다. 이 문제를 해결하기 위해서는 지자체나 중앙정부가 나서서 국제결혼을 할 사람은 예비 배우자 출신국의 문화와 언어를 교육 받은 후에 결혼할 수 있도록 해야 한다고 말한다. 결혼중개업소가 해당 교육을 마친 사람에 한해서 국제결혼을 할 수 있도록 만들고, 그걸 이행하지 않으면 면허를 취소하든지, 폐업시키는 방안을 실행할 필요가 있다는 것이다. 장윤수씨는 결혼 이후에도 지자체나 정부가 계속 "관리해야" 한다고 본다(장윤수, 16~17면). 그는 왜 결혼이라는 사적 영역으로 보이는 문제에도 국가의 정책과 제재를 해결책으로 제시할까?

> 솔직히 말씀드려서, 어떤 그 인식 전환에 있어서의 시민들의 자발적 동의가 과연 가능할까라는 생각을 해요 저는. 인식전환의 자발적 전환이 어렵다고 보거든요. 그러니까 아무런 기제나 단초가 없는데, 내가 시골서 농사짓고 사는데, 예를 들면 결혼하고 싶어서 와이프를 하나 만들고 싶은데, 내가 스스로 다른 나라 여성과 결혼하니까 문화도 좀 공부하고, 언어도 좀 공부하고, 이런 사람이 있을까 하는 문제죠. 그러니까 자발적으로 그렇게 하진 않을 거 같아요.(장윤수, 17면)

장윤수씨는 시골 농부가 외국 여성과 결혼하려 할 때, 그 나라 문화나 언어를 "자발적으로" 공부할 사람이 없기 때문에 국가가 강제로 교육을 시켜야 한다고 말한다. 그가 보기에 시민들은 자발적으로 인식을 전환할 능력이 부족한 사람들이다. 외국인 여성과 결혼한 가정에서 일어나는 갈등과 폭력을 보아온 그로서는 강제로 교육을 시키고 사후 "관리"를 해서라도 사랑과 이해 없는 국제결혼을 막아야 한다고 보는 것 같다. 이러한 인식에는 시민사회와 시민사회단체에 대한 강한 불신이 깔려 있다.

> 솔직히 빠르게 어떤 대안사회, 이런 소수자의 인권이라든지 뭐 사회권이라든지, 대안사회를 만들기 위해서 자발적으로 시민들이, 민중들이 할 수 있을 기제가 저는 거의 없다고 봅니다. 시민단체로 하기에는 아직은 한국사회 시민단체가 그 역량이 안된다고 저는 보고요. 한국사회에 있는 만여개가 넘는 시민단체 중에서 한 80퍼센트 이상은 저는 다 사기꾼이라고 봐요, 저는 그래요. (…) 사실은 시민의 힘을 정말 집약시켜서 표출해내고자 하는 기반 자체도 난 아직 약하다고 보고요. 그래서 일단 좀 빨리빨리 하루라도 한국 시민사회가 성장하는 것보다는 국가적인 강제력이 동원되는 게 그러한 문화충돌을 최소화해서 시민의식을 바꾸는 데는 더 빠르다고 봐요.(장윤수, 18면)

장윤수씨가 보기에 시민사회나 시민사회단체는 역량이 부족할 뿐만 아니라 "사기꾼들"이 모인 곳이다. 그는 빠르게 시민의식을 바꾸기 위해서는 국가적인 강제력을 동원해야 한다고 본다. 소수자의 인권을 보호하는 것은 국가의 책무이자 권능이라고 생각하는 것이다. 장윤수씨의 말에서 우리는 국가 개혁 혹은 혁명을 통해 빠르게 시민들의 의식을 높이고 사회 '진보'를 달성하려는 옛 사회운동의 전략을 엿볼 수 있다. 혁명적 혹은 진보적 의식과 전략으로 무장한 소수 엘리뜨들이 국가권력을 장악하고 그것을 바탕으로 위로부터 빠르게 사회를 변화시키는 모델이다.

장윤수씨와 구자인씨는 국가나 지방자치단체가 공공의 이익을 증진시키는 방향으로 사회를 변화시킬 수 있고, 그렇게 해야 된다고 생각한다. 그들에게 국가는 지배계급의 집행위원회가 아니라 여러 자원을 가진 중립적 권력기구이다. 이들이 보기에 시민사회 스스로 변화를 달성하기에는 시간이 너무나 오래 걸릴 뿐 아니라 그런 일을 할 인재도 부족하다. 이런 점에서 이들의 생각은 다소 유사하지만, 차이도 있다. 장윤수씨가 정책을 통한 강제 실행을 중시하는 반면, 구자인씨는 행정의 힘을 이용하되 밑으로부터 사람들을 키우는 데 관심을 기울인다. 장윤수씨가 '국가'라는 말을 쓰는 반면 구자인씨는 '행정'이라는 말을 즐겨 쓴다. 국가를 중시한다고 해도 그것의 작동방식에 대한 입장은 이렇게 다를 수 있다.

국가를 폐지하자는 얘긴데……

그런데 원주에서 협동조합운동을 하는 조세진씨는 장윤수씨나 구자인씨와는 달리 국가는 권력씨스템이고 장기적으로는 폐지해야 할 대상이라고 말한다.

> 국가라고 하는 건 권력이고 씨스템인데, 결국은 국가를 폐지하자는 얘긴데, 국가 폐지가 그냥 되는 게 아니라는 거죠. 장구한 세월이 필요한데 민중 자체가 권력이 되지 않으면 안된다. 그니까 민중 스스로 내가 권력이라고 생각해야 되는데 이를 위해서는 민중의 각성이 필요

> 하죠. 그니까 국가가 그사이에 뭐 역할을 해줄 수 있는 게 있겠지만, 국가를 통한 혁명이라고 하는 것, 국가를 통한 세상의 변화, 인간 희망의 발견이라고 하는 것은 좀 어려운 거라는 얘기죠.(조세진, 3면)

젊은 시절 맑스-레닌주의 사상을 바탕으로 '혁명적 사회주의'를 지향했던 조세진씨는 현실 사회주의의 몰락을 보며 지난 과거를 성찰하고, '국가를 통한 세상의 변화는 어렵다'는 결론을 얻었다. 그는 협동조합운동을 통해 공동체를 되살려 민중 스스로 지배할 수 있는 세상, 다시 말하면 '민중 자체가 권력'이 되는 세상을 꿈꾼다. 물론 더디고 힘들지만 그 길로 가야만 한다고 말한다. '시민들의 자발적 동의'가 매우 어렵다고 보는 장윤수씨의 생각과는 커다란 간극이 있다.

국가가 할일, '국민'이 할일

그런데 국가와 시민사회 혹은 공동체를 함께 변화시키는 것이 중요하다고 보는 사람도 많다. 지리산에 사는 이해경씨는 국가와 지역 주민을 나누어 생각하는 것은 옳지 않다고 말한다.

> 국가가 할 일이 있고, 주민들이 국민들이 또 스스로 해야 될 일이 있고 (…) 사실 국가와 관련해서 비효율적인 것이 굉장히 크죠. (…) 그런 큰 부분도 있지만, 또 국가가 함으로써 어떤 혜택을 보는 부분은 분명히 있다고 보는 거죠. 그것은 조정을 해야 되는 부분이지, 이것은 국가가 하니까 옳고, 국가가 하니까 나쁘고, 이런 개념은 아니라고 봅니다. 구분을 해야 될 것 같고요. 그중 가장 바람직한 것은 중앙집권

보다는 힘의 분산이고, 균형과 조화롭게 가는 것이 가장 이상적인 게 아닙니까. 그런 쪽으로 가야 되지 않겠습니까.(이해경, 21면)

이해경씨는 국가 관료제가 운영하는 복지체제에 비효율적인 면이 있지만 긍정적 측면 역시 인정해야 한다고 본다. 다만 지나친 중앙집권보다는 권력의 분산, 균형, 조화가 필요하다고 말한다.

풀뿌리 연대의 국가 그리고 국가 없는 지구
민들레 출판사의 김경옥씨는 힘있는 사람들의 국가는 넘어서야 하지만 공공성을 살리는 국가는 필요하다고 말한다.

국가라는 씨스템이 지금 현재와 같이 힘없는 사람들을 돕는 게 아니고 힘있는 사람들의 편에서 움직이는 국가라면 그 국가는 넘어서야 되겠죠. 하지만 아까 말씀하신 그런 어떤 공공성을 살리고 공공성이 강화된 일종의 작은 단위로서의 국가, 뭐 거대한 국가도 있을 수 있겠지만 그 거대한 국가는 그 안에서 작은 단위로 싸움의 구도를 만들어낸다든지 이런 게 필요하겠죠. 그런 의미에서 우리의 연대, 작은 이 풀뿌리들이 연대할 수 있는 어떤 범주로서의 국가는 좀 의미가 있는 것 같아요. 그러니까 (…) 이 풀뿌리들의 연대가 영향력을 행사할 수 있는 단위로서의 국가, 이거는 좀 필요한 것 같아요. 왜냐하면 우리가 컨트롤할 수 있으니까.

그러니까 우리가 컨트롤할 수 있는 단위가 계속적으로 커지면 국경을 넘을 수도 있는 거고, 그러면서 조금 더 커지면, 처음에는 뭐 아시아 이렇게 되다가, 나중에는 전지구적으로 될 수 있을까? 뭐 이런 생각을 하죠. 그때는 이미 국가라는 씨스템은 없겠고, 다른 단위로 경계를 얘기하지 않을까 하는 생각은 들거든요.(김경옥, 23면)

공공성을 살리고 강화하는 국가는 어떻게 만들어지는가? 김경옥씨는 풀뿌리들이 연대하여 온전히 영향력을 행사할 때 국가의 공공성이 강화될 수 있다고 본다. 국가는 그런 의미에서만 필요하다. "왜냐하면 우리가 컨트롤할 수 있으니까." '우리' 혹은 풀뿌리 연대의 영향력은 점차 확장되어 국경을 넘어 지구로 퍼져나간다. 이때 국가씨스템은 이미 해체되고 경계의 의미는 새롭게 구성될 것이다. 김경옥씨의 이야기를 들어보면 칸트의 영구평화론이나 맑스의 국가사멸론을 다시 생각하게 만든다(칸트 2008; 맑스·엥겔스 2002). 맑스는 지배계급의 국가가 사라진 자리에 "각자의 자유로운 발전이 모두의 발전의 조건이 되는 어소시에이션(결사)"이 들어선다고 『공산당선언』에서 말했다(44면). 일본의 문학평론가 카라따니 코오진(柄谷行人)은 그들의 이론을 계승하여 국가를 해체하기 전에 어쏘씨에이션의 어쏘씨에이션을 만들어야 한다고 말했다(카라따니 2005; 2007; 구도완·여형범 2008). 김경옥씨의 표현을 빌리면 체계로서의 국가가 사라진 자리에 국경을 넘어선 새로운 풀뿌리들의 연대가 들어선다. 이는 유토피아 이야기처럼 들릴지도 모르지만, 이런 유토피아가 결국엔 실현될 거라고 보는 사람도 적지 않다.

공정무역에서 국가 해체로

한겨레신문에서 공동체 현장을 취재해온 권복기씨는 어떻게 생각할까? 그에게 '국가 복지는 거지 복지이고, 공동체 복지가 진짜 복지'(천규석 2007)라는, 대구 한살림의 천규석 선생의 주장을 어떻게 생각하는지 물어보았다.

지금 우리나라에 소위 사회구조 안에서는 두가지가 다 필요하지 않습니까? 그죠? 예를 들면 천규석 선생님이 얘기하는 생태주의 가치에 입각한 예전의 마을공동체라는 게 가장 완벽한 구조잖습니까? 그 구조하에서는 마을공동체만 제대로 복원이 되면 전국에 소외되는 사람이 없이 그 마을의 미친 여자까지 다 케어(care)하는 씨스템이었잖습니까? 그게 당연히 맞는 것이지요. 에너지 소비도 적고. 그다음에 복지라는 게 그 복지를 매개시키는 게 지금은 소위 돈이지 않습니까? 그게 아니라 복지를 연결시키는 것은 실제로 재화나 써비스보다 재화나 써비스가 옮겨가는 데 담긴 마음이잖습니까? 그게 복지의 가장 큰 안온한 마음, 내가 어디에 들어가면 여기서는 케어 받고 있다는 그 편안함 자체가 복지의 첫번째거든요. 그게 마을공동체가 했던 것이고 그걸 복원시켜야죠. 그게 가장 옳은 게 맞는데.

그럼 '과도기적으로 어떻게 할 것인가?' 기업들을 생태주의 개념을 가진 기업들로 바꾸어가고 공동체적 성격을 가진 기업으로 바꾸어가고, 그렇게 하기 전까지는 일정부분 도시에 사는 사람을 다 죽일 수 없는 바에는 기업들로부터 세금을 받아서 국가에서 복지재정을 확충을 해서 케어할 사람 케어해야 되는 것이지요. 어느 게 맞다 안 맞다가 문제가 아니라, 우리가 지향하는 엔드 픽쳐(end picture)에 도달하기 전까지 과도기적인 상태들을 인정을 하고 이것을 슬기롭게 활용하고 어떻게 바꾸어나갈 것인가를 고민해야지, 한쪽을 다 가짜라고 그러면 그건 저는 말이 안된다고 생각합니다. (권복기, 13면)

권복기씨는, 복지의 핵심은 재화나 써비스가 아니라 '안온한 마음'이고, 사람들을 가장 잘 돌볼 수 있는 것은 전통적인 마을공동체라고 말한다. 그렇지만 '과도기적으로' 국가가 기업에서 세금을 걷어 도시 사람들을 돌보아야 한다는 것이다. 그런 의미에서 국가복지를 가짜라고 이야기해서는 안된다고 말한다. 그는 이렇게 말하면서도 장기적으로는 국가체제가 무너질 거라고 예상하는데 그 맹아가 공정무역이라고 말한다. 공정무역을 통해 제1세계의 도시와 제3세계의 농촌, 노동자, 농민이 연대할 수 있다고 말한다.

> 어차피 토대가 흔들려야지 국가체제가 바뀌는 거니까. (…) 공정무역을 통해 농촌을 중심으로 생산자가 이제 생산력 자체를 통제해가는 그런 씨스템으로 물물교환을 하기 시작해서 자급적인 구조를 갖추어간다면 종국적으로는 국가가 해체되어갈 거라 생각합니다. 지자체 자체가 그런 일을 하는 사람들 손에 들어오고, 그 지자체가 좀더 지자체를 획득하고 국가를 획득하고 국가가 완전히 바뀌기 전에 아마 민중 사이의 교역은 훨씬 더 커지겠죠.(권복기, 14면)

그는 자본이나 노동이 이전에 비해 국제적으로 자유롭게 이동하는 현실에서 공정무역을 확산해가면 세계의 노동자와 농민, 그리고 시민이 연대할 수 있다고 본다. 이러한 연대가 바닥에서부터 경제적 토대를 흔들면 국가가 결국 해체될 것이라는 얘기다. 김경옥씨가 꿈꾸는 풀뿌리 연대의 국가 통제와 해체가 정치적인 접근이라면 권복기씨의 공정무역을 통한 국가해체는 경제적 접근이라고 볼 수 있다.

앞에서 본 페어트레이드코리아의 이미영씨는 공정무역조차 시장체계에 의해 이윤창출의 장으로 바뀌고 있다고 말한다. 공정무역의 비중은 너무나 낮아서 전세계 교역량의 극히 일부를 차지할 뿐이다. 이런 상황에서 권복기씨의 장기 비전은 설득력이 있을까? 미시적 행위가 어떻게 거시적인 구조변화를 끌어낼지 깊이 생각하고 실험해야 할 것이다.

공동체 속의 국가와 그 너머

우리는 지금까지 국가에 대한 여러 사람의 생각을 들어보았다. 어떤 사람들은 가진 자들의 용역 역할을 하는 경찰이 밉고 세금을 강요하는 국가가 싫다고 말한다. 또 어떤 이들은 국가를 통한 변화와 개혁을 강조하지만 반대로 국가는 권력체계이기 때문에 그 씨스템을 해체해야 한다는 이도 있다.

그런데 많은 사람들은 지배계급의 국가는 반대하지만 공공복지를 증진하는 국가는 필요하다고 말한다. 장기적으로 공동체 중심의 사회를 지향해야 하지만 국가의 공공성을 높이는 활동을 게을리 해서는 안된다는 이야기다. 구술자들은 국가가 지배계급의 집행위원회가 아니라 민중(국민, 시민)의 이해관계를 조정하고 공공복지를 증진하는 민중의 집행위원회가 되어야 한다고 생각한다. 민중 자신이 권력이 되어야 된다고 보는 사람도 있다. 국가에 대한 사람들의 생각은 이같이 적지 않은 차이를 보인다.

우리는 사회와 공동체의 변화와 지지 없이 국가권력에 의존한 변화는 지속가능하지도 정의롭지도 않다고 본다. 동의 없이 강제력에 의존한 국가가 오래 지탱한 예는 찾아보기 어렵다. 국가는 자연과

사회(공동체) 없이는 존재할 수도 기능할 수도 없다. 공동체 없는 물리력, 동의 없는 강제는 억압과 폭정을 의미할 뿐이다.[1] 그러나 물리력 없는 공동체는 억압적 국가나 시장에 의해 끊임없이 위험에 처한다. 수십년간 가꾸어온 공동체가 정부의 도시계획, 도로나 댐 건설로 하루아침에 사라질 수 있다. 대형 할인점 하나가 수십년간 마을을 지켜온 구멍가게와 재래시장을 몰아낼 수도 있다. 그래서 비폭력과 평화의 공동체 간의 연대는 길고 꾸불꾸불하고 거친 길을 따라 느리게 나아가는 촛불일지도 모른다.

공동체 없는 국가는 무의미할 뿐 아니라 위험하다. 그렇다고 인류의 도덕발달 수준을 볼 때 국가 없는 공동체를 가까운 미래에 실현하기도 어렵다. 우리는 국가 속의 공동체를 살려서 공동체 안에 국가를 불러들여야 한다. 다시 말하면 국가가 생태계를 보전하고, 공동체의 공평한 권리와 양심의 자유를 보장하며, 비폭력적인 방법으로 평화를 보장하도록 만들어야 한다. 생태적으로 지속가능할 뿐 아니라 정의롭고 평화로운 국가는 궁극적으로 세계적인 평화체제 구축으로 나아갈 수 있다. 국가가 국민과 영토의 경계를 무너뜨리고, 전쟁을 벌일 수 있는 주권을 세계시민에게 양도하는 세계적 평화체제를 꿈꿀 권리가 우리에게 있다.

시민사회운동을 넘어서

우리는 앞에서 국가에 대한 구술자들의 생각을 들어보았다. 그러면 국가의 공공성을 높이기 위해, 혹은 국가권력을 장악하기 위해 사회제도 안팎에서 일해온 사회운동과 사회운동단체를 이들은 어떻게 생각할까?

분파주의, 엘리뜨주의

부안 시민발전소의 이현민씨는 "과거의 운동"이 소수 엘리뜨 중심의 운동이었다고 평가한다. "한 사람의 열 걸음보다 열 사람의 한 걸음이라는 것은 결국 더불어 만들어가야 되는 것인데" 진보세력들은 그렇지 못했다고 비판한다.

과거에 뭐, 진보를 지향한다고 했던 사람들이 가지는 많은 한계들이 좀 있어요. 그런 것들이 문제라고 생각을 합니다. 그런데 예를 들면, 모두가 함께 지향을 한다고 말로는 그렇게 하지만, (…) 공(功)을 배분함에 있어서 선후를 따지는 경우들이 있죠. 예를 들면 내가 하면 로맨스고 남이 하면 불륜인 거예요.

그러니까 정말 어떤 다양한 정신들, 부안투쟁에 있어서는 스펙트럼이 아주 다양했거든요. 나와 다른, 다양함들을 인정해줘야 되는데, 주민들은 인정을 해요, 인정할 수 있어요. 삶이 그랬기 때문에. 근데 그것을 인정하지 못하는 사람들이 굉장히 많아요. 예를 들어 요번에 민노당(민주노동당) 파동에서도 나타났듯이 선긋기, 분열, 서로 다른 차이점을 부각시키죠. 그 차이점이 다양성으로서 인정을 하는 것들이 성숙함이고, 이게 철학의 문제인데. (…) 내가 다수를 차지해야지 된다는 이러한 헤게모니도 들어 있는 것 같고요. 이거는 저는 또다른 개발주의의 변형이라고 생각을 합니다. 진보라는 것으로 포장된, 그래서 사실은 차별성을 노정시키는 것들은 의미가 없는 거죠.(이현민, 4면)

부안 싸움에서 엄청난 고통과 보람을 함께 느낀 이현민씨는 '진보세력'이 주민들의 다양성을 포용하지 못하고 서로 구별 지으면서 주도권 싸움을 하는 것은 큰 문제라고 본다. 차이를 다양성으로 인정하는 성숙한 자세가 필요하지만 그렇지 못했다고 평가한다. 그는 '진보라고 포장된 것'이 '개발주의의 변형'일 뿐이라고 말한다. 보수를 비판하며 자신들이 대안이라고 주장하는 '진보'가 사실은 개발주의의 다른 면이라는 것이다. 그가 비판하는 것은 '진보'의 권력욕, 분파주의, 엘리뜨주의 같은 것들이다. 노리단의 신승미씨는 학창시절을 회상하며 학생운동권의 헤게모니 싸움을 비판한다.

> 저는 학생운동권은 아니었고요, 대학 방송국을 다녔는데, 제가 친PD이기는 했어요, 예를 들면. PD[2], NL[3] 요렇게 나눠져 있긴 한데, PD쪽에 친구들이 많았고, 그 내용에 공감하는 부분이 많이 있긴 했어요. 그래도 당시에 저는 제일 싫었던 게 단과대나 무슨 총학선거 하고 나면 누가 이겼네 졌네 하면서 한쪽은 잔칫집 되고, 한쪽은 초상집 돼서 서로 못 잡아먹어 안달하는 그 구도는 아주 싫어했던 것 같아요.(신승미, 21면)

이현민씨가 말하는 권력욕, 분파주의, 엘리뜨주의의 뿌리는 이미 학생운동을 하던 사람들의 조직문화 속에 자리 잡고 있었다. 독재와 싸우던 학생운동, 사회운동 세력들은 그들과 싸우면서 권력욕, 분파주의, 엘리뜨주의를 배우며, 그들의 거울상(像)이 되었다.

이익집단과 사회운동 사이

진안군청의 구자인씨는 진안군에 와서 시민사회단체나 진보정당이 지역을 살리는 데 뭔가 기여하리라 생각했지만, 크게 실망하고 말았다.

> 와서 저는 전교조에 굉장히 실망을 많이 했습니다. 농촌에 전교조도 있고, 공무원노조도 있고, 농민회도 있고 그렇지만, 다 이익단체하고 관변단체하고 크게 다르지 않다고 봅니다. 피 흘리며 만든 조직이 아니었다는 게 명확하더라고요. 전교조에도 무임승차해서 이익단체 된 사람들, 그중에 한두 분 정도가 전교조 정신을 가지고 해보려고 했던 사람들인데, 그 사람들 결국 상처 입고 뒤돌아서고 포기하고 이런 경우가 많고. (…) 기존에 우리가 나름대로 지역에서 상상했던 조직에 대한 신뢰감도 이제는 아예 버렸어요. 농민회도 마찬가지로 관변단체죠. 행정에 찾아와가지고 뭐 요구하고 받아가고 그렇지 뭐. 농민으로서 자존심, 자부심을 가지고 지역 농업에 대해서 책임을 지는 주체 그룹은 아니라고 봐요. 그것도 굉장히 정치적으로 물려 있어가지고 그 카르텔이라고 할까. 그 카르텔이라고 하는 그런 부분을 깨기가 쉽지 않더라고요. (구자인, 5면)

시민운동을 해본 구자인씨로서는 지역의 이런저런 단체들이 공익을 위한 사회운동조직이라기보다 이익집단처럼 기능하는 걸 보고 심한 좌절감을 느낀 듯하다. 이들이 공적 책무에는 관심이 없고 자신들의 이익을 챙기는 데에만 몰두한다는 얘기다. 그는 지역의 사회단체에 실망한 후에는 이런 조직들과 거리를 두고 있다고 말한다.

오늘날 사회운동에 대한 시민들의 지지가 약화된 이유 중의 하나는, 이들이 보편적 가치나 이해가 아니라 조직 이익에 자원을 집중하기 때문이다. 구자인씨는 사회운동조직이나 진보정당의 또다른 문제는 중앙에 매몰되어 풀뿌리운동을 하지 않는 점이라고 말한다.

> 중앙지향적인 운동 방식이 너무 오랫동안 팽배했어요. 민노당의 여러 가지 활동방식도 그런 거 같고. 지역에 뿌리내리는 운동을 너무 게을리 하는 게 아닌가. 이게 생활운동도 아니고, 계속 이슈 파이팅만 하고, 시민운동의 그런 방식처럼 똑같이 정당운동 자체를 봐도 그런 거 같아요. 그러니까 우리가 계급, 계층의 의견을 대변한다는 그런 조직들조차도 사실 이익단체로 돼가는, 변질되어가는 거 있잖아요. 전국적으로도 그렇고 지역사회에서도 정확하게 통제를 못하는 거 같아요.(구자인, 23면)

그는 운동이 너무 수직계열화되었고, 서로 대화하고 토론하는 훈련이 되어 있지 않아 문제라고 말한다. 이처럼 풀뿌리민주주의 역량이 없는 상황에서 남북통일이 되면 더 큰 문제가 생기지 않을까 염려한다. 전교협 시절부터 참여했던 민들레의 김경옥씨는 전교조 활동을 비판적으로 평가한다. 그는 전교조의 운동이 "교육운동에서 교사운동, 노조운동"으로 변해버렸다고 말한다.

> 그러니까 전교조의 운동은 교육운동으로 시작한 것 같아요. 제가 생각할 때는 교육운동이었던 것 같은데 지금은 좀 교사운동처럼 되어 있는 것 같은 느낌을 지울 수가 없거든요. 그 교사운동으로 된 거는

다른 노동운동의 변화, 이렇게 말하면 되게 화내시는 분들도 많지만 어쨌든(웃음) 그것의 변화와 궤를 같이 하는 거 같아요. 어쨌든 노동조합, 전국 교직원노동조합으로 되면서, 그 노동자인 조합원들을 위한 운동이 되는 거죠. 조합원들을 위한 교육에는 아이들은 빠져 있는 거죠. 아이들은 빠져 있고, 세상도 빠져 있고, 부모도 빠져 있는 것 같아요. 조합원만 있는 것 같아요, 극단적으로 말하면.(김경옥, 13면)

"아이들, 세상, 부모 같은 공적인 것들이 빠지고 조합원들만 남아 있는 노조운동"이라는 김경옥씨의 평가는 사회운동의 죽음을 선언하는 것 같다. 세상과 세상에 사는 사람들의 삶을 좀더 평화롭고 정의롭게 변화시키려는 공적 노력 없이 조직원들의 이해와 관심사를 관철하는 데 자원을 집중하면, 그 조직은 사회운동조직이 아니라 이익집단에 불과하다. 전교조에 대한 평가는 관점에 따라 크게 달라지겠지만, 구자인씨나 김경옥씨의 말을 들어보면 노동자의 권리를 지키고 확장하는 노동조합운동의 특성이 지나치게 커진 것으로 보인다. 도시농업을 하는 안철환씨는 생태운동이나 환경운동을 비판한다.

생태운동을 하는 어르신들, 우리사회가 저는 전반적으로 민주주의가 바닥에서부터 성숙이 안되었다고 그럴까요? 어른들이 자리를 차지하면 안 떠나요.(웃음) (…) 요번(2007년) 대선을 쭉 보면서, 저희 회원들이 70퍼센트는 안산의 운동권들이에요. NGO, 시민단체, 막 이래요. 뭐 민노당도 있고 다양한데, 그리고 한 10퍼센트가 말하자면 보수우익 분들이에요. 대단한 보수도 있어요. (…) 그 분들 이야기를 곰곰이 들어보면 소위 운동한다는 사람들에 대한 선입관이 있어요. 그게 뭐냐면 '편협하다, 자기만이 옳다, 나를 따르라' 이런 거에 대한 선입관이 있고, 마찬가지로 권력 추구형이라 그럴까? 엘리뜨주의다 그거죠. 그러니까 저는 NGO들도 다 한계에 부닥치고 있다고 보는데, 바닥에서부터 민주주의가 실천이 안되니까. 옛날에는 그래도 노무현 때만 해도 좌익이라는 정서가 많이 통했잖아요. 옛날에 총선연대 해가지고 낙선운동도 하고 했는데, (이제는) 그런 바람이 없잖아요. NGO들 자체가 회원들로부터 신뢰를 잃어가고 있는 것 같아요.(안철환, 12면)

요컨대 운동가들이 권력을 추구하고 엘리뜨주의에 빠져 있을 뿐 아니라, 민주주의 훈련이 부족해서 회원들이나 시민의 신뢰를 잃어가고 있다는 말이다.

낭만주의
안철환씨는 한편으로 "환경운동이 폼 잡고 출세를 지향하는 운동 같다"고 말하면서 다른 한편으로 낭만주의라고 비판한다.

제가 처음에는 그런 낭만주의, 뭔가 환경운동이나 생명운동을 예쁘게 바라보는 이런 게 되게 싫었어요. 저는 자연이 그렇게 아름다운 곳이 아니다. 여기(안산 도시농업농장)에서 처음 느낀 게, 왕벌에 두 방을 쏘였는데 제일 무서운 말벌 있어요, 장수말벌. 거기에 두 방을 쏘였는데 공포감이, 얼마나 무서운지 며칠 동안 밭엘 안 갔어요. 정나미가 떨어져가지고, 이런 데 쏘이면 죽는 거 아닌가요? 말벌 쏘이면 죽잖아요? 그래서 느낀 게 자연은 무서운 거지, 자연은 아름다운 곳이 아니라는

거예요.(안철환, 13면)

안철환씨는 환경·생태·생명 운동을 하는 사람들이 낭만적으로 자연을 그려 특권화하는 것을 비판한다. 그것을 깨닫게 한 것은 장수말벌이었다. 그는 낭만주의와 더불어 '출세주의'를 비판한다. 환경·생명 운동을 하는 사람들 가운데 일부는 자연을 낭만적으로 그리면서 그걸 자신의 출세에 이용한다고 그는 생각한다. 안철환씨가 보기에 대다수 운동가들은 고난 속에서 자신을 희생했고, 지금은 평범하고 성실하게 살고 있지만 일부 운동가들은 여전히 권력을 놓지 않고 있다.

이들의 이야기를 종합해보면 국가에 저항하면서 국가를 변화시키려는 시민사회도 적지 않은 문제를 안고 있음을 알 수 있다. 권력욕, 분파주의, 엘리뜨주의, 조직이기주의, 중앙 중심주의, 민주주의 결여, 낭만주의, 출세주의 등 많은 문제들이 거론되었다. 국가든 시민사회든 다양한 사람들이 모인 조직이다보니 여러 문제가 드러날 수밖에 없을 것이다. 이러한 문제를 조직 안팎에서 비판하고 성찰하여 고쳐나갈 수 있는 힘이 있는지가 중요하다. 무지하고 우둔해 보일지 몰라도 시민, 민중, 백성은 스스로 반성하고 혁신하면서 공적 책무를 수행할 집단을 판별할 능력을 키워가고 있다. 그런 점에서 시민사회운동 세력은 자신을 끊임없이 변화시키고 혁신해야 할 것이다.

10장
새로운 세상의 꿈

우리는 앞에서 국가와 시민사회를 비판하는 다양한 목소리를 들었다. 그렇다면 이들이 꿈꾸는 다른 세상, 새로운 세상은 어떤 모습일까?

공동체의 꿈

구술자들은 공동체라는 말을 즐겨 사용한다. 마을, 협동조합, 사회적기업, 시민단체 등 여러 영역에서 일하는 사람들이 다들 공동체라는 말을 쓰는 것을 보면, 이 말이 '민주주의'라는 말만큼 다양한 의미를 담은 상징으로 자리 잡은 것 같다. 사람들은 공동체라는 말에서 시장이나 국가 혹은 시민사회가 주지 못하는 안락감, 인정, 사랑, 돌봄 같은 개인적이면서 사회적인 것들을 떠올린다. 그렇다면 시장이나 국가, 시민사회가 사람들을 불안하게 만들고, 욕망을 욕망하게 만드는 세상에서 공동체는 우리에게 새 희망을 줄 수 있을까? 어떤 이들은 공동체가 희망이라고 말하고 어떤 이들은 그렇지 않다고 말한다. 어떤 이들은 섬처럼 고립되고 느리게 퍼져나가는 공동체는 전지구적 위기의 대안이 될 수 없다고 말한다. 하지만 그렇게 보이는 공동체가 장기적으로는 자연과 사회, 경제를 모두 살리는 대안이라고 주장하는 이들도 있다. 우리가 만난 사람들은 어떤 쪽일까?

섬에서 사는 꿈

노리단의 신승미씨는 노리단에서 오래 일한 팀장들의 꿈이 섬에서 사는 것이라고 말한다. 섬에서 나이 든 사람들이 밭도 갈고 젊은 이들에게 밥 지어주면서 살았으면 좋겠다고 한다. 그는 "마을로서의 섬"을 이루면 좋겠다고 말한다. 섬에 살면 다른 사람과 소통하기 어렵지 않겠느냐고 묻자 이렇게 대답했다.

> 그 대신 이렇게 독립돼 있기 때문에 문화를 지키기 쉬운 건 있잖아요. 그렇지만 굳이 그게 물리적으로 섬일 필요는 없겠다. 육지에 어떤 지역이 있지만, 그게 문화적으로는 섬 같은 역할을 할 수 있겠다. 뭐 그렇게 생각하는 거지. 굳이 뭐 섬일 필요는 없겠죠. (…) 마을로서의 섬, 뭐 이런 거죠. 고립된 뭔가를 말하는 건 아니고. 거기서 살고 싶죠.(신승미, 20면)

신승미씨는 노리단에서의 삶에 행복해한다. 그럼에도 문화적으로 독립된 섬에서 살고 싶어한다. 그의 이야기를 들어보면 노리단처럼 비교적 독립적이고 창의적으로 활동하는 사람들도 현실의 세계를 떠나고 싶을 정도로 우리사회는 "과속으로 피로한" 사회인 모양이다. 신승미씨는 세상과의 소통에 문제가 있더라도 자신들의 느림의 문화, 다양성의 문화를 독립적으로 유지하고 싶어한다.

플래시운동과 촛불운동

도시농업을 하는 안철환씨는 자신을 태워 주위를 밝히는 촛불 같은 운동을 가리켜 '촛불운동'이라고 말하며, 자신의 행복을 소중히 가꾸며 주위와 나누는 이런 운동이 필요하다고 말한다.

> 옛날에는 운동이 남을 설득하는 것이었다면 이제는 나 스스로 그냥 내 행복에 겨워서 내가 대안적인 삶을 살면 되는 식으로 생각이 바뀐 거예요. 그래서 내가 생각한 말이 예전의 운동은 '플래시'운동이었다. 밝게 살아라, 플래시 자체는 어둡잖아? 남은 밝게 해줘도요. 근데 지금의 운동은 촛불운동이어야 된다. 남이 밝든 안 밝든 상관없이 내가 밝게 사는 거죠. 그러면 그 빛이 약하더라도 골고루 퍼져서 가지 않겠느냐?(웃음)
>
> 합리화지요. 세상을 생각하면 답답하고 항상 거기에 일정한 거리를 두려고 그러는 거죠. 거기를 생각하면 스트레스 받고 대안도 없고 이러니까. 그렇다고 나 혼자 이러고 살면 '저 새끼 지 혼자 도사처럼 산다' 이런 것도 좀 미안하고. 어쩌다 여기에 왔지만 그런 점에서 내가 여기에 살게 된 게 다행이다. 아예 시골로 내려가면, 내가 참 존경하는 선배나 스승이 한 분 있는데 그 분들이 다 은둔자들이에요. 그

분이 그렇게 생각을 하거든. 세상은 내가 저거 한다고 해서 변하는 게 아니다. 내가 올바르게 살아서 가면 되는 거지. 이런 분들이거든요. 그런데 촛불이 너무 안 퍼지거든요, 숨어 사니까 그냥.(웃음)(안철환, 11면)

안철환씨는 옛 운동이 세상을 밝게 하기 위해 남을 설득하고 자신은 제대로 돌아보지 않는 운동이었다고 말한다. 남을 밝게 해주느라 나는 어둡게 사는, 남의 행복을 위해 자신의 행복을 희생하는 방식을 옛 사회운동이라고 본다. 그는 농사를 지으면서 "내가 대안의 삶을 살면 된다"고 생각하게 되었다. 촛불은 미약하지만 자신과 세상을 비추면서 점점 퍼져나간다고 말한다. 그런데 바로 이러한 생각이 자기합리화라고 성찰한다. 플래시를 비추지는 못하지만 농사지으며 '별일 없이' 아주 재밌게 사는 자신에 대한 자의식을 절감한다. 플래시운동을 하는 사람들에게 한편으로 미안하지만, 그래도 도시 근교에서 사람들에게 농사의 즐거움을 알려주며 텃밭공동체를 일구며 살아 다행이라고 여긴다.

안철환씨의 말대로 공동체를 꿈꾸는 사람들 중에는 의도했든 아니든 간에 '도사'처럼 사는 사람들이 많다. 세상을 바꾸려다 자신이 세상처럼 변해버린 경험을 했거나 그리 될까 두려워하는 사람들은 '내가 세상을 바꾸지 못할 바에야 세상이 나를 바꾸지 못하도록' 스스로 은둔해버린다는 얘기다. 이런 사람들은 모여서 섬을 만들어 세상이 자신들의 공동체를 망가뜨리지 못하게 한다.

주류 세상을 바꾸는 공동체운동
그런데 한겨레신문의 권복기씨는 섬에서 나와야 한다고 말한다.

대륙을 바꾸는 일을 시작해야 성공할 수 있다고 주장하면서 공동체운동의 개념을 매우 넓게 규정한다. 생산과 소유를 완전히 일치시키고 공동소유 혹은 무소유공동체를 만들어야 하지만, 과도기적으로 현실과 궁극의 지향 사이에서 타협하면서 변화를 끌어내야 한다는 주장이다.

> 우리는 음식을 만들더라도 유기농산물로 만든 재료를 써서 친환경적 방법을 통해 첨가물 전혀 넣지 않고 음식물 만들어 시장에 내놓아, 우리의 가치와 노력과 정직성이 담긴 제품들이 우리사회를 뒤덮어야 한다고 생각합니다. 그래서 먹을거리 운동 하는 한살림 같은 데 가면 수퍼의 모든 물건을 다 바꾸는 꿈을 꿔야 된다.(권복기, 11면)

그는 한살림이나 생협 매장을 전국적으로 1000개 이상 만들고 그것을 로컬 푸드(local food) 운동[1]과 결합하는 기획이 필요하다고 말한다. 공정무역으로 만들어진 브랜드 제품이 다국적기업 제품을 이기듯이 그런 전략을 세워야 한다는 것이다. 그는 기업을 바꾸는 것도 공동체운동의 일환이라고 말한다.

> 저는 기업 자체도 공동체운동이라고 생각하는 겁니다. 시골에 가서 농사를 짓고 사는 것만 공동체운동이 아니라 도시에서 생활하는 우리가 기업도, 공조직도, 학교도 바꾸고, 그게 다 공동체운동이라고 생각하거든요. 어찌 보면 공동체라는 게 사람의 삶의 전일적인 과정을 다 포괄하는 거잖습니까? 그런 측면에서는 공동체운동의 성장 가능성은 무궁무진해요.(권복기, 11면)

그는 공동체의 가치를 중시하는 새로운 기업의 사례를 이야기한다. 서울 남산에 있는 '촛불 1978'이란 레스또랑 사장은 직원들을 정규직으로 채용해 4대보험에 모두 들어주고, 회사 돈으로 1년에 한달씩 여행을 보내며, 프랑스 요리학교도 보내준다. 유기농산물만 쓰는 인천에 있는 '산들바람'이라는 채식 뷔페는 점심에만 문을 연다. 좋아하는 일을 즐겁게 하고 여유있게 사는 것이 공동체의 삶인데, 아침 여덟시에 나와 식자재를 다듬기 시작해 밤 열시까지 일하면 그럴 수 없으니 종업원의 삶의 질을 위해 점심에만 문을 연다. 처음 몇해 동안 한달에 500만원씩 적자가 났지만, 5년이 지난 후에는 적자를 면하게 되었다. 권복기씨는 많은 돈을 벌지는 않더라도 사람을 중시하는 이런 기업이 많이 생기게 하는 것도 공동체운동이라고 말한다. 공동체운동을 먹을거리와 대안학교, 대안의료 체계 등으로 좁게 해석하지 말고 시각을 확 넓혀서 주류사회와 시장을 바꾸는 운동으로 전환해야 한다고 주장한다(권복기, 12면). 그런 운동이 신자유주의가 지배하는 세상을 바꿀 수 있다고 보는지 물어보았다.

> 그럼요. 저는 그 속도가 굉장히 빨라지기 때문에, 우리가 시골에 가서 유기농사만 짓고 우리끼리 모여서 옷도 만들어 입고 해서는 빨리 바뀌지 않는다고 생각하거든요. (…) 우리가 지향하는 이념과 방법을 가지고 기존의 주류씨스템을 바꾸지 못한다면 이런 공동체운동이 무슨 의미가 있겠습니까? 그건 은둔자들 운동밖에 안되지요.(권복기, 12면)

그에게 공동체운동은 주류씨스템을 바꿀 때에만 의미가 있다. 자기들끼리 유기농사 짓고, 자기들끼리 행복한 삶을 이루는 것만으로는 세상을 바꿀 수 없다. 그러나 안철환씨는 은둔자처럼 보일지 몰라도 스스로 행복하게 사는 운동도 조금씩 세상을 바꾼다고 말한다. 촛불이 조금씩 퍼져나가듯. 두 사람은 전혀 다른 이야기를 하는 것처럼 보이지만, 사실은 같은 방식을 다르게 이야기하고 있는지도 모른다. 다만 안철환씨가 좀더 느리게, 자신을 바꾸면서 사회를 변화시키는 데 관심이 있다면, 권복기씨는 세상의 변화에 맞추어 더 빠르게 다양한 형태로 변화시키는 데 관심을 기울인다. 이러한 차이에도 불구하고 신승미씨, 안철환씨, 권복기씨 모두 시장이나 국가 체계가 낳는 불안과 욕망, 환경파괴를 극복하기 위해서는 공동체를 되살려야 한다고 말한다. 공동체는 우리시대 새로운 희망의 상징이다.

자연을 닮아가는 삶

전통적 공동체에는 악덕과 미덕이 모두 있었지만, 생산력에 한계가 있어 자연 착취는 그리 심하지 않았다. 그러나 산업혁명 이후 전 세계적으로 산업 생산력이 무섭게 발전함으로써 결국 지구의 생태를 심각한 위기에 몰아넣었다. 이를 위기로 인식한 사람들은 사회와 자연을 지키기 위해 이제는 다르게 살아야 하고 그런 삶이 가능한 제도를 정착시켜야 한다고 말한다. 연두농장의 변현단씨는 우리사회가 '농의 가치'를 추구하는 사회가 되었으면 좋겠다고 말한다.

알뜰한 사회가 되었으면 좋겠어요. 알뜰함의 사회, 소비보다도 생산을 하는 사회. 생산의 의미는 알겠지만, 공장제 생산이라기보다도 자연에 천착하는 거, 자연을 닮아가는 거죠.(변현단, 28면)

변현단씨에게 우리가 본받을 만한 나라가 어디냐고 물어보았다. 그는 빌딩 많은 도시는 하나도 부럽지 않고 네팔이나 인도 남부의 농촌이 인상 깊다고 말한다.

네팔에서는 그냥 거기 한국적인 정서가 있어요. 비슷해요. 삶의 모습도 비슷하고, 생활도 비슷해요. 네팔, 티벳 쪽도 거의 비슷하고, 인도 남부 쪽도 비슷해요. 거의 정서가 비슷하다고 보시면 돼요. 그래서 그것들이 인상적이었어요. 정서가 비슷하다. 생활방식에서 농촌 모습 그대로이니까요. 무엇보다도 저는 목가적인 것을 좋아하는 거 같아요. 뭐냐면 닭이 가잖아요, 그럼 병아리가 쫄랑쫄랑 가는 거. 돼지랑 병아리랑 같이 어울리고 노는 거. 그 모습이 제일 아름다웠어요. 그게 어디를 가나 그 모습이 제일 예뻤고, 그 모습이 제일 인상적이었고, 그래서 그걸 실현하려고 해요.(변현단, 28면)

사실 스웨덴 같은 북유럽 복지국가를 지향하는 사람들도 적지 않았다. 그러나 변현단씨는 공동체의 정서와 자연이 살아있는 네팔 같은 곳이 더 인상적이고 그런 자연에 가까운 공동체를 만들고 싶다고 말한다.

안철환씨는 농경사회를 만드는 게 꿈이라고 말한다. 첨단 정보통신 기술에 힘입어 흩어져 살 수 있기 때문에 그 꿈을 이룰 수 있다고 생각한다. 그는 도시 유기농업에 성공한 꾸바나 채종률이 높고 "농경사회의 원형이 살아 있는" 태국에 가보고 싶어한다.

안솔기마을의 김명철씨는 대안은 "자연스러움이어야 된다"고 생각한다(김명철, 30면). 그에게 대안의학이란 "자연에서 난 것들로 가공하지 않은 상태에서 자연스럽게 그 사람에게 가장 필요한 상황"을 만들어주는 것이다. 그는 교육도 아이들이 "자연스럽게 자기 삶을 살아나갈 수 있도록 도와주는 것"이라고 본다. 자연스러움이란 마을에서 스스로 농사를 지으며 어느정도 자립하는 삶을 일구는 것을 의미한다. 김명철씨가 생각하는 대안세상은 인간의 공동체를 넘어 다른 생물, 그리고 자연까지 사랑하는 영성이 깊은 사회이다.

부안 시민발전의 이현민씨는 순환형 사회를 만들어야 한다고 말한다. 농업, 상업, 공업이 순환하고 농촌과 도시도 순환해야 하며, 공동체가 복원되어야 지속가능한 사회가 만들어진다고 본다. 지금은 이렇게 순환되지 않아 자연이 절멸의 위험을 알리는 신호를 보내고 있다고 말한다(이현민, 12~13면).

이 사람들은 도시의 인공 환경이 채워줄 수 없는 자연을 갈망하고 사랑한다. 생태위기의 시대에 자연을 사랑하고 닮아가지 않고서는 행복할 수 없고, 이 삶을 지탱할 수도 없다. 이들은 이 자명한 사실을 삶을 통해 보여주고 있다.

모두 평등한 세상

자본주의와 근대도시는 인간을 전근대적 속박에서 해방시켰지만, 동시에 가난할 자유, 실업자가 될 자유도 함께 주었다. 오늘날 우리는 이런저런 차별과 불평등 속에서 살아간다. 제도적 민주주의의 발전으로 차별은 크게 줄었다지만 여전히 빈곤, 성, 인종, 비정규직 등에 따른 차별로 우리사회는 안에서 병들어가고 있다. 국가 경쟁력 강화라는 구호 속에서 사회는 질식 당하고 있다. 하지만 인간의 기본권이 존중되는 평등한 세상을 꿈꾸는 사람들은 여전히 많다.

지역에서 가꾸는 가난한 사람들의 복지

'신나는조합'의 박인희씨는 우리나라가 "차별 없는 세상, 가난한 아이들이 행복한 세상"이 되었으면 좋겠다고 말한다. 가난한 사람들이 수렁에서 빠져나오지 못하고 있는 현실이 개선되지 않아 낙심하는 때도 많다. 그는 지역의 여러 자원들을 연결해서 빈곤을 극복하는 '지역 복지력 구축'이 대안이라고 말한다.

지역 복지력 구축이 대안이라고 봐요. (…) 지역 복지력 구축은 쉬운 말이에요. 지역사회 안에는 다양한 인적·물적 자원들이 있잖아요. 이런 다양한 자원들에 다가가서, 사회자본을 붙잡아야죠. 제가 선생님들한테 이렇게 교육시키죠. 지역사회 들어가서 널려 있는 자원을 붙잡아서 입에 넣어보세요, 팔 굽히지 말고. 그게 들어갑니까? 안 들어가죠. 어떻게 먹을 거예요? 먹여줘야 되는 거죠. 이게 360도 회전이 되고, 좌우상하 공간적인 것도 다 되는 겁니다. 이렇게 나누는 겁니다. 이게 지역 복지력을 구축하는 것이고, 그것만이 지역사회 빈곤가정을 일으켜 세우는데, 지역 복지력을 구축해나가는 것이 대안이에요.
지역사회엔 아동쎈터, 방과후교실 있고, 자활후견기관 있고 관공서들 다 있잖아요. 여러 단체들, NGO, NPO 많잖아요. 그 단체들이 서로 연계하면서 자원을 연계하고 정보도 공유하면서 관과 민이 합동 체계 만들고, 그런 것들에 대한 지역에서의 새로운 자본들을 연결해서 서로 역할 분담하는 거, 이런 것들은 굳이 공동체를 안해도 지역사회가 살기 위해서는 할 수밖에 없는 거거든요.(박인희, 13~14면)

빈곤문제를 해결하기 위해서는 다양한 시민단체와 정부기관이 지역사회에 들어가 정보와 자원을 공유해 협동체제를 만들어야 한다는 말이다. 그런데 자본주의체제의 불가피한 구조적 차별인 빈곤에 '지역 복지력 구축'이 대안이 될지 의문이다. 박인희씨도 피로감을 호소한다.

좀 지친 것 같아요. 사회가 너무 변화가 없으니까. 세상이 어떻게 망할까 싶어요.(박인희, 16면)

빈곤문제를 정부의 복지정책으로 해결한다 해도 그에 따르는 문제도 적지 않다. 원주 밝음신협의 정인재씨는 단순히 복지시설에 맡겨서 빈곤층 문제를 해결하기는 어렵다고 말한다.

원주에도 빈곤계층이 (…) 이미 생기기 시작했고, 지금도 더 늘어날 거고. 이 분들의 문제를 단순하게 복지시설들에만 맡길 수는 없는 거거든요. 그렇게 단순하게 경제적 문제만 해결해준다고 문제가 해결되는 것도 아닌 것 같고. 경제적 문제도 해결해야 하지만, 자존심, 존엄성, 그런 것을 유지해줄 수 있도록 하는 활동을 앞으로 해야 되지 않나, 생각을 해요. 모르겠습니다. 내 생각이 맞는지.(정인재, 13면)

빈곤계층의 문제는 이들을 복지시설에 맡기거나 경제적으로 지원한다고 해서 해결될 수 없다. 인간의 자존심, 존엄성을 유지할 수 있도록 하는 것이 중요하다. 그는 "협동조합 방식에 의해서 살아가는 교육 프로그램, 자체 교육 프로그램을 개발"해야 한다고 말한다. 저소득층들이 "어떻게 살아야 하는지, 어떻게 자립할 수 있는지 가르치고, 가난하지만 살아가는 보람을 느낄 수 있는" 교육 프로그램, 즉 이론이 아니라 실제 삶 속에서 실천할 수 있는 교육 프로그램들을 개발해야 한다는 말이다. 그가 말하는, 협동조합 방식에 의한 교육 프로그램과 신협 방식에 의한 공동체를 중심에 둔 자활 프로그램은 사람을 살리는 복지의 가능성을 보여준다.

여성성의 재발견

인간사회에서 최초의 분업은 성별 분업이라고 한다. 아이를 낳을 수 있는 여성과 그렇지 못한 남성의 생물학적 차이는 분업을 낳았을 뿐 아니라 다양한 문화적·정치경제적 차별을 낳았다. 하늘의 절반인 여성은 역사적으로 억압 받고 배제되었으며, 아이들을 돌보고 사회 구성원을 재생산해왔다. 근대 이후 이런 성별 분업에 따른 차별은 조금씩 약화되기 시작했다. 페미니즘 사상과 실천이 차별을 넘어 평등한 세상을 만드는 데 기여했다. 그러나 여성은 여전히 차별 받고 있다. 여성의전화 박신연숙씨가 말하듯이 한집 걸러 한집에서 매 맞는 여성이 있다. 원초적 폭력의 시대, 성에 따른 차별이 온존하는 시대에 우리는 어찌하면 평등한 세상을 만들 수 있을까? 하지만 마음으로뿐 아니라 생활 속에서 이미 평등과 존중의 삶을 실천하는 사람들도 있다.

애자일 컨썰팅의 김창준씨는 가부장적인 아버지 밑에서 자랐다고 한다. 그는 내면에 있는 남성성 혹은 폭력성을 성찰하면서 그것을 극복하기 위해 노력한다.

> 저는 아버지가 굉장히 남성적인 아버지, 아버지스러운 아버지. 대부분 다 그러실 거예요. 그래서 그게 제 속에 있어요. 그런 거 있잖아요. 폭력을 당하는 사람이 폭력을 자기화하는 것 말이에요. 그래서 폭력 당했던 사람은 밑에 누가 들어오면, 군대에서도 그러잖아요. 그래서 저희 아버지한테 그런 걸 받았기 때문에 저도 그런 게 속에 숨어 있어서 저도 모르게 그런 게 나와요. 그럴 때 굉장히 괴롭죠. 노력을 늘 하죠. 아주 치열하게 노력을 해야 되는 것 같아요.(김창준, 15면)

김창준씨는 자기 안에 잠재된 폭력성을 가부장적인 아버지의 훈육 결과로 해석한다. 그 폭력성이 자기도 모르게 발현될 때 고통을 느끼며 그것을 통제하기 위해 노력한다고 말한다. 이유는 알 수 없지만 그는 성인이 된 이후 여성성의 소중함을 절실히 느낀 듯하다. 김창준씨는 유연하고 관계 중심적인 애자일 방법론을 여성성과 연결시킨다. 하나의 원칙에서 시작해서 바꾸기 어려운 딱딱한 '직선적' 방법론이 남성적이라면, 변화에 따라 유연하게 변용할 수 있는 '곡선적' 방법론은 여성적이라고 본다. 그에 따르면 요즘 돈에 얽매이지 않는 사람들이 늘고 있는데, 이들은 크고 좋은 회사라도 "굉장히 남성적인 회사"라면 나올 용의가 있다(김창준, 14면). 김창준씨는 자신이 남성성과 여성성을 반반 정도로 균형있게 갖고 있는 것을 매우 자랑스러워한다.[2] 농사 짓는 안철환씨는 여성농민회원들을 보면 기분이 좋다고 한다.

> 전여농, 여성 농민들의 조직이죠. 전국여성농민회인가? 정식 명칭은 잘 모르겠습니다. 전농(전국농민회총연맹)의 여자 조직이라고 그래야 되나? 그 분들 만나면 내가 참 기분 좋아요. 역시 여자들이 민주적이고 덜 권력지향적이고 굉장히 헌신적이에요. 이 사람들이 다 농사지어요. 일꾼들이니까 현장의 진정성이 있지요. 시골에서 전여농 거기 가면요, 회장은 산청에 사시고, 토종운동 열심히 하시는 분은 횡성에서 농사지으시고 그래요. 그런 분들이 운동도 앞장서서 해요. "그럼 농사는 어떻게 지으십니까?" 그러면 "그게 항상 스트레스예요"라고 합니다. 오면 집에 참외 생각나고 그런다는 거예요. 이게 그러니까 운동이 격해지지 않는다 그럴까? 어떻게 보면 자기 발 딛고 있는 게 있고 중심이 있으니까요. 그렇다고 운동이 덜 치열하다는 건 아니지만. 그럴 필요가 있는 게, 너무 운동에 목매달면 너무 자기 중심성이 강해지는 것 같아. 사람이 타협할 줄 알고, 남 배려할 줄 알고, 서로 공유할 줄 알고 이러려면 자기 삶의 중심이 있어야 할 것 같아요. 그게 없이 운동에만 목매달면 자기 중심성으로만 가는 것 같아요. 이 사람들이 자기 농사 현장이 있어서, 필드가 다 있어요. 다 여자고, 그래서 참 기를 얻고, 그 분들만 만나면 기분이 좋아요. (안철환, 14면)

안철환씨는 여성 농민운동가들을 민주성, 권력지향적이지 않은 품성, 헌신, 진정성, 타협, 배려, 공유 같은 미덕을 가진 존재로 인식한다. 농사짓는 땅이라는 삶의 중심을 갖고 있으며 남과 소통할 줄

아는 성숙한 인간이 바로 여성들이다. 안철환씨는 자기 삶의 중심을 농사에 두지 않고 운동에만 목매다는 것은 배척해야 할 태도로 본다.

아빠들이 많이 변해요

성미산 마을의 박미현씨는 마을활동을 하면서 남녀간의 갈등도 겪었다고 말한다. "페미니스트였던 사람이 어린이집에 있을 때는 아빠들을 굉장히 비판"하기도 했다. 아빠들은 가만히 앉아 있고 엄마들만 부엌에서 일한다는 문제제기도 있었고, 이에 대한 교육과 토론이 필요하다는 이야기도 나왔다. 박미현씨는 마을 일을 하면서 아빠들이 조금씩 변했다고 말한다.

> 실질적으로 아빠들이 많이 변해요. 그 대표적인 케이스로 권위적이고 남성 중심으로 사고하던 그 (함께 있던 남편을 가리키며) 저이가 많이 변했죠. 많이 도와주고, 가사일 하고, 이런 거에 대해서 스스럼없고. 그런 면이 정말 있었죠. 그리고 여자들이 더 강해요. 강하고 여자들이 친밀감의 강도가 더 쎄니까요. (박미현, 16면)

박미현씨는 남편을 비롯한 남성들의 권위적이고 이기적인 태도가 줄어들고 가사일도 함께 하게 되었다고 말한다. 여성들의 강한 친밀성이 남성의 변화를 이끄는 힘이라고 보는 것 같다. 그는 공동육아를 하면서 아빠들이 함께 어울리다보니 자연스럽게 탈권위적인 문화를 만들어가게 되었다고 본다. 박미현씨는 권위적인 아빠들은 잘 섞일 수가 없다고 말한다. 그가 보기에 권위적이던 남성이 공동육아를 매개로 친밀성이 강한 여성들과 함께 생활하면서 스스럼

없는 멋진 남성으로 바뀌었다. 역시 마을 공동생활은 사람을 변화시키는 힘이 있다는 사실을 성미산마을 사람들은 보여주었다.

느림의 문화

여성환경연대 사무국장으로 일한 적이 있는 페어트레이드 코리아의 이미영씨는 여성의 정체성을 갖고 환경운동을 하기란 매우 어렵고 그렇게 활동하는 사람도 적다고 말한다.

> 여성운동에서도 마이너리티(소수자)고, 환경운동에서도 마이너리티고.(웃음) 마이너리티와 마이너리티를 열심히 네트워크해온 사람들은 그동안 (여성 사회운동가로서) 받았던 설움이 커서 (포럼이나 국제회의 같은 네트워크 활동이) 너무 좋고 자주 해달라고 그러고 그랬는데, 이게 운동으로는 안되는 거예요.(이미영, 20면)

그래서 2005년부터 여성환경연대는 네트워크형 조직이 아니라 독립적 조직으로 조직형태를 바꾸어 여성 건강, 대안생활운동 같은 사업을 하기 시작했다. 지금은 여성환경연대를 비롯하여 여성민우회, 생협 같은 풀뿌리 여성운동이 지금은 많이 발전했다. 서울 중랑구, 영등포구, 그리고 대구에 풀뿌리 여성 환경운동 조직이 생겼다. 이미영씨는 풀뿌리를 중시하는 것이 여성 환경운동의 중요한 특징이라고 본다. 젊은 여성들은 지루한 근검절약이 아니라 재미있게 뭔가 만드는 것을 좋아한다고 한다. "나한테만 유일하게 존재하는 물건"이 갖는 개성을 즐기는 여성들이 자신들의 여성성을 만들어간다. 또다른 중요한 특징은 느림의 문화를 만들어간다는 점이다.

일상이 너무 바쁜데, 한달에 딱 한번만 딱 두시간만 느리게 살아보라고 하는, 그 제안이 굉장히 설득력을 주는 거예요. 그리고 한달에 한번 그 느림의 시간이 본인한테 만족과 감동을 주는 거거든요. 그런 부분이 여성 환경운동에서는 굉장히 중시되고, 중요한 메씨지가 되지요.(이미영, 14면)

느린 삶을 즐기며 스스로 뭔가 만드는 데서 행복을 느끼는 풀뿌리 여성들이 생활을 바꾸어가고 있다. 이들의 느림의 문화가 공정무역의 슬로우 패션(slow fashion)으로 확산되어 착한 생산과 소비의 연결망을 만들고 있다.

우리는 여성들에게 가해지는 차별과 불평등은 지금도 여전하지만, 여성성의 가치를 발견하고 이를 바탕으로 새 세상을 만들어가는 사람들이 매우 많다는 사실을 확인할 수 있었다. 폭력과 차별이 인간과 사회를 황폐화하는 현실에서도 평등을 넘어 차이를 향유하는 사람들이 늘고 있다.

인종, 민족, 국가를 넘어선 평화

우리의 몸은 언제나 세계인들과 소통할 수 있는 기술문명의 시대에 살고 있지만, 뇌 혹은 마음은 아직도 가족들을 중심으로 교류하고, 그 친족의 범위(혹은 국민국가)를 넘어서는 집단(국가)에는 배타적으로 행동할 뿐 아니라 심지어 적대하는 시대에 살고 있다. 특히 근대 이후 국민국가의 강력한 물리력은 전쟁과 억압을 일상화하고 있다. 사적 폭력이 줄어든 반면 공적 폭력과 전쟁, 국가의 자연파괴 위험성은 날이 갈수록 커지고 있다. 이러한 시대에 진정한 평화, 참된 정의는 무엇이고 어떻게 하면 이를 성취할 수 있을까? 우리가 만난 사람들은 다양한 곳에서 다양한 모습으로 정의와 평화를 위해 노력하고 있다.

장윤수씨는 피부색만 다를 뿐 똑같은 인간인 이주노동자들을 평등하게 대해야 한다고 말한다. 국가는 합당한 정책을 세워 노동자의 권리를 보장해야 하고 시민들도 편견을 버려야 할 것이다. 그는 "다인종 다문화 사회"에서 "사람이 사람답게 살아갈 수 있는" 세상을 만들고 싶어하며 그 길을 찾기 위해 공부하고 있다. 장윤수씨의 꿈은 북유럽식 사민주의를 도입해 국가를 개혁하고, 그 힘을 바탕으로 여러 인종이 다양한 문화를 누리면서 평화롭게 살아가는 사회를 만드는 것이다. 의료생협의 임종한씨는 우리나라가 아시아 이웃들의 사회개발을 도왔으면 좋겠다고 말한다.

본래 아시아라는 것이 과거의 갈등 때문에 찢긴 경험들이 많잖아요. 그렇잖습니까? 그런데 유럽과 같이 통일된 공동체 경험들을 이끌어내는 부분에서 우리가 선도적인 역할을 하는 나라였으면 좋겠다고 생각하는데 (…) 우리는 상대적으로 작은 나라이고 다른 나라와 연대의 경험이라든가 이런 부분들을 폭넓고 더 많이 얘기할 수 있는 위치에 있는 나라이기 때문에, 아시아에서 그런 긍정적인 역할들을 많이 했으면 좋겠다 하는 바람을 가지고 있고요. (임종한, 18면)

임종한씨는 안에서의 민주화나 공동체운동의 성과에 만족하지 말고 그 경험을 함께 나누어 아시아 다른 나라의 발전에 기여하기를 바란다. 중국과 일본은 제국주의의 유혹 때문에 한계가 있으므로 우리가 중요한 역할을 할 수 있을 것이다. 그는 NGO 쪽에서도 다른 나라 NGO들과 연대해서 새로운 아시아를 만드는 데 기여하면 좋겠다고 말한다.

일본에서 생활하면서 "조국과 민족에서 해방된" 경험을 한 김경옥씨는 과거 식민지배를 반성하는 일본 사람들을 보면서 이들에게 "연대를 제안"하기도 했다.

> 다행히 제가 만난 일본 사람들이 (…) 저만 보면 무릎을 꿇고 미안하다고 용서를 빌려고 하는 사람들이었거든요. 그러면 제가 같이 미안해하면서 그건 당신이 잘못한 게 아니다. 우리도 잘못한 거 되게 많다. 베트남에 가서 우리가 얼마나 심한 짓을 했는지 당신들은 잘 모를 것이다. 근데 우리 아직도 용서 안 빌고 있고. 그러니까 이런 식으로 개인적으로 무릎을 꿇거나 용서를 빌거나 이런 것보다는, 그런 사회를 만들지 않기 위해서, 그런 지도자가 권력 못 잡게 하기 위해서 우리가 뭐를 할 것인지 고민하자. 그리고 이렇게 같이 마음을 나눌 수 있는 사람들이 어떻게 세계시민으로서 연대할 것인지에 대해서 고민을 하는 게 되게 필요하다고 생각한다. 그때 제가 그 사람들한테 그런 이야기를 되게 많이 했던 것 같아요. (김경옥, 6면)

그는 침략전쟁의 책임을 개인 차원으로 돌리지 말아야 하고, 세계시민으로 연대해서 제국주의자들의 집권을 막는 것이 더 중요하다고 이야기했다. 김경옥씨는 일본에서 한국의 베트남전쟁 참전도 보편적 관점에서 바라볼 수 있었고, 세계시민의 연대라는 폭넓은 평화의식을 체득하게 되었다.

"애국애족"에 묶여 있던 페어트레이드 코리아의 이미영씨는 아시아의 가난한 여성들과 교류하면서 '윤리적 소비, 품위있는 소비' 운동을 하고 있다. 그가 볼 때 빈곤, 여성, 환경, 아시아 같은 문제들은 우리 삶 속에서 서로 떨어져 있는 게 아니라 얽혀 있다. 그는 이제 우리나라도 이런 문제들에 관심을 갖고 멋있게 사는 사람들이 많아졌으면 좋겠다고 말한다.

뭐랄까, 품위있는 나라가 됐으면 좋겠어요.(웃음) 성공한다 하더라도, 부패해서 성공해서는 안된다. 그다음에 가난한 사람을 착취하는 것은 정말 아름답고 멋있는 삶이 아니다. 멋있는 삶이 무엇이라는 것에 대한 생각이 바뀌는 거 있잖아요. 그게 옛날의 운동권들처럼 지지리 힘들고 경제적으로 어렵고 이게 아니라, 재밌으면서 멋있게 사는 삶에 대한 기준이 바뀌는 거.(웃음) 자기가 하고싶은 거 하고, 도 닦고 싶으면 도 닦고, '이런 삶이 진짜 한번 해볼 만한 거야'라고 다수가 느끼는 사회가 되었으면 좋겠어요.(이미영, 15면)

우리는 모두 국가의 강한 구속을 받으며 살아간다. 국가는 공익의 관리자, 집행위원회일 때도 있지만, 폭력, 전쟁, 환경파괴의 화신일 때도 많다. 우리가 만난 사람들은 민족, 국가의 틀을 훌쩍 뛰어넘어 가난한 사람들을 도우며 세계시민으로서 더불어 행복하고 품위있게 살기를 꿈꾼다. 꿈이 있으니, 이루어지는 그날도 올 것이다.

희망의 차이와 그 너머

복지국가 혹은 농경사회

우리는 구술자들이 어떤 세상에 살고 싶어하는지 알고 싶었다. 이루어지든 이루어지지 않든, 꿈과 희망은 현실을 비판할 수 있는 근거이자 미래를 열어가는 힘이기 때문이다. "우리나라가 어떤 나라가 되었으면 좋겠습니까?"라는 질문에 대한 답은 매우 다양했다. '여성의전화' 박신연숙씨는 여성인권이 잘 보장되는 유럽을 거론했고, '외국인노동자와함께'에서 일한 장윤수씨는 북유럽형 복지국가를 바람직한 모형이라고 말했다. 연두농장 변현단씨는 농촌이 살아있는 네팔이나 인도 남부를 이야기했고, 『생태도시 아바나의 탄생』을 번역한 안철환씨는 "농경사회의 원형이 살아있는" 태국에 가보고 싶다고 말했다.

우리는 여기에서 중요한 차이를 발견할 수 있다. 소수자의 권리를 위해 일하는 두 구술자가 자본주의와 민주주의를 함께 발전시킨 유럽 복지국가를 긍정적 준거로 제시한 것으로 보아, 이들이 자기조정적 시장과 이를 규제할 국가의 병행발전을 꿈꾼다고 해석할 수 있다. 이는 '진보'운동에 참여하는 사람들의 일반적인 태도라고 볼 수 있다. 그러나 생태위기로 지속가능한 삶이 위협 받고 있고 산업자본주의체제에서 많은 사람이 불행하게 사는 현실 속에서 유럽형 복지국가의 문제점에 대한 성찰이 필요하다. 유럽형 복지국가는 자본의 지속적인 축적 없이는 유지하기 힘든 체제이기 때문이다. 자국의 복지와 환경을 위해 다른 나라의 복지와 환경을 희생시키는 체제가 과연 정의롭고 지속가능한지 비판적으로 검토해야 할 것이다.

재미있는 것은 농사를 즐기는 두 사람이 아시아의 '가난한' 나라 농촌을 이상적으로 평가하고 있다는 점이다. 이러한 관점은 경제성장과 산업문명을 선(善)으로 보는 보통사람들의 관점과는 크게 다르다. 이들의 가치관이 한쪽으로 치우쳤다고 볼 수도 있다. 이들이 이상적으로 평가하는 농경사회에서는 자연과 사람이 어울려 살아가는 반면, 봉건적 유제와 저개발, 민주주의의 미성숙으로 고통 받고 있기 때문이다. 우리는 '농경사회'가 안고 있는 이런 딜레마를 어떻게 극복하고 지구화시대에 자연과 사회, 공동체가 공생할 수 있을지 탐구하고 실험해야 할 것이다.

공동체, 자연, 평등, 평화

우리는 앞에서 구술자들이 바라는 꿈을 공동체, 자연, 평등, 평화라는 키워드로 정리했다. 이들 가치를 바라보는 입장은 비슷하기도 하고 다르기도 한데 이들의 공통점과 차이점을 살펴보자.

첫째, 구술자들은 공동체를 어떻게 보는가? 구술자들이 말하는 공동체라는 말은 마을, 이웃, 텃밭, 가족, 돌봄, 사람, 인정 같은 말들과 연결되어 있다. 모두 공동체라는 말을 쓰지만 전통적인 농촌공동체, 느슨한 동호인 집단, 계획공동체, 지역공동체, 협동조합 등 이들이 이상으로 삼은 공동체의 모습도 다르다. 사람들은 사회적 유대의 형태, 계획성과 개방성의 수준이 다른 나름의 공동체를 실험하고 꿈꾸고 있다.

이들이 말하는 '공동체'의 공통점은 무엇일까? 구술자들은 화폐가 지배하는 시장과 권력이 지배하는 국가 너머에 있는 공동체를 이야기한다. 그것은 권력과 돈이 없는 사람들도 함께 먹고 마시고 즐기며 편하게 살 수 있는 유토피아로서 공동체다. 이런 유토피아는 현실세계에는 없다. 구술자들이 말하는 공동체의 꿈은 전근대에 대한 향수와 관련이 있지만 근대를 넘어서는 새로운 자유인들의 결사에 더 가깝다. 이런 의미에서 공동체라는 상징은 평등의 상징과는 구분되는, 오래되었지만 새로운 비전이라고 볼 수 있다. 그러나 공동체의 무(無)정형성은 '다양성 속의 통일성'을 구성하기 어렵게 만든다. 체계를 넘어 자유를 지향하는 공동체 혹은 아나키즘(무정부주의)은 새로운 체계 형성의 걸림돌이 될 수도 있다.

둘째, 구술자들 가운데에는 자연과 공존하는 삶을 이상으로 삼은 사람들이 많았다. 농사를 짓거나 농촌에서 일하는 사람들에게 이런 경향이 주로 나타났다. 도시인은 환경이나 자연을 추상적으로 바라보거나 단지 주말용으로 소비하곤 한다. 주류 환경운동이 조직된 회원을 동원하기 어려운 까닭은 이처럼 환경이 삶의 일부로, 그리고 추상적으로 인식되거나 소비되기 때문이라고 볼 수 있다. 그러나 우리가 만난 농사꾼들은 자연과 함께 생활을 꾸려나가거나 그걸 원하는 사람들이었다. 그들에게 자연은 낭만적으로 그려진 대상이 아니라 삶 속에서 체화된 실제이다.

셋째, 평등은 근대의 자유와 민주, 인권을 지탱하고 발전시켜온 규범이다. 프랑스혁명 이후 숱한 근대의 혁명이 평등의 가치를 확산시켰다. 우리나라에서는 근대 동학혁명 이후 평등이 시대정신으로 발전해왔다. 구술자들은 계급, 계층, 신분, 성, 인종, 민족 차별을 철폐하는 세상을 꿈꾼다. 이러한 가치는 산업사회의 근대적 이성을 완성하고 확장하려는 노력이라고 볼 수 있다. 노동운동, 여성운동, 이주노동자운동 등에 참여하는 사람들이 이 가치를 바탕으로 자기 생각을 펼쳐 보였다.

넷째, 국민국가를 넘어서 세계시민들의 평화의 공동체를 꿈꾸는 사람들을 볼 수 있었다. 우리는 차별과 배제, 적대가 내재된 근대 국민국가 체제의 문제점을 인식하고 국가의 억압성과 폭력성을 줄여나가는 미래를 꿈꾸는 이들의 목소리를 들었다.

평등, 공동체, 자연, 세계 평화의 가치는 모두 소중하다. 이러한 규범적 가치들은 역사적·철학적 차이를 내포하는데, 때로 충돌하기도 한다. 더불어 살려 하지 않고 오로지 풍요의 평등을 추구할 때, 자연은 회복하기 힘들 정도로 훼손될 수밖에 없다. 오늘의 생태위기가 그것을 입증한다. 작은 공동체 안에서 풍요의 평등을 추구할 때 세계적 불평등은 심화되고 세계평화의 길은 멀어진다. 이같이 서로 다른 전근대, 근대, 탈근대의 가치들이 충돌할 뿐 접합되지 못할 때, 서로 다른 정체성을 가진 주체들은 지배적인 사회구조에 포섭될 수도 있다. 차이를 바탕으로 다양성을 일구는 연대는 실제 찾아보기 어렵다. 그러나 우리가 만난 사람들은 이런 가치들을 서로 소통하면서 실현하는 미래를 꿈꾸고 있다.

11장
새로운 인간, 새로운 정치

우리는 이 시대를 살아가는 사람들의 꿈과 희망을 들어보았다. 그 꿈을 어떻게 이룰 것인가? 어떤 이들은 세상이야 어떻든 내가 행복하게 잘 살면 그 빛과 향기가 널리 퍼져나갈 거라고 말한다. 어떤 이들은 세상으로 들어가서 세상을 바꿔야 한다고 말한다. 섬에서 살고 싶다는 사람도 있고, 세계로 나아가야 한다는 사람도 있다. 이들은 어떻게 세상을 바꾸려 하는가? 이들은 어떤 정치를 바라는가? 폭력의 정치, 해방의 정치, 영향의 정치, 주창의 정치, 정체성의 정치, 생명의 정치, 삶의 정치 등 수많은 정치가 우리 앞에 놓여 있다.

삶의 전환

세상의 변화는 사람의 변화, 삶의 전환 없이는 이루어지지 않는다. 자신이 처한 삶의 현장에서 더 나은 삶을 일구는 사람들은 어떤 계기로 이 길을 걷게 되었을까. 어떤 이들은 책 한권, 텔레비전 프로그램 한편을 이야기했고, 또 어떤 이들은 그저 자연스러운 흐름에 따랐다고 답했다. 이들은 어떤 방식으로든, 인식론적·실천적 단절을 경험한 사람들이다. 무엇이 이들을 새로운 인간으로 변화시켰을까?

첫째로, 자신의 권리를 침해 당한 사건을 계기로 투쟁을 통해 삶을 변화시킨 사람들이 있다. 박미현씨와 그 이웃들은 성미산이라는 삶의 터전이 사라질 위기에 처하자 싸움에 나섰다. 이랜드일반노조의 김아영씨와 키친아트의 서은희씨도 일할 권리를 침해 당하자 억울해서 싸움에 뛰어들었다. 이들은 국가 혹은 기업과 싸우면서 자신들의 정체성이 변화하는 것을 경험했다. 할 수 있다는 자신감과 동지애를 느끼면서 개인이 아니라 조직 혹은 공동체의 일원으로 자신들의 삶을 변화시켰다.

둘째로, 우연한 계기로 삶을 변화시킨 사람들도 있다. 한살림의 김민경씨가 본 텔레비전 프로그램 한편, 남원의 이해경씨나 민들레 출판사의 김경옥씨가 본 책 한권은 삶의 전환을 이끌었다. 하지만 이러한 계기 이전에 이미 변화를 일으킬 준비가 되어 있었다고 보는 게 올바를 것이다. 똑같은 사건에 직면해 어떤 사람은 삶을 완전히 바꾸지만 다른 사람들은 그저 흘러가는 일상으로 받아들인다.

셋째로, 사회구조적 변화를 계기로 생각과 삶을 바꾼 사람들도 있다. 원주의 조세진씨나 인천의 임종한씨는 사회주의국가의 해체와 우리의 민주화 과정을 보면서 옛 생각과 행위를 반성하게 되었다. 그리하여 위에서 주도하는 국가 개혁과 투쟁 중심의 동원 모델의 한계를 절감하고 주민들의 자발성에 기초한 새로운 협동운동을 시작했다.

넷째로, 자기도 모르게 이 길을 걷게 되었다는 사람도 있다. 안솔기마을의 김명철씨는 자연스러운 흐름에 따라 지금의 삶을 즐기게 되었다고 말했다. 안산의 안철환씨는 농사와 관련된 책을 출판하고, 우연히 선배 따라 농사지으면서 자기도 모르게 도시 농부가 되었다. 우리 주변에는 극적인 전환이 아니라 긴 과정 속에서 삶을 바꾸어간 사람들도 적지 않다.

이러한 삶의 변화에서 우리는 지배적인 사회구조의 균열과 창조적 전환의 계기를 발견한다. 개인의 합이 사회구조일 수는 없지만, 개별 사건의 진화를 통해 사회구조는 변화한다. 이러한 미시적 사건들이 언제 어떻게 일어날지는 알 수 없다. 하지만 우리는 구술자 스물네명의 이야기에서 작은 실천들이 사회구조를 바꾸는 큰 힘으로 전환될 수 있는 가능성을 엿보았다.

새로운 인간형: 영성과 성찰

구술자 가운데에는 자신을 권리의 주체로 세운 사람들도 있으나 반성과 성찰의 주체로 인식하는 사람도 많았다. 주창과 권리, 계급과 노동이라는 담론을 체화한 인간형은 여전히 중요하지만, 이들이 생태위기와 사회위기의 시대에 진리와 정의를 온전히 실현하기는 쉽지 않을 것 같다. 성찰과 영성을 추구하는 사람들은 사회주의운동의 열풍이 지난 후 삶을 돌아보면서 생존이나 인정의 문제를 넘어선 초월의 문제를 깊이 생각했다. 그렇다면 영성이란 무엇인가?

제가 보는 영성이란 이렇습니다. 기독교에서 스피리추얼리티(spirituality)라고 이야기를 하는데, 저는 동양의 사상으로 분석을 하는데 사람 몸은 네가지로 이루어져 있습니다. 첫째로 육체의 몸이 있구요. 그다음에 육체를 움직이는 휘발유 같은 기름, 그것을 우리는 기(氣)라고 합니다. 그리고 기에 대해서 명령을 내리는 체계를 영(靈)이라고 합니다. 영이 판단하도록 최종적으로 의사결정을 성(性)이 합니다. 그래서 영은 머리 안에 있는 우리 영을 이야기하는 거고, 가슴에 있는 거는 성(性)이라고 하기도 하고 혼(魂)이라고 하기도 하는데. (…) 영성이라는 것은 영성을 계발한다는 것은 여기(머리)에 있는 영과 (가슴을 가리키며) 여기에 있는 성을 우리가 처음에 갖고 태어났던 하늘의 본성에 맞게 바꾸어나가는 것이죠. 그 본성이라는 것은 사랑이고 평화고 자비고 용서입니다. 그런 쪽으로 바꾸어가는 게 소위 영성을 계발한다는 거거든요. 기독교에서도 그렇게 이해를 하는 걸로 알고 있습니다. 공동체운동을 하는 사람들이 영성을 계발한다는 게 그런 겁니다.

이 사람들은 내가 많이 가져서 즐거운 게 아니라 같이 나누어 가질 때 즐거운 것이고, 내가 배부를 때 즐거운 게 아니고 배고픈 사람이 배부르게 먹을 때 가장 즐거운 겁니다. 그게 영성, 하늘의 마음이 어머니와 부모의 마음이랑 가깝다는 게, 우리가 제일 기쁠 때는 자기가 배가 고프고 음식이 모자라도 자식이 배부른 게 기쁜 거잖습니까? 그 마음을 사회적으로 확장시킨 것 자체가 영성운동이고 공동체운동이라고 생각합니다. 그런 사람들이 많아지고 있지요.(권복기, 15~16면)

권복기씨는 영성이란 사랑, 평화, 자비, 용서라고 말한다. 자식을 사랑하는 부모의 마음, 기독교식으로 말하면 하나님, 예수님의 마음 같은 것이다. 그는 공동체운동이란 개인이 영성을 키우면서 그것을 사회로 확장해가는 것이라고 본다. 변현단씨는 영성은 교감이고, 교감은 사랑인데, 이것은 자연에 대한 사랑으로 확장된다고 본다.

영성과 우리가 말하는 성(性)은 통하게 되어 있다. 성(聖)과 성(性)은 통할 수밖에 없는 거에요. 그래서 종교적 영성 막 이런 얘기 하잖아요 결국은 교감이거든. 그렇잖아요. 쎅스도 교감인 거죠. 즐겁고 둘이 행복한 거지. 아니면 강간이잖아. 영성이라는 게 뭐겠어요. 우리가 만날 우주와의 교감 이러는데 식물과의 교감도 마찬가지로 다 교감이죠. 애정이거든. 사랑. 이런 식의 러브(love)라는 거 많잖아요. 그다음에 저는 그게 마음이라고.(변현단, 21면)

안솔기마을의 김명철씨도 영성이란 인간과 자연에 대한 존중과 사랑이라고 말한다. 그는 물질 중심의 사회가 이런 영성을 없애버렸다고 말한다.

그 영적인 거를 인정을 하게 되면 인간이라는 게 정말 위대하다는 것도 느끼게 될 것이고, 인간이 위대하면 다른 동물들도 위대하게 될 것이고, 거기서 조금 더 나아가면 식물도 위대하게 될 것이고 그렇다고 생각하거든요. 그렇게 되면 당연히 자연을 사랑하지 않을 수 없게 될 것이고.(김명철, 32~33면)

원주의 조세진씨도 영성을 우주적 존재로 본다. 동학에서 말하는 내 안의 한울님과 비슷하다고 생각한다. 그는 장일순 선생의 말씀을 생각하며 영성을 키우는 운동만이 세상을 살릴 수 있다고 생각하게 되었다.

앞에서 우리는 "사람이 제일 어렵다"는 말을 들었다. 그런데 이렇게 어려운 사람을 변화시키는 일이 이곳저곳에서 일어나고 있다. 계급·권리 담론만으로 세상을 보던 사람들이 자연과의 교감, 자연에 대한 감사, 자연의 숭고함을 인식하기 시작했다. 이런 성찰적 자아, 성숙한 자아의 등장은 새 사회의 등장을 예고한다.

마을공동체를 넘어 새로운 정치로

우리가 만난 사람들 중에는 마을과 공동체에서 대안을 찾는 사람들이 많다. 그런데 마을은 마치 섬처럼 사회에서 고립돼서는 꾸려지기도 지속되기도 어렵다. 시장과 국가와 교류하지 않고 자립하기란 매우 어렵다. 지상낙원 같던 고립된 문명들이 자연재난, 사회갈등, 질병 등으로 몰락한 사례를 어렵지 않게 볼 수 있다(다이아몬드 2005).

교류하지 않고 닫힌 유토피아는 있을 수 없다. 그렇다면 공동체는 세상과 어떻게 교류할까, 그리고 세상을 어떻게 바꾸어나갈 수 있을까? 사람들은 어떤 정치를 원할까?

반정치의 정치(anti-politics politics) 혹은 아나키

과거 사회주의/공산주의 혹은 '적색'을 지향했다가 공동체/자연/환경/생명/평화 같은 '녹색'으로 전환한 사람들이 많다. 이들은 대개 국가나 시장 씨스템을 비판적으로 바라보지만 정치에 대해서는 다양한 태도를 보인다. 세상을 바꾸는 데 제도정치의 중요성을 인정하는 사람도 있고 그렇지 않은 사람도 있다.

연두농장의 변현단씨는 정치에서 자유로워야 한다고 말한다. 자신이 경험한 바 민주노동당도 문제가 많고 경제성장을 지향하기 때문에 생태적이지 않다고 본다. 2008년 대통령선거에 출마한 문국현 후보를 놓고 변현단씨는 아는 사람과 설전을 벌였다고 한다.

> 우리는 정치라는 데 너무나 현혹되어 있다는 생각도 참 많이 해요. 그러다보니깐 제가 어떤 생각을 하냐면요. 관으로부터 자유로운, 정치로부터 자유로운 사회. 우리의 공동체는 이것이어야 된다. 우리의 자급자족은 이거여야 된다는 생각이 딱 들더라고요. (…) 사실은 뭐 정치 같은 게 필요 없는 이것을 궁극적으로 나는 꿈꾸고 있는 거구나 하는 생각이 들더라고요. 그게 아나키스트인가? (웃음)(변현단 9면)

그는 자활영농공동체를 운영한다. 그러다보니 관이나 정치인들과 교류할 수밖에 없다. 그런 경험을 통해 정치와 관에서 자유로우려면 자급자족해야 한다고 생각하게 되었다. 여기서 정치는 좁은 의미의 제도정치를 가리키는 듯하다. 변현단씨는 경제성장을 추구하는 한, 시장과 지배권력에서 자유로울 수 없고 결국 그 체제에 포섭되고 만다고 본다. 변현단씨는 "농의 가치"에 관심을 기울이면서 좌파세력에게 프롤레따리아독재 대신 환경·생태 문제의 중요성을 강조하기 시작했다.

> 그런데 '피티(프롤레따리아)독재 없어. 이놈아.(웃음) 뭔 놈의 피티독재. 그럼 너흰 피티독재해. 나는 피티독재 빼기다.' 이렇게 이야기를 했죠. 2001년도에 어쨌든 민노당 권영길 대선후보 환경특보, 언론특보까지 맡았어요. (…) 그때는 똑같이 논 거죠. 진보 속의 녹색. 목적이 아닌 거죠.(변현단, 14면)

그러나 민주노동당 사람들은 이런 생각을 잘 받아들이지 않았다. 그는 스스로 적색에서 녹색으로 완전히 전환했다.

> 진보주의는 없다. 경제 부분에서 성장이 들어가면. 저는 그렇게 본 거예요. 정당은 뭐냐면 권력을 쟁취해야 하잖아요. 그러면 사회의 큰 덩어리를 움직이는 것은 경제거든요, 부인할 수 없는 거예요. 경제라는 것은 단순무식하게 풀이하면 돈이거든요. 그러면 결국은 어떤 정당세력이든 국가권력을 쟁취하고 민주주의 방식이든 뭐든 어쨌든 간에 국민들의 소망을 이루어줘야 해요. 국민들 의식이 경제성장을 외치는 쪽이 당연히 당선되어야 한다고 보는 거예요. 이 과정에서 보면 내 주머니에 얼마나 들어오느냐에 관심을 갖는 것은 필연적인 거 아니겠어

요. 내 주머니에서 얼마나 나갈까 생각하면 그거 끔찍한 거잖아요. 그러다보면 결국 정당을 한다, 내가 정치권력을 얻는다면 부응할 수밖에 없어요. 제가 초록당 제안자이긴 하지만 그때부터 계속 아니라는 거죠. 초록당은. 유럽에서 녹색당이 실패한 이유도 거기에 있지 않은가. 당으로 갈 수 없는 거예요. 정당이 아니어야 하는 거지. 왜냐하면 정당은 권력을 쟁취하려면 경제에 대해 말해야 할 거 아니야. "나는 네 돈 빼앗는다, 네게 돈 안 들어가!" 이런 얘기하면 어느 국민이 찍을 거냐는 거지. 그래서 제가 보기에는 아니라는 거죠. (…) 나는 정당주의자는 아닌가보다. 정치는 아니구나. (변현단, 14~15면)

변현단씨는 정당정치를 넘어서는 정치를 바란다. 정치에서 자유로운 정치, 정치 없는 사회, 지배 없는 지배, 즉 자율적인 삶의 공동체를 꿈꾼다. 정치권력을 얻기 위해 사람들을 설득하려는 순간 경제성장을 인정해야 하고, 그러면 대안정치는 실패할 수밖에 없다고 판단한다.

변현단씨의 주장은 매우 근본적이다. 경제성장에 대한 지지가 바로 정치의 죽음을 의미하는지도 토론해볼 문제이다. 왜냐하면 경제성장도 여러 형태가 있을 것이며, 이를 둘러싼 다양한 경제·사회·정치적인 제도와 문화가 존재하기 때문이다. 경제성장에는 북유럽, 미국, 일본, 부탄, 인도, 중국이 각기 택한 여러 갈래 길이 있다. 유럽 초록당이 실패했다는 주장에 대해서도 반론이 있을 것이다. 여러가지 문제점에도 불구하고 독일 녹색당은 사회민주당과의 연정을 통해 원자력발전소 건설 중단, 경제의 녹색화 등 적지 않은 성과를 올렸다. 유럽의회에서 녹색당 세력은 기후변화 정책을 비롯한 환경·

경제 정책을 녹색으로 바꾸고 시장의 확산을 통제하는 데 중요한 역할을 하고 있다. 정당정치=권력정치=경제성장 등식은 반정당정당(anti-party party) 정치에 부분적으로 성공한 유럽의 경우를 보면 반드시 옳다고 말할 수는 없다.

마을공동체에서 지방자치로

이제 지역에서 새로운 정치를 몸소 실천하는 사람들을 만나보자. 부산 반송동의 박서희씨에게 왜 요즘 지역운동이 화두인지 물어보았다. 그는 뿌리 없는 제도정치에 대한 반성과 위기의식 때문인 것 같다고 말한다.

> 글쎄 대선판이나 이런 것들과도 연관이 있지 않겠어요? 부산 같은 경우에는, 부산 경남 뭐 대구 이쪽은 깃발만 꽂으면 되고, 개도 한나라당 깃발만 꽂으면 당선된다는 곳인데. 뭐 민노당도 그렇고, 통합신당도 그렇고 처참하게 깨졌잖아요. 그리고 우리가 10년 동안 이루어왔다고 생각되는 많은 것들이 한순간에 사실은 없어지는 거죠. 이 기본이 없어져버린다는 두려움 같은 것들, 요즘 신문 볼 때마다 들거든요. 그런 데 대한 반성이 아닐까요. 지역에 어쨌든 뿌리내리지 않고 근거하지 않으면 어려운데, 활동 자체가 결국은 사람과 사람의 사업인데 그렇게 못하잖아요. (…) 근데 지금은 이제 절박감이 안 있겠습니까. 지역에서 살아남지 못하면, 대중들로부터 인정받지 못한다는 절박감들이 있는 것 같아요. (박서희, 5면)

부산 반송의 박서희씨는 지역운동을 하려면 적어도 10년 동안 할 생각을 하라고 늘 이야기한다. 그는 "한 10년 동안 대가리 처박고 이거만 하니까" 주민자치위원회, 청년회, 부녀회, "하다못해 자유총연맹까지" 희망세상이 하는 일이 옳다고 인정해주었다고 말한다. 덧붙여 지역활동은 곧 신뢰 쌓기라고 말한다.

> 지역활동이 신뢰 쌓기, 안면 트기, 계속 보다보면 미워할 수 없는 인간이 되어 있는 거죠. 그리고 뭐 어떤 사안에 대해서도 우리가 얘기를 하면, 아 쟤들이 하는 말은 맞더라. 결국은 너희가 하는 일이 맞더라. 이렇게 되게 해야 하고 이것들이 저는 지역활동이 아닌가 생각을 해요.(박서희, 6면)

다른 사회운동도 그렇지만, 다른 단체와 연대해서 지역운동을 하다보면 자기 단체 이름을 강조하는 경우가 많다. 이런 문제에 대해 박서희씨는 어떻게 생각할까.

> 그게 이제 조절이 필요한 건데, 저희도 그런 거 많거든요. 이제 폼 나고 얼굴 나는 건 당신들이 하시라. 힘들고 어려운 거, 더럽고 치사한 거 우리가 할게. 이렇게 하는데도, 그 일 하면서도 '아, 우리 이름 내고 싶은데' 내지는 그런 욕심 굉장히 많이 들거든요. 근데 그렇게 안 해도 나중에 다 알아주시는 거예요. 그러니까 무슨 동네에서 막 다른 단체에서 행사해도 제가 가 있으면 사람들이 다 우리가 하는 줄 알고, '아유, 수고하십니다. 고생하십니다' 이렇게 항상 얘기하시거든요. 우리야 다른 단체 행사할 때 가서 인사 한번 받는데, 주민들이 그렇게 인정해주시는 것 같아요. 그리고 결국은 어렵고 힘든 일이 생기면 해

내지 못하시더라고요. 그럼 우리가 나서서 이렇게 해보자, 저렇게 해 보자, 이렇게 방향 제시를 해주는 거죠. 그러면서 신뢰가 쌓이고. 그 러니까 저희 고창권 회장님 같은 경우에는, 지금 회장은 아닌데, 이번 지자체선거에서 한나라당이 아닌 다른 당으로 1등을 하셨거든요. 그 러니까 그런 것들이 주민들이 주시는 믿음의 결과라는 생각이 들고, 이건 지역활동의 성과이기도 하죠.(박서희, 6면)

폼 잡고 이름 내고 싶은 욕구는 개인이든 단체든 가질 수밖에 없 다. 사회적 동물인 인간이 어찌 사랑 받고 인정받고 싶지 않겠는가? 그러나 박서희씨와 희망세상은 꾸준히 신뢰를 쌓아갔다. 남들이 못 하는 어렵고 힘든 일을 희망세상 사람들이 해내는 것을 보고 주민들 은 그들을 신뢰하게 되었다. 이러한 사회적 신뢰 덕분에 "개도 한나 라당 깃발만 꽂으면 당선되는" 부산에서 지자체선거에서 민주당적 으로 출마한 고창권 희망세상 전(前) 회장이 1등으로 해운대구의원 으로 당선될 수 있었다. 많은 지역운동가들이나 공동체운동가들이 정치와는 거리를 두는 현실에서 희망세상은 어떻게 '제도정치의 벽'을 넘을 수 있었을까?

희망세상과 고창권이란 사람은 떼려야 뗄 수 없는 관계라 생각하는 데, 한나라당이 아닌 다른 당으로 선거에 나오면서 정치색을 띠게 되 었죠. 아직도 동네에서 한다 하는 사람들은 한나라당으로 안 들어가 면 왕따되는 분위기라고 하데요. 우리는 워낙 그런 게 없으니까. 그런 데 전 정치적이라는 게 나쁘다고 생각 안하는데, 너무 정치 지향적이 다 이렇게 많이 보시더라고요. 또 그런 것들에 대해서 어려운 점들이

있는데 활동을 계속 하다보니까 뭐 해결되더라고요.(박서희, 7면)

고창권씨가 출마했을 때에는 한나라당 당원, 민주노동당 당원들도 그를 지지하여 자원봉사자로 나서기도 했다. 민주노동당 당원 중에는 당에서 징계를 받아 탈당한 사람도 있다. 지역주민들은 고창권이라는 사람의 당적에 관계없이 "우리 동네를 위해 10년 동안 고생한 사람"에게 신뢰를 보냈다. 그렇지만 희망세상이 제도정치에 적극 참여하는 것은 아니다. 이 단체는 자신들의 후보를 내지 않으면 선거에 개입하지 않는다는 원칙을 갖고 있다.

지역운동에서 찾는 새로운 비전

일본에서 일부 생협운동가들은 보수정치의 한계를 절감하고 스스로 '로컬 파티(local party, 지역정당)' 혹은 그들 나름의 정치조직을 만들어 지방자치에 참여하고 있다. 우리나라에서도 그런 움직임이 있었지만 그리 성공하지는 못했다. 희망세상이 고창권 의원의 사례를 예외로 간주하고 선거 불개입 원칙을 고수하는 것을 보면, 마을공동체나 생협 운동이 제도정치를 혁신하는 힘으로 발전하기는 매우 어려울 것 같다.

원주에서 협동조합협의회를 이끌고 있는 조세진씨는 이 운동의 한계를 인식하고 그것을 넘어서야 한다고 말한다. 그는 지역에 뿌리 내려야 사람을 살리는 운동을 할 수 있으며, 지역에 바탕을 둔 협동조합이야말로 신자유주의 시장에 대응할 수 있는 조직이라고 본다. 그러나 세상을 바꾸기 위해서는 협동조합에 안주해서는 안되고, 그것을 넘어 민중들이 서로 손잡고 앞으로 나아가야 한다.(조세진, 21면)

지역 내에서 이웃과 이웃 단체와 손잡고, 지역 내 네트워크 하고, 다시 지역간 네트워크를 하고, 또 국가간 네트워크를 하자. 국가, 애들 쪽은 말이 안됩니다. 국가가 아니라 민중간의 네트워크를 하자, 그런 얘기지요. 지역은 뭐냐 하면 내 삶터예요. 내 삶터라는 건 뭐냐면, 유기적 존재인 나를 그 공간 속에서 바라보는 거예요. 그 공간에서 버티고 있는 다양한 문제들에 저항하지 않는다면 어려울 거고. 또 반대로 저항만 해도 안될 거고, 또 창조가 없다면 안되는 거다. 창조만 해도 안된다. 왜냐면 반드시 창조한 것들을 침탈해오고 있어요. (…) 시민사회운동도 마찬가지다. 권력에 대해서 저항하고 창조하는 시민운동을 해야 될 거다. 그리고 나를 돌아보는 성찰의 시민운동. (…) 앞으로 한국사회가 변화하는 거는 하루아침에 변화된다고 생각하지 않는다. 긴 시간, 내 생애주기를 넘어서는 긴 시간을 가야 되는데, 그 작은 돌을 놓는 데서부터 낮게낮게 가자. 그러면 언젠가 되지 않겠냐. 뭐 생협이든 뭐든 하루아침에 됐겠어요? 그런 거죠.(웃음)(조세진, 24면)

자기들끼리 경쟁하고 다른 협동조합 사람들하고는 만나서 얘기도 하지 않는 협동조합은 기업의 변형일 뿐이다. 성찰하지 않는 생협은 다시 조직이기주의에 매몰될 수밖에 없다. 이것은 노동조합, 시민사회단체, 정당도 마찬가지다. 혁명과 혁신은 제도화되는 순간 보수화의 문턱에 선다. 조세진씨는 이 문제를 해결하기 위해서는 저항과 창조, 그리고 성찰이 필요하다고 말한다. 또한 이 바탕 위에서 지역과 국가를 넘어 민중의 네트워크를 만들자고 제안한다. 그의 이야기는 '만국의 노동자여, 단결하라!'의 협동조합식 변형인 듯도 하고, 새로운 지구 시민사회의 전망 같기도 하다. 문제는 그의 전망과 현실의 간극이 매우 크다는 점이다.

의료생협을 하는 임종한씨는 생협운동, 공동체운동, NGO운동 등이 아시아의 민중들을 지원하는 방향으로 발전해갈 필요가 있다고 말한다. 그는 그 힘을 풀뿌리운동에서 찾는다. 지금은 지역사회에서 작은 공동체가 새 희망을 만들어가는 단계라고 진단하면서, 이러한 운동이 기존 노동운동, 좌파운동을 변화시켜나가야 한다고 주장한다. 임종한씨는 교회도 새롭게 변해야 하고 새로운 전망을 통해 다양한 운동들이 구심점과 이론적 지평을 찾아야 한다고 말한다. 그리고 일본에 비해 한국에서 새로운 정치를 발전시킬 수 있는 가능성이 더 크다고 본다.

> 일본은 지역에서 커다란 생협운동이 발전했음에도 실제 중앙 단위에서의 변화의 힘이라는 것은 정말 미미하잖아요. 그런데 우리는 시민사회가, 아직은 정당이 취약한 이유도 있겠지만, 훨씬 더 강력한 변화의 힘들을 보이고 있잖아요. 그런 부분들이 변화의 주체를 만들어낸다면, 한국사회가 새로운 변화의 동력을 찾을 수 있는 시민사회구조나 정당구조들을 만들 거다, 그런 기대를 갖고요.(임종한, 19면)

임종한씨는 역동적이고 강력한 시민사회의 힘이 있기에, 풀뿌리를 잘 살리고 새로운 비전과 이론으로 힘을 모아가면 일본보다 더 진보한 정치를 실현할 수 있을 것으로 본다. 그의 희망에는 근거가 없지 않다. 2008년 봄의 촛불을 보면 시민사회가 살아있음을 믿게 되지만, 그가 말하는 새로운 전망이나 구심점, 이론적 지평을 새롭게 탐구하고 구성하는 과정은 매우 어렵고 더디게 진행되고 있다.

혁명적 낭만

부산 물만골의 오지훈씨는 자신의 역할은 주민들을 계속 자극하는 것이라고 말한다. "니 뭐하노? 뭐 해보자, 같이 하자." 이렇게 말하면서 주민들을 계속 괴롭혀야 한다고 말한다. 게으르고 귀찮아하며, 나태해지는 국민과 민중을 다그쳐 움직이게 만들어야 한다고 말한다. 그래서 오지훈씨는 서로 사랑하고 "서로 안아줄 수 있는 사회" "자기 스스로를 돌보고, 자연을 돌보고, 자기가 받은 것을 다른 사람에게 돌려줄 수 있는 사회"를 추구한다. 그는 자본주의를 넘어선 "인간 사회"를 갈망한다. 그의 가슴에는 운동의 열정이 타오르고 있다.

> 누구나 어디서나 쉽게 보편적으로 접근할 수 있는 것이 우리 운동이에요. 보다 직접적이고 보다 현장감 있게, 리얼 버라이어티(real variety)를, 리얼 버라이어티를 완성해야 됩니다. 무한도전! 그냥 가는 거야, 잘되든 못되든 가는 거야. 가다보면 뭔가 돼요. 그게 필요합니다. 그런 열정에 많은 민중들은 따라옵니다. (오지훈, 25면)

그에게는 혁명적 엘리뜨주의의 모습도 엿보인다. 그는 운동가 혹은 혁명가의 헌신적 열정이 미래를 여는 힘이라고 본다. 그는 어려운 현실에서 새 세상을 향한 꿈을 판타지로 표현하고 싶어한다.

> 그러니까 환경, 요번에 대운하랄지 여러가지 일 그리고 뭐 북한문제

나오잖아요. 아휴, 퍼주기, 뭐 퍼주깁니까? 강렬하게 싸워나가는 게 필요하고. 자기 지역에서, 내 영역에서 내가 열심히 운동하고. 저는 의사지만, 앞으로 영화를 만들어서, 의사로서 표현을 못하는 게 많잖아요? 의사는 품위있어야 되고, 말을 가려야 되고, 그러니까 영화로라도 시원하게 막 씨발 일본도 막 뿡개뻐고, 통일도 해뻐고, 어차피 판타지 아닙니까, 희망사항 아닙니까?(오지훈, 29면)

서로 사랑하고 도와주는 행복한 마을, 아름다운 "인간사회"를 꿈꾸는 그에게 현실의 운동과 정치는 답답하기만 하다. 주민들을 설득해서 대안적인 지역개발을 하기도 어렵다. 기존 방식에 따라 마을을 허물고 아파트를 짓고 싶어하는 사람들을 만나서 설득해야 하지만 쉽지 않은 일이다. 숙의와 토론을 통한 풀뿌리 민주주의를 발전시켜 제대로 된 마을을 만들고 싶은 열망은 가득하지만 그 길은 멀고 험난하다. 그래서 그는 판타지를 꿈꾼다. 영화에서라도 속 시원하게 유토피아를 만들고 싶다. 오지훈씨에게도 마을과 새로운 세상의 거리는 판타지 속에서나 메울 수 있는 채워지지 않는 공간으로 남아있다.

주류 속에서 새로운 주류 만들기: 녹색정치의 꿈

사실 농촌에서 희망을 찾는 사람들이 많았지만 도시를 살려야 한다고 보는 이들도 있다. 도시, 시장, 기업을 바꾸지 않으면 금욕주의, 은둔주의에 불과하다고 보는 이들도 있다. 이들은 주류 속에서 주류를 바꾸어, '대안'이 아니라 스스로 '주류'가 되어야 한다고 말한다.

애자일 컨썰팅의 김창준씨는 금욕주의로 흐를 게 아니라 기업을 변화시키고 노동시간을 줄여서 사람들에게 일과 여가의 균형 잡힌 삶을 살 수 있도록 해야 한다고 말한다. 페어트레이드코리아의 이미영씨는 새로운 윤리적 소비를 통해 세상을 변화시킬 수 있으리라고 본다. 시장에서도 성공한 공정무역은 세상을 바꾸는 힘이 될 수 있을 거라고 생각한다.

한겨레신문의 권복기씨는 적극적으로 도시를 바꾸고 기업과 주류 시장을 바꾸는 노력을 해야 한다고 강조한다. 그리고 이런 변화의 씨앗이 우리나라 이곳저곳에서 이미 싹트고 있다고 본다. 이러한 변화의 문은 좌와 우를 넘어 폭넓게 열려 있다는 것이다.

> 생명운동, 공동체운동, 대안운동은 좌우를 넘어서서 상식과 양식에 바탕한 공존의 가치, 그다음에 나눔의 가치, 이런 가치들을 공유하는 그룹들이 좌쪽에 더 많기는 하지만 우에서도 막 생기고 있단 말입니다. 그래서 좌우를 넘어서는 새로운 주체들이 형성돼가는 것이 아닌가 싶습니다. (…) 이 운동 자체가 가장 급진적인 반자본주의 운동이라는 거죠. 그렇지 않습니까? 자본주의 씨스템을 완전히 이탈하려고 하는 것인데 '뭐 너내들 있든 없든 우리는 따로 살란다. 이거잖아요?' 쉽게 이야기하면. 근데 이 운동이 굉장히 흐름이 빨라진다고 생각합니다. 10년 전과 지금을 생각해보십시오. 10년 전에 유기농산물 먹는 가구 1만 가구 정도 있었을 겁니다. 지금은 거의 23만 가구 정도 됩니다. 물론 그중에 생명운동이라는 세례를 받았다고 볼 수 있는 사람은 5~10퍼센트 정도인데 그것만 해도 엄청난 거죠.(권복기, 24~25면)

권복기씨는 이 운동의 한계는 첫째로, 운동 내부의 의사소통구조가 제대로 마련되지 않은 점이라고 본다. 각자 열심히 일하기는 하는데 공동체 내에서 그리고 공동체간의 소통이 부족하다는 것이다. 그래서 정신적으로 성숙하고 풍부한 영성을 가진 사람들을 키워내는 일이 무엇보다 중요하다고 말한다. 둘째는 주류사회를 바꾸려는 노력이 부족하다는 점이다. 생협이 유기농산물 시장을 고생해서 만들어놓았으면 더 확장해서 유기농이 중심이 되도록 만들어야 옳았다고 본다. 유기농 시장에 대기업이 들어오도록 방치하는 것은 잘못이라는 얘기다.

그가 주류사회를 바꾸는 방식으로 제안하는 답은 "연대"다. 그는 풀뿌리운동의 완결성을 위해서도 연대가 필요하다고 말한다. 특히 지역에서는 환경운동, 생협운동, 의료생협운동, 교육운동, 도서관운동, 복지운동이 합쳐져야 한다고 본다. 그는 지역에 가면 "사람을 중심에 놓고 단체가 둘러싸는 식으로 운동을 해야 한다"고 말한다. 그러면 지자체장도 하고 구의원도 할 수 있다는 것이다. 그는 혁신 자치체장을 역임한 일본의 원로 교수를 인터뷰한 경험을 들려준다.

일본의 혁신 자치체 운동을 이끌었던 교수를 한명 인터뷰한 적이 있는데, 그 분이 공산당원인데 칠십 몇년도에 히로시마 시장이 되었습니다. 그때 자민당보다 압도적으로 거의 50퍼센트까지 지지를 얻어 당선이 됐는데, 그 사람 선거운동조직에 어떤 사람들까지 있었느냐 하면, 독거노인 목욕 봉사하는 사람들까지도 있었어요. 모두 사회당, 공산당 쪽에 관련이 있는 사람들. 그러면 선거운동 별로 할 필요가 없지 않습니까? 우리도, 우리가 지향하는 인간다운 삶을 위해서 활동을 하면서 그걸 바탕으로 단체도 운영을 하고 지자체에도 들어가고 해야 한다는 겁니다. 그러면 정치적 외풍에 따라서 흔들리지 않습니다. 우리가 목욕 봉사를 하고, 집수리 봉사를 하고, 그 사람들에게 의료생협을 통해서 올바른 건강법을 알려주고 이렇게 접점을 맺은 사람들이 갑자기 한나라당, 물론 경상도는 특이하긴 한데, 당에 따라서 확 지지를 바꾸겠습니까? 그렇게 생각하지 않습니다.(권복기, 26면)

권복기씨의 이야기를 들어보면 반송 희망세상의 고창권씨 같은 사례를 일본을 비롯한 여러 곳에서 발견할 수 있다. 그는 독거노인들에게 목욕 봉사하는 사람들의 힘이 세상을 바꾸고 정치를 바꿀 수 있다고 말하며, 이런 관점에서 녹색의 중요성을 강조한다.

우리나라 진보운동은 앞으로 상당부분 적록연대를 넘어서서 녹에 바탕한 적의 개편, 이런 형식으로 가야 한다고 생각하고, 그런 이념과 실천성에 바탕을 둔 정치세력들이 출현하지 않으면, 지금 현재의 보수적인 정당구조가 상당 부분 오래갈 것으로 생각합니다.(권복기, 26면)

변현단씨는 '농의 가치'를 실현하기 위해서는 정당정치에서 자유로워야 한다고 보는 반면, 권복기씨는 '독거노인에게 목욕 봉사하는 실천'을 통해 새로운 정당정치를 발전시켜야 한다고 본다. '녹(綠)에 의한 적(赤)의 개편'은 이처럼 보는 사람에 따라 다르다. 우리는 변현단씨의 근본적 비판의 관점을 견지하면서 권복기씨의 새로운 정치의 희망을 이루어나가야 한다고 본다. 시장 독재를 막는 데 시장에서의 '소비의 철회나 윤리적 소비'뿐만 아니라 정치를 통한 시장

통제도 중요하기 때문이다. 섬은 육지와 소통하지 않으면 좋은 자원을 교류할 수 없고 지탱하기도 어렵다.

성찰적 인간의 새로운 정치

사람들은 공동체운동, 생명운동 하면 은둔자들의 운동, 금욕주의, 근본주의, 무정부주의 운동을 떠올린다. 하지만 은둔을 즐기면서도 세상과 소통하고 세상을 변화시키려는 열망을 갖고 있는 사람들이 많다. 이들은 자신의 영성을 높이기 위해 노력할 뿐만 아니라 영성이 성숙한 공동체를 만들기 위해 애쓰고 있다. 성숙한 영성을 지닌 새로운 혹은 오래된 인간형이 우리사회에 형성되고 있다.

혁명적 엘리뜨들이 이성과 이익을 무기로 대중을 동원하는 볼셰비끼 혁명 모델과 우리가 만난 사람들이 구상하는 정치 모델은 크게 다르다. 어떤 이들은 반정당정치, 반정치, 아나키를 주장하고 어떤 이들은 풀뿌리 지방자치를 실천한다. 또다른 이들은 국가와 시장의 부드러운 변화 전략을 주장한다. 물리력을 동원하여 권력을 장악하는 대문자 혁명이 사라진 시대에 이들은 마을에서 세상을 바꾸는 정치를 실험하고 있다. 이 새로운 정치는 약하고 흩어져 있어서인지 정치운동처럼 보이지 않는다. 그러나 이들의 꿈은 마을을 넘어 세계로 확장된다. 이들이 보기에 지금 자본주의체제는 결코 난공불락의 성채가 아니다.

맺음말

마을을 넘어서

새로운 주체의 형성

우리는 지금까지 사람들과 함께 일하며 행복을 찾는 사람들을 만나보았다. 그들은 마을에서 살고 있지만 마을 너머의 세상을 바꾸는 일을 한다. 이 과정에서 우리가 확인한 사실은 자본주의, 국가주의, 산업주의 같은 현대사회의 구조가 세상을 지배하고 있지만, 모든 사람을 '구조의 수인(囚人)'으로 만들 수는 없다는 점이다. 소비주의와 욕망의 대중문화가 구석구석에 퍼져 우리를 돈과 욕망의 노예로 만들고 있는 것처럼 보이지만, 우리가 만난 사람들은 시장과 국가, 산업문명의 안팎을 넘나들면서 구조를 바꾸는 행위자의 창의성과 자발성을 보여주었다. 자본=국가=산업의 지배구조 속에서도 변화를 만들어가는 주체는 살아있다. 고통과 행복을 체험하면서 구조에 시비를 걸고 틈새를 찾아가는 새로운 '주체들' 새로운 '행위자들'이 형성되고 있다.

권리의 정체성, 성찰의 정체성

구술자들은 모두 자기만의 정체성을 갖고 있다. 스물네개의 정체성을 하나의 정체성으로 환원할 수는 없을 것이다. 그럼에도 우리는 동시대를 살아가는 스물네명의 이야기를 듣고 차이 속에서도 느슨한 동일성을 발견할 수 있었다. 이들의 동일성은 서로 대화하고 연대하면서 새로운 삶을 만들어나가는 주체라는 점이다. 이들은 자신을 생산관계나 노동과정에서 구성된 주체로 환원하지 않는다. 무시당하지 않고 남들과 공평하게 살면서 이웃들을 도우며 자연과 소통하고 싶어하는 실천적 주체이다. 이러한 주체의 특성을 우리는 자기애, 호혜, 생태라는 특성을 중심으로 묶어보았다.

우리는 구술자들의 정체성이 크게 두 유형으로 나뉘는 것을 발견할 수 있었다. 하나는 자신을 권리 주체로 인식하는 권리의 정체성이고, 다른 하나는 내면적 성찰과 책임, 영성을 중시하는 성찰의 정체성이다. 권리의 정체성을 바탕으로 살아가는 사람들은 자신들의 존재의미와 힘을 '나'의 권리와 존재를 인정받기 위해 투쟁하는 과정에서 찾았다. 이들은 싸움을 통해 구조적 폭력을 인식하고 그것을 자신의 삶 속에서 극복해왔다.

우리가 이 연구에서 발견한 새로운 정체성은 성찰의 정체성이다. 구술자들 가운데에는 권리의 정체성에서 성찰의 정체성으로 극적인 전환을 경험한 사람들도 있었다. 이들은 자신의 삶을 바꾼 후 자유와 행복을 경험했다. 적을 타도하기 위해 나와 남을 동원하는 투쟁의 주체에서 '나'의 자유와 평화를 성찰하고 그것을 이웃과 자연으로 확장하는 주체로 전환했다. 국가권력을 장악하여 위에서 사회를 변혁하는 것이 아니라, 바닥에서 국가의 힘을 빼고 자립·자치의 공동체와 사회를 건설해 시장을 사회 속으로 끌어들이려는 새 주체가 형성되고 있다.

이행의 두 전략: 권리 담론과 성찰 담론

사람들은 모두 자신이 사는 곳에서 뭔가 보람있는 일을 하면서 바쁘게 살아간다. 당장 눈앞에 닥친 일을 처리하느라 세상을 어떻게 바꾸어야 하는가, 같은 거창한 문제는 생각할 겨를이 없는 사람도 적지 않았다. 그렇지만 자기 일의 의미를 큰 틀에서 폭넓게 생각하는 사람들도 있었다. 이들은 자신의 작은 실천이 낳을지도 모르는 근본적인 변화를 고민하고 있었다.

앞에서 보았듯이 이들은 크게 두 부류로 나눌 수 있다. 한쪽은 권리 담론을 바탕으로 국가와 시장을 비판하지만, 국가와 시장의 문제 틀 안에 있는 사람들이다. 다른 한편은 성찰 담론을 바탕으로 삶의 공동체를 통해 국가와 시장을 넘어서려는 사람들이다.

권리 담론은 산업 근대 이후 진보를 이끄는 데 크게 기여했다. 1987년 이후 우리사회의 민주화는 바로 이러한 권리 인식과 인정투쟁을 통해 진전되었다. 그러나 이 담론은 적지 않은 한계도 보여주었다. 국가권력을 장악하기 위해 투쟁하던 사람들은 투쟁의 대상을 닮아버린 자신을 발견했다. 환경을 파괴하는 개발주의의 포로가 된 자신들도 보았다.

 이러한 권리 담론의 한계를 인식하고 새로운 자유를 찾으려는 사람들은 결국 성찰 담론에 이르렀다. 이들이 새 세상을 만드는 전략은 국가와 시장을 마을, 공동체, 협동조합 속에서 바꾸어가고 그 억압적 힘을 빼면서 사회적 공공성을 높이는 것이다. 다시 말해 국가와 시장에 맞서 나의 권리를 인정받기 위해 투쟁하는 것이 아니라, 자기들끼리 좀더 행복하고 편안하게 사는 공동체를 만들어가는 것이다. 이를 위해 호혜적인 경제적, 사회적 관계망을 만들고 발전시키고 있다.

 권리 담론과 성찰 담론은 이념형적 구분이다. 많은 사람들은 두 담론을 함께 사용하고 있었다. 국가와 시장을 넘어서야 할 것으로 보지 않는 사람도 많았다. 국가의 공공성을 높이고 시장의 약탈적 속성을 줄여 사회적 자원 배분의 기제로 만들어야 한다고 보는 사람도 많았다. 다들 국가와 시장, 공동체와 시민사회의 구분을 넘어서면서 또한 그 사이에서 새로운 세상을 만드는 전략을 고민하고 있었다.

새로운 운동의 지평: 생태적 대안운동

 우리가 만난 사람들이 대안사회를 만들어가는 여러 운동을 대표한다고 말할 수는 없다. 단지 대안을 기획하는 사람들 가운데 일부일 뿐이다. 하지만 그 삶의 의미는 결코 작지 않다. 왜냐하면 이전 사회운동과 적지 않은 차이를 보이기 때문이다. 우리는 사회주의나 공산주의, 사회민주주의 같은 기존 이념 구도로 환원할 수 없는 새로운 운동의 흐름을 발견했다. 이러한 사회운동은 거대 단체 중심의 민중운동과 시민운동, 그리고 진보정당 운동과는 다르다.

자율, 연대, 생태

새로운 운동은 무엇이 다른가? 이 운동은 체계화된 '과학적' 이론에 근거했다기보다는 '자율, 연대, 생태 같은 삶의 방식으로 사회를 재구성하는 집합적인 움직임'이라고 볼 수 있다.

첫째, 이들은 사회구조에서 탈피할 수 있는 자유를 열망하며 자율적 관계를 발전시키는 사람들이다. 내면의 자유를 찾아 체계를 박차고 나온 사람들이 적지 않다. 이들의 자유는 시장자유주의자들의 '정글의 자유'가 아니라 스스로를 성찰한 이후에 찾아온 내면의 자유이자 정치적 자유이다. 그런데 이런 자유는 자기 제한적인 특성을 띤다. 나의 자유와 타인의 자유는 미세하게 조정되면서 더 많은 자유로 확대된다. 어떤 이들은 이것을 영성이라는 말로 표현했다. 이는 개인과 공동체를 자율적으로 조정하고 발전시키는 자율의 관계로 발전하는 경향을 보인다. 노리단과 성미산마을에서 우리는 이런 관계를 맺어 자유를 누리는 사람들을 발견할 수 있었다. 이런 자율적인 운동은 규율과 타율이 아닌 자기 조직화를 중심에 둔다. 이들은 전체라는 이름 아래 개인이 속박되는 현실을 넘어, 가장 일상적인 영역까지 민주주의를 확장하여 자유롭고 자율적인 개인을 되살려내려 한다. 풀뿌리 자치는 폭력의 독점에 의한 타율적 지배가 아니라 자유로운 개인들의 자율적 관계에서 싹튼다.

둘째, 자유로운 개인들이 자발적으로 협동의 공동체, 연대의 결사를 만들어가고 있다. 이들은 자유를 열망하되, 고립된 개인주의를 지향하지 않는다. 자유로운 개인들이 함께 모여 도시든 농촌이든 지역에 구애 받지 않고 육아에서 교육까지 다양한 분야에서 호혜적 관계의 연결망을 만들어가고 있다. 연대의 영역은 개인에서 지역으로, 국가로, 전지구로 확장된다. 이들은 이윤이 아닌 호혜성이 시장의 규칙이 되고, 경쟁이 아닌 연대가 사회의 핵심 논리가 되기를 꿈꾼다. 그 가능성을 다양한 협동조합, 사회적기업, 공정무역 등을 통해 실험하고 있다. 가장 일상적인 삶의 영역에서 자본주의적 시장 질서를 벗어난 대안적인 생산과 유통·소비 모델을 만들어가고 있다.

셋째, 자유와 연대에 바탕을 둔 대안의 삶은 생태에 뿌리를 두고 있다. 대안사회는 생태적인 생산과 소비를 통해서만 지속가능하다. 이를 인식한 사람들은 다양한 형태로 생태 순환형 사회를 만들어가기 위해 실험하고 있다. 농사를 짓는 구술자들은 자연과 생태가 삶의 중심에 들어와 있다. 이들의 이야기를 들어보면, 생태는 단순한 이슈나 영역의 문제가 아니라 사회의 구성원리로 자리 잡고 있다.[1] 좀더 적은, 그러나 더 나은 삶, 이것이 우리가 만난 이들이 그리는 대안의 삶이다.

생태적 대안운동의 등장

마을만들기, 공동육아, 협동조합, 사회적기업, 귀농운동, 대안교육 등을 하나의 사회운동으로 볼 수 있을까? 자세히 보면 이 운동들에서 적지 않은 차이가 드러난다. 그러나 좀더 높은 곳에서 보았더니 자율, 연대, 생태라는 말들이 나타났다. 이제 좀더 높은 곳으로 올라가는 모험을 감행하고자 한다.

우리는 자기애적이고 호혜적이며 생태적인 특성을 띠는 새로운 인간형, 즉 성찰적 인간형이 새로운 주체로 형성되고 있다고 말했다. 이들이 구현하는 운동을 무어라 부를 것인가? 우리는 이를 생태적 대안운동이라 부르고자 한다. 왜 '생태적 대안운동'인가?

먼저 생태의 의미를 규정해보자. 생태학은 생물학의 한 분과로, 생물과 주변환경의 관계를 탐구한다. 그러나 20세기 중반 이후 환경위기가 심각해지면서 생태학은 자연에 대한 성찰적 인식과 실천을 포괄하는 학문으로 바뀌기 시작했다. 심층생태학(Deep Ecology), 사회생태학(Social Ecology), 정치생태학(Political Ecology), 생태철학(Ecosophie) 등 다양한 생태적 사회과학, 혹은 생태주의적 담론이 발전했다(가따리 2003). 이러한 사상적, 실천적 맥락에서 '생태'의 핵심적 원리를 정리하면 다음과 같다.

첫째, 인간과 자연, 인간과 인간은 상호의존 관계에 있다.
둘째, 자연에는 한계가 있다. 따라서 경제성장은 자연의 한계를 벗어날 수 없다.
셋째, 자연은 인간의 필요를 충족하기 위해 존재하는 게 아니다.

첫째 원리는 생물학과 생태학, 사회과학에서 확립된 일반적인 정리이다. 생물과 환경은 상호의존의 그물망 속에서 생태계의 균형을 유지한다. 이러한 상호의존을 넘어 인간만이 예외적으로 존속하기란 불가능하다는 것이 '생태'의 첫째 원리이다. 이러한 원리는 사회에도 똑같이 적용된다. 지구화시대에 사회적 배제를 구조화하고 폭력을 독점하는 체제는 올바르지도 않고 장기적으로 유지되기도 어렵다.

이러한 원리에서 연대와 협동의 필요성이 제기된다. 인간은 사회적인 관계뿐 아니라 자연과의 관계 속에서 살아갈 수밖에 없다. 상호의존 관계에 있는 한 인간과 인간, 사회와 사회, 그리고 인간, 사회, 자연은 서로 협동하고 배려해야 하는 관계에 놓인다.

둘째 원리는 엔트로피의 원리가 자연 생태계는 물론이고 이를 바탕으로 영위되는 인간의 경제체계에도 적용된다는 것을 의미한다. 1972년에 발간된 로마클럽 보고서 『성장의 한계』와 2007년 발표된 기후변화에 관한 국가간 패널(IPCC)의 4차 보고서 등은 인간이 스스로 제한하고 성찰하지 않으면 파국을 맞을 수도 있다는 점을 경고한다. 성장이 자연의 한계에 구속될 수밖에 없다면, 우리는 인간과 생태계를 유지하기 위해 자원을 아끼고 순환해야 할 의무를 지게 된다.

셋째 원리는 장애인, 어린이, 노인 등 사회적 약자들이 그들의 능력이나 유용성에 의해 평가 받지 않아야 하듯이, 자연도 인간의 필요에 따라 평가 받아서는 안된다는 윤리적 명제이다. 이러한 자연의 내재적 가치에 대한 주장은 사실명제가 아니라 당위명제이기 때문에 과학적으로 증명하기 어렵다. 그러나 전지구적인 종의 멸종에 직면한 상황에서 이러한 윤리적 명제를 승인하지 않으면 인간의 도덕적 정당성은 물론 지속가능성조차 위태로워질 것이라는 주장이 설득력을 얻고 있다.

이런 관점에서 '생태'적 원리는 자연이나 환경 같은 좁은 의미의 '생태'를 넘어 사회적 호혜와 연대, 자율적 지배, 내적 성찰을 포괄하는 의미로 확장될 수 있다. 생태의 원리를 위와 같이 규정할 때 우리가 만난 사람들, 특히 성찰적 정체성을 가진 사람들은 생태적 원리를 자신의 삶이나 운동 속에서 실천하고 있음을 알 수 있다. 개인의 자유와 자율, 공동체의 협동과 연대, 자연과의 공생은 넓은 의미에서 생태적인 삶의 전환을 그 바탕에 두고 있다. 이런 의미에서 성찰 담론을 바탕으로 한 새로운 사회운동을 '생태적' 대안운동이라고 부를 수 있다.

지금까지 우리는 '생태'의 의미를 이야기했다. 그렇다면 왜 생태적 '대안'운동인가? 우리는 정도의 차이는 있지만 탈시장, 탈국가, 탈산업의 이상을 현실 속에서 실천하고 있는 사람들을 보았다. 시장과 국가의 체계를 넘어 그것을 사회적 공공성 혹은 생태적·호혜적 원리로 포섭한다는 의미에서 이는 또다른 대안이다. 생태적 원리를 바탕으로 산업 근대, 산업자본주의, 국민국가를 넘어서는 대안운동이라는 점에서 이 운동을 '생태적 대안운동'이라 부를 수 있다.

생태적 대안운동의 특성

생태적 대안운동을 사회운동의 관점에서 어떻게 볼 것인가? 한국 사회운동의 역사를 간략히 보자면 1970~80년대의 민주화운동, 1980년대 후반 이후의 계급적 민중운동과 통일운동, 그리고 1990년대 이후의 시민운동의 발전으로 정리할 수 있다. 생태적 대안운동의 등장은 사회운동의 역사에서 질적으로 다른 새로운 운동의 탄생을 의미한다. 어떤 점에서 새로운가?

첫째, 생태적 대안운동은 사회운동의 지평을 확장한다. 이 운동은 대안사회의 가치, 다시 말해 진보적 가치를 재구성하는 데 새로운 상상력을 불어넣고 있다. 자율적 개인들이 만들어가는 마을공동체, 협동과 호혜의 원리에 기초한 사회적 경제 모델은 자본주의에 균열을 냄으로써 현실의 구체적인 문제들에 대한 해법을 제시할 뿐 아니라 대안의 삶을 경험하고 상상할 수 있는 공간을 제공한다. 순환형 생태사회에 대한 관심은 성장주의와 소비주의에 대한 강한 비판이며 우리는 이를 통해 진보의 의미를 새롭게 구성할 수 있다.

둘째, 생태적 대안운동은 미시정치와 거시정치의 영역을 포괄한다. 다시 말하면 미시정치 속에서 거시정치의 씨앗을 키우면서 그 영역을 확장한다. 여러 구술자들이 이야기한 '영성' 또는 '성찰'의 문제는 이 운동이 권리 주체를 넘어서는 새로운 주체의 형성을 주요 과제로 삼고 있음을 의미한다. 이들은 물적 토대가 바뀐다고 대안사회의 주체가 절로 만들어질 리는 없으므로, 지금 여기서 주체를 형성해야 한다는 사실을 강조한다. 생태적 대안운동에서 자유, 호혜, 생태적 정체성을 갖는 개인 주체의 중요성은 매우 크다. 이런 점에서 계급, 민족, 조직에 개인을 용해시킨 기존 운동과는 다르다. 생태적 대안운동의 참여자는 이념이나 조직, 집단에 구속되지 않고 함께 살아가는 사람들과 더불어 일하기를 즐긴다. 이들에게는 매일의 삶이 소중하다. 이들은 마을이 세상을 바꿀 수 있다고 믿으며, 자율적 연대로 구축한 작은 진지를 밖으로 확장해 대안의 삶을 일구어가려 한다.

셋째, 생태적 대안운동은 영구 평화를 지향한다. 여기서 평화는 전쟁이나 폭력 없는 상태라는 소극적 의미가 아니다. 정의 없는 상태는 평화가 아니다. 정의가 그에 걸맞은 방식으로 실현되는 상태를 평화라고 할 수 있다. 이들은 내면의 평화와 세상의 평화를 평화로운 방법으로 이루고자 한다. 이들은 대체로 탈국가-탈시장-탈산업을 꿈꾸지만 자율적 구성 전략에 입각해서 자신들의 활동을 펼쳐나간다. 먹을거리, 에너지, 육아, 교육, 의료, 빈곤, 금융 등 삶의 필수 영역을 호혜적 관계망을 통해 평화롭게 구축해가려 한다. 이들은 국가, 민족, 인종, 생물종의 차이를 넘어 영원한 평화를 이루는 희망을 갖고 있다.

생태적 대안운동의 정치사회적 맥락

생태적 대안운동은 어떤 맥락에서 출현했을까? 구술자들은 자본주의와 산업주의가 구조적인 문제라고 이야기했다. 차별과 무한경쟁, 그리고 환경위기를 낳은 자본주의와 산업주의는 개인의 불안과 욕망을 증폭시키고 위기와 고통을 구조화하고 있다.

역사상 많은 사람들은 이러한 문제가 사회주의혁명 혹은 민주적 개혁을 통해 해결되기를 바랐다. 오늘날에도 이러한 전환을 통해 차별과 경쟁 체제를 공평하고 호혜적인 체제로 전환하여 안전하고 편안한 세상을 만들려는 희망은 여전히 살아 있다. 그러나 지난 20여 년간, 이러한 희망을 꿈꾸던 사람들은 세가지 전환의 계기를 경험했다.

첫째, 1990년대 현실 사회주의국가들의 붕괴는 사회주의를 대안으로 생각한 '혁명가'들에게 충격적 사건이었다. 이 사건으로 인해 '혁명가'들은 맑스-레닌주의를 '하나의' 정치사상이나 체제로 볼 수 있게 되었다. 사람들은 현실 사회주의의 국가주의 문제, 산업주의로 인한 환경파괴의 문제도 심각하게 인식하게 되었다. '사회주의 혹은 민중 주체의 혁명을 통해 모든 문제를 해결할 수 있다'는 환상은 사라졌다.

둘째, 김대중, 노무현 정부의 미완의 민주적 개혁은 국가권력의 장악을 통한 사회개혁 모델의 한계를 보여주었다. 전세계적 자본주의체제의 하위체제로서 '민주정부'는 주권을 유지하기 위해 적극적으로 신자유주의화를 촉진했다. '민주정부'는 적극적인 복지정책을 통해 시장의 지배를 제어하려 했지만 실패했다. 사회와 자연을 보호하기는커녕 오히려 훼손하는 지속불가능한 개발체제를 유지했다. 생태적 대안운동은 이러한 '국가의 한계'에 대한 성찰의 결과였다. 국가를 통한 개혁과 진보에 대한 반성이 생태적 대안운동을 낳은 중요한 계기가 되었다.

셋째, 시민운동[2]이 2000년대 이후 점차 제도화되면서 체제 변형의 동력이 약화되었다. 시민사회단체들은 정치와 시장 체계를 변형하기 위해 싸우는 한편 부분적으로 그 담론체계에 포섭될 수밖에 없었다. 시민운동 세력은 이러한 댓가를 지불하고 제도개혁을 이룬 것이다. 적은 자원을 동원해 효과적으로 제도를 변화시키려는 효율성 중심의 체계 논리가 시민운동을 지배하면서 일반시민의 지지가 점차 약화되었다. 주류 미디어의 관심과 도시 중간층의 지지를 얻기 위한 경쟁적 자원동원은 시민들의 적극적이고 지속적인 지지를 확보하는 데 한계를 보였다. 민주정부의 좌절은 이러한 시민운동의 약화를 가속화했다. 시민운동의 제도화와 지적·도덕적 지도력의 약화를 경험한 사람들 중 일부는 생태적 대안운동으로 전환했다.

생태적 대안운동은 이러한 세가지 계기를 통해 사회와 자신을 성찰한 사람들이, 자기가 사는 마을에서, 공평하고 자유로울 뿐 아니라 생태적으로 지속가능한 호혜사회를 만들어가는 노력으로 해석할 수 있다. 국민국가가 할 수 없는 일, 국가 차원에서는 할 수 없는 일을 마을에서는 할 수 있다는 주장이기도 하다. 이는 내가 국가나 지구를 바꾸지는 못하지만 호혜적 관계망인 마을을 만들고 바꿀 수 있다는 선언이다.

생태적 대안운동의 미래

우리는 지금까지 생태적 대안운동의 긍정적 측면을 언급했다. 그러나 이에 대한 비판도 적지 않다. 생협운동은 개인주의적인 경제활동처럼 보이기도 한다. 한살림 조합원이 늘어났다고 해서 생태적 대안이 확산되었다고 볼 수는 없다. 마을이나 사회적기업에서 체제전환의 기획을 읽어낸다면 과도한 상상이라고 할 수도 있다. 그래서 이 운동은 구체제에 대한 '대안'이 아니라 구체제의 작동을 '보완'할 뿐이라는 평가를 받기도 한다. 혹은 중간층 이상 부자들이 몸에 좋은 먹을거리를 찾아서 먹는 '중간층운동'이라는 비판을 받기도 한다. 경제적으로 살아남을 수 있느냐의 문제를 강조할수록 '운동'의 특성은 사라지고 '기업' 비슷한 형태로 변하기도 한다. 정치적으로 급진적인 사람들은 이러한 운동을 '개량주의' 혹은 '은둔주의' '고립주의'라고 비판한다. 대중에게 다가가면서 문턱이 낮아질수록 개량주의, 중간층운동, 기업화라는 비판의 목소리가 커지고, 반자본, 반산업, 반국가의 원칙을 강조할수록 은둔주의, 고립주의, 근본주의의 위험성이 커진다. 생태적 대안운동에는 생활을 통한 대안의 모습, 생활에 매몰되는 현상, 탈정치의 면모 등이 모두 보인다. 이를 어떻게 해석할 것인가?

탈자본, 탈산업, 탈국가

우리는 생태적 대안운동이 탈자본, 탈산업, 탈국가의 특성을 띤다고 보았다. 과연 그런가? 첫째, 생태적 대안운동은 자본주의에 대한 대안인가? 이 운동은 교환가치를 중심으로 하는 화폐경제라는 관계를 넘어 부등가의 호혜적 교환관계를 만들려 한다는 점에서 자본주의를 넘어서는 목표를 갖고 있다. 그러나 지구 자본주의체제 안에서 협동조합 혹은 작은 공동체의 경제적 지속가능성을 유지하기 위해서는 자본주의적 시장에 의존할 수밖에 없다. 경제적 효율성을 높이기 위해 물류체계를 개선하기도 하고 푸드 마일리지(Food Miliage)[3]를 높이기도 한다. 좀더 많이 팔기 위해서는 성장이나 효율 중심의 경영을 받아들일 수밖에 없다. 여러 생협은 사회적기업으로 인증 받아 정부 보조금을 받는다. 화석연료에 의존하는 자본주의 경제체계를 벗어나 자립적인 경제공동체를 만들기란 현실적으로 불가능하다.

그러나 생태적 대안운동, 특히 협동조합운동은 자본주의적인 상품-화폐 관계 밖에서 이를 새롭게 바꾸어가는 생활을 지향한다는 점에서 자본주의적 생산-소비 관계와는 질적으로 다르다. 협동조합은 원리상 1인 1표라는 민주적인 의사결정 방식에 따라 생산자와 소비자가 협의하여 '사회적이고 민주적인' 지배구조를 만들어간다는 점에서 자본주의적 지배구조가 견고히 자리 잡은 기업과는 분명히 다르다.

한마디로 생협운동을 비롯한 생태적 대안운동은 자본주의 시장

경제 안에서 만들어가는 비자본주의적 대안이라고 볼 수 있다. 심화되는 자본주의 경쟁체계 속에서 이 운동은 현재 후퇴와 축소의 위험에 처해 있다. 그러나 참여자들의 협동과 신뢰의 힘이 강할수록 상품-화폐라는 자본주의적 관계를 넘어 호혜적인 관계를 맺을 가능성이 커진다. 결국 대안공동체의 성공은 참여자들의 협동과 신뢰의 힘이 크다는 것을 의미한다. 2장에서 우리는 비자본주의적 특성을 띤 다양한 사회적 경제를 보았다. 생산, 소비, 의료, 육아, 교육, 무역, 농업 등 여러 영역에서 협동조합이나 사회적기업 형태의 사회적 경제가 활발히 움직이고 있다. 이런 영역이 지역·국가·지구 차원에서 씨줄과 날줄로 연결되어 대안적인 생태적 순환경제의 틀을 만들 수 있지 않을까? 머지않은 미래에 이러한 실험들이 우연한 계기로라도 급속히 확산될지 모른다. 문제는 그러한 전환을 실행할 수 있는 지적·도덕적 지도력을 키우는 일이다.

둘째, 생태적 대안운동은 산업주의에 대한 대안인가? 우리는 도시가 아니라 농촌, 공업이 아니라 농업에서 희망을 찾는 이들을 만났다. 어떤 이들은 생태위기 때문에 그 방향으로 갈 수밖에 없다고 말한다. 이 때문에 생태적인 생산, 소비, 여가, 문화를 중시한다. 대개 유기농업과 유기농산물, 친환경 생활재 등이 이 운동의 중심 매체이다. 생태적 대안운동은 공업 중심의 근대적 발전 모델을 넘어서려는 경향을 보인다.

이들은 산업주의에서의 전환을 꿈꾸는데, 그 모습은 다양하다. 근대 이전의 공동체를 동경하며 더불어 가난한 소농사회를 꿈꾸는 사람도 있고, 기술을 배제하지 않으면서 생태친화적인 대안발전 모델을 꿈꾸는 사람도 있다. 이들은 분명 화석연료에 의존한 산업주의가 생태적으로 지속불가능하다는 인식을 공유한다. 이 때문에 태양광 발전, 바이오 디젤 등 다양한 생태기술을 개발·보급하는 데 관심을 기울인다.

그러나 산업주의 비판 담론과 실제 그것을 넘어서는 것 사이에는 커다란 간극이 있다. 화석연료에 중독된 산업체제를 경제적, 기술적, 문화적으로 넘어서는 일은 자본주의를 넘어서는 것보다 더 힘들지도 모른다.

셋째, 생태적 대안운동은 국가에 대한 대안인가? 우리가 만난 사람들은 국가에 대해 다양한 입장을 보인다. 어떤 사람들은 국가 중심의 체제가 아니라 공동체 중심의 사회를 만들어야 한다고 주장한다. 또다른 이들은 국가의 공공성을 강화해야 한다고 주장한다. 직간접으로 국가의 지원을 받는 경우도 많다. 중요한 것은, 이들이 국가의 지원을 바라거나 정책 수립을 요구하는 게 아니라 스스로 협동을 조직하는 일에 주력한다는 점이다. 국가의 지시에 따라 타율적으로 움직이는 게 아니라, 삶에서 부딪치는 문제를 해결하기 위해 자율적으로 생태적이면서 민주적인 공동체를 만들어가고 있다.

이러한 공동체 중심 운동은 어떤 문제가 있을까? 마을과 공동체의 안과 밖을 나누는 경계가 생긴다는 점이다. 우리 마을 사람들끼리는 서로 돕고 행복한 반면, 바깥세상은 차별과 경쟁 때문에 고통받는다. 이들은 어찌 보면 기업, 자본, 시장을 비판하면서 자기들끼리 또다른 기업, 자본, 시장을 만들고 있을지도 모른다. 물론 1인 1표의 원칙, 협동과 호혜의 원리에 의한 가격 결정이라는 원칙은 자기조정적 시장과는 분명히 다르다. 그러나 성찰 담론이 우리 마을, 우리 조합, 우리 공동체 안에서의 호혜적 관계망에만 제한된다면, 그것은 혈연에 근거한 종족주의나 배타적 종교체제, 국가체제와 크게 다르다고 하기 어려울 것이다.

생태적 대안운동이 명시적으로 국가체계를 반대하는 경우는 많지 않다. 그러나 생활 속에서 국가체계와 다른 자율적인 공동체를 만들어가면서 자율적인 자치의 힘도 키워가고 있다. 물론 자율적 공동체는 섬처럼 고립된 자신들만의 유토피아가 될 위험도 있다. 그래서 공동체 밖, 국가, 지구의 문제를 간과해서는 안될 것이다.

생태적 대안운동은 자본, 산업, 국가라는 체계가 사람들의 삶을 불안, 욕망, 경쟁, 차별의 굴레로 밀어넣는 것을 막으려는 운동이다. 그리고 이러한 씨스템이 지배하는 세상에서 우애, 협동, 연대, 자율의 삶을 살리려는 집합적 움직임이다. 생태적 대안운동은 자본=산업=국가 담론을 넘어서려고 하지만, 아직 이 담론은 형성중인 담론일 뿐, 현실에서 그 불씨는 여전히 미약하다.

대안정치의 희망

우리는 지금까지 평등한 사회관계를 마을공동체와 국민국가를 넘어 세계적인 평화체제로 확산시키는 동시에 자연과의 공존을 꿈꾸는 사람들을 만났다. 이러한 가치를 보편적으로 소통하고 실현할 수 있을까? 이에 대한 해답을 구술자들의 이야기에서 찾기는 어렵지만, 지난 역사에서 차이를 창조적으로 융합할 수 있는 새로운 인간형과 집합적 주체를 형성한 경우를 발견할 수 있다. 예를 들어 세계종교의 탄생, 근대의 혁명 같은 사건은 차이를 넘어서 새로운 주체와 진리가 형성된 역사적 사건이었다. 비록 이러한 역사적 사건들은 체계 밖을 배제하여 또다른 폐쇄적 체계로 귀결되었지만, 보편성의 범위를 확장하는 데 기여했다.

지금 여기서 새 세상을 만들려는 사람들은 인종, 민족, 국가, 성(젠더), 인간 중심성을 넘어서는 좀더 보편적인 가치를 실현하는 세상을 희망한다. 우리는 이러한 새로운 보편성을 실천하는 집합적 주체가 지금 여기에서 형성되고 있음을 발견했다. 문제는 그 주체가 어떻게 좁은 공동체를 넘어 지자체로, 국가로, 세계체제로 확산되는가다.

이러한 희망은 지구 생태계를 포괄하는 새로운 정치의 실현으로 가능할 것이다. 생태적 대안운동이 공동체를 넘어 새로운 사회구조를 만들 어낼 수 있을 것인가. 한국의 생태적 대안운동은 생활 속에서 협동을 조직하고, 경제적으로 살아남는 데 자원을 집중해야 하는 형편이다. 일상생활의 문제에서 출발하여 제도변화로 이끄는 정치를 발전시키는 것은 쉽지 않다. 생활의 미시정치가 지구시민들의 생태적이고 평화적인 연대로 나아가기 위해서는 넘어야 할 산이 매우 많다.

그렇지만 우리는 어렴풋하게나마 희망을 이야기할 수 있다. 생태적 대안운동의 담론으로 말한다면, 호혜와 협동의 관계망 속에서 생산하고 소비하고 즐기는 생활을 통해 매일 투표하듯이 구체제를 변화시킬 수 있을 것이다. 협동조합이 생산한 농산물과 공산품을 쓰고, 생산자협동조합에서 일하고, 의료생협에서 진료 받고, 대안학교, 대안대학에서 평생 공부하며, 마을에서 이웃과 함께 놀면서 토론하고, 노인이 되면 생협의 도움으로 살아가는 공동체를 상상할 수 있다. 이 공동체에서 교환되는 노동은 마을의 공동체 화폐로 바꾸어 주고받을 수 있을 것이다. 이러한 공동체가 이곳저곳에 많아지고 생태적이고 민주적인 결사와 연대가 발전하면 자본=산업=국가 체제의 동맹은 크게 약화될 것이다. 이러한 결사와 연대는 생활 속의 생산, 소비를 통해서뿐 아니라 선거를 통해서도 지역과 중앙정부를 바꿀 수 있다. 고립된 개인은 약하지만 자유로운 개인들이 자유의지로 만들어가는 연대의 공동체는 큰 힘을 발휘할 수 있다. 이 공동체가 고립된 섬이 아니라 생태적 공동체의 공동체, 생태적 어쏘씨에이션의 어쏘씨에이션으로 결집된다면 세상은 조금씩 바뀔 것이다. 마을은 작지만 마을 안에는 세상을 바꿀 수 있는 사람들이 살아가고 있다.

| 주 |

책머리에: 이야기로 들어본 새로운 세상의 꿈

1 사회적기업이란 비영리단체와 영리 기업의 중간 형태로, 사회적 목적을 추구하면서 영리활동을 하는 기업을 말한다.
2 이들 외에 한겨레신문 공동체팀(지금은 노드콘텐츠팀)의 권복기 기자를 만나서 공동체운동과 대안운동 일반에 대한 이야기를 들었다.
3 마을공동체는 마을이라는 장소를 중심으로 호혜적·협동적으로 생활하는 사례를 모은 것이다.
4 신나는조합 이야기는 〔부록 1〕 365면에 소개했다.
5 산청 안솔기마을에 사는 김명철씨의 이야기는 마을공동체와 대안교육 두 곳에서 다루었다.
6 사회적 경제란 상호부조, 사회적 약자 지원 같은 사회적인 목적을 중심으로 조직되는 경제 영역을 말한다. 다시 말해 "사회적 목적을 실현하기 위한 상업적 활동 내지 교역활동"이라고 정의된다(장원봉 2006, 41면). 협동조합, 사회적기업 등의 활동이 바로 사회적 경제에 포함된다. 사회적 경제는 이윤을 중심으로 한 시장이나 공공성을 중심으로 한 국가와는 원리적으로 구분된다.

1장 마을에서 사는 사람들

1 조한혜정(2007)은 "근대는 '마을을 버린 사람들'에서 시작해서 '마을을 만드는 사람들'로 끝날 것"이라고 말한다(149면). 그는 미래의 마을은 "아이들이 제대로 자라고, 어른들이 즐겁게 일터에 나가 경제·사회 활동을 신나게 할 수 있고, 노인들이 보살핌을 받는 곳일 것"이라고 본다(152면). 그는 2005년 3월부터 2007년 3월까지 성미산마을에 있는 성미산학교의 교장으로 새로운 마을을 만드는 일에 참여하기도 했다.

2 협동조합은 농민, 소상공인, 소비자 등 경제 주체들이 상호부조를 목적으로 조직하는 단체를 말한다. 협동조합의 지배구조는 1인 1표여서 1주 1표가 원칙인 주식회사와 구분된다. 협동조합은 생산자협동조합과 소비자협동조합으로 나뉜다. 우리나라에서는 생활협동조합(생협)이라는 용어가 널리 쓰이는데 이는 대부분 소비자협동조합으로 운영된다.

3 생활협동조합(생협)은 생활을 둘러싼 여러 활동을 서로 돕기 위해 만드는 협동조합이다. 생협은 주로 소비와 관련된 일을 하지만 의료생협, 공동육아처럼 생활 전반에 걸쳐 서로 협동하는 생협도 있다.

4 생협 사람들은 물품 혹은 상품을 '생활재'라고 부르기도 한다. 시장에서 교환되는 교환가치로서의 '상품'이 아니라 생활을 영위하는 데 필요한 재화라는 의미이다.

2장 협동하는 대안경제

1 우리가 만난 사람들은 협동운동이라는 말을 즐겨 쓴다. 협동운동은 좁은 의미로는 협동조합운동이지만, 넓게 보면 협동조합을 비롯한 공동체를 만들고 그것을 중심으로 사람들을 조직하여 상호부조와 공동의 발전을 지향하는 운동이다.

2 무위당 장일순 선생은 지학순 주교와 함께 원주에 살면서 우리나라 민주화운동과 생명운동을 발전시키는 데 크게 기여한 인물이다. 그는 천주교인이면서 동학, 불교, 노장사상 등 전통적인 사상을 생명과 살림의 가치 속에 통합하고 이를 실천했다. 원주의 농촌개발·협동조합·한살림 운동의 사상적, 실천적 기반을 다졌다. 그의 삶과 사상을 담은 책은 『나락 한 알 속의 우주』『무위당 장일순 선생의 노자 이야기』 등이 있다.

3 한살림은 유기농산물 직거래 운동을 중심으로 '살림운동'을 벌이는 우리나라의 대표적 생협이다. [부록 1] 김민경 참조.
4 이 장의 뒤에서 볼 인천 평화의료생협의 임종한씨도 생협의 '민주주의 학교' 기능을 강조한다.
5 '아끼고, 나누고, 바꾸어, 다시 쓴다'의 줄임말.
6 사회적기업이란 비영리단체와 영리 기업의 중간 형태로 사회적 목적을 추구하면서 영리활동을 하는 기업을 말한다. 우리나라에서는 2007년에 사회적기업육성법이 시행되면서 노동부가 사회적기업을 인증하는 제도를 시행하고 있다. 이 법에 의하면 사회적기업은 "취약계층에게 사회써비스 또는 일자리를 제공하여 지역주민의 삶의 질을 높이는 등의 사회적 목적을 추구하면서 재화 및 써비스의 생산·판매 등 영업활동을 수행하는 기업"으로서 노동부장관의 인증을 받게 되어 있다(사회적기업육성법 제2조 제1호). 우리나라에는 '아름다운가게' 원주의료생협, 안성의료생협, 인천평화의료생협, '노리단', (주)이장 등의 기업이나 재단법인, 생협 등이 사회적기업 인증을 받아 정부의 지원을 받고 있다. 사회적기업이 되기 위해서는 조직 형태, 목적, 의사결정구조 등이 사회적기업육성법이 정한 인증 요건에 부합해야 하며, 사회적기업육성위원회의 심의를 거쳐야 한다. 인증된 사회적기업에 대해서는 인건비 및 사업주 부담 4대 사회보험료 지원, 법인세·소득세 50퍼센트 감면 등 세제 지원, 시설비 등 융자 지원, 전문 컨썰팅 기관을 통한 경영·세무·노무 등 경영지원 혜택이 제공된다(네이버 두산백과사전 www.naver.com 참조).
7 하자쎈터는 1999년 12월에 종합적인 문화기획력을 갖춘 문화작업자를 길러내 청년실업문제를 해결하는 모델을 만들기 위해 설립되었다. 다양한 문화강좌 프로그램을 진행하고 있으며 5개 작업장(대중음악, 영상, 생활디자인, 웹, 시민문화 작업장)을 두어 그곳에서 청소년들이 장인들과 함께 지속적으로 문화작업을 하면서 자기를 발견하고 성장하며, 나아가 직업을 탐색하도록 돕고 있다. 하자쎈터는 청소년들이 사회에 나가기 전에 직업을 훈련하는 기관이지만 딱딱한 관료적 교육기관이 아니라 청소년의 창조성과 자립성을 키워주는 열린 공동체 같은 곳이다. '하고 싶은 일 하면서 먹고살자'는 구호는 하자쎈터의 특징을 잘 보여주는 말이다(www.haja.net 참조).
8 하자쎈터는 처음에 설립될 때는 웹, 디자인, 대중음악, 영상 등 분야별로 '작업장'이 나뉘어 작업장별로 교육하고 체험할 수 있었다. 그러다가 이것들을 통합해서 큰 프로젝트를 만들자고 해서 노리단(재활용상상놀이단)이 탄생했다. 노리단은 2003년 하자쎈터 졸업생이 나오면서 하자쎈터의 여러 팀들이 연합해서 만든 대형

프로젝트이다. 노리단은 호주의 생태 퍼포먼스 그룹인 '허법'의 정신과 기술을 전수 받아 발전시킨 공연단으로, 하자센터의 장인들과 작업장이나 작업장학교의 청소년들이 단원으로 참여하고 있다. 신승미씨는 처음에는 하자센터 기획팀에서 일하다가 나중에 노리단이라는 문화공연팀의 사무국장을 맡게 되었다.

9 이 프로그램을 사용하여 만든 백과사전이 인터넷 백과사전 위키피디아(wikipedia)이다. 위키피디아는 인터넷을 바탕으로 한 백과사전으로, 누구든지 '편집'을 클릭해 내용을 고칠 수 있으며, 목적에 관계없이 사용이 자유로운 자유 콘텐츠 프로젝트이다(www.wikipedia.org 참조).

10 2001년에 컴퓨터 프로그램의 대가들이 모여서 애자일 매니페스토(manifesto)를 발표했다. 이들은 쏘프트웨어를 개발하는 좀더 좋은 방향과 원칙을 네가지로 제안했다. 프로쎄스나 도구보다 개인과 상호작용, 통합적 문서보다 실제 쏘프트웨어, 계약 협상보다 고객과의 협력, 계획을 따르기보다 변화에 대응하기가 더 중요하다는 것이 이들의 원칙이다(agilemanifesto.org 참조).

11 공정무역을 페어트레이드코리아에서는 '희망무역'이라고 부른다.

12 이는 민들레 출판사의 김경옥씨가 일본 사람들을 만나 겪은 변화과정과 비슷하다. 두 사람은 모두 '우리 민족' 외부의 타자를 만남으로써 '우리'의 경계를 성찰하고 넓힐 수 있게 되었다.

13 이것은 한살림 같은 조직에서도 끊임없이 부딪치는 문제이다.

3장 농촌에서 희망을 찾는 사람들

1 인공 간척호수인 시화호가 심하게 오염되어 생태계가 파괴되는 사건이 1995년에 터졌다. 정화하지 않은 오폐수가 흘러든 시화호가 썩어들어가 수많은 생물이 죽고 바다가 오염되는 사태를 보면서 사람들은 시화호보다 훨씬 규모가 크고 유역면적이 넓은 새만금호도 심각한 생태적 재앙을 낳을 거라고 우려하기 시작했다.

2 원자력발전소에서 나오는 폐기물을 처분하는 장소는 여러가지 이름으로 불린다. 정부에서는 '방사성 폐기물 처분장(방폐장)'이라고 부르는 반면 반핵운동가들은 '핵폐기장'이라는 용어를 주로 사용한다.

3 이현민씨와 부안 사람들은 시민이 출자하여 부안읍과 등용마을 등에서 햇빛발전소(태양광 발전소)를 운영하고 있다.

4 반다나 시바는 제3세계 여성의 관점에서 환경·생태 문제에 접근하는 인도의 대표

적 지식인이다.
5 9장의 '국가와 시민사회를 넘어서'를 참조.
6 산내면에는 '작은학교'라는 대안 중학교도 있다. 학교 교실에서는 지리산의 수려한 산세가 보이고 강당에는 록밴드 공연을 할 수 있는 음향시설이 갖추어져 있다. 자연경관과 어울린 학교 교사와 기숙사가 작은 운동장을 둘러싸고 지리산의 햇빛을 즐기고 있다.
7 산내면 인구가 2200명 정도인데 귀농자는 200~250명으로 전체의 10분의 1가량을 차지하고 있다.
8 이 책에서 다루지는 못했지만, 충남 홍성군 홍동면에는 풀무학교라는 고등학교를 중심으로 자연과 공동체를 함께 살리는 운동이 활발히 일어나고 있다. 마을주민이 주체가 되어 성공적으로 마을공동체를 복원하고 있는 홍성군 홍동면 사례는 주민 스스로 오랫동안 생태공동체를 만들기 위해 노력하면 결국 성공한다는 교훈을 던져준다.
9 변현단씨의 공동체 실험은 자활영농공동체로서, 유대감이 좀더 강하고 친밀하다는 점에서 차이가 있다.
10 면이나 군의 도움을 제대로 받지 못하는 남원시 산내면의 한생명은 자립적으로 농사짓고 판매하느라 힘이 부친다.

4장 학교를 넘어, 대안학교를 넘어

1 써머힐(Summer Hill)은 영국의 교육자 니일(Neil)이 1921년 영국에 세운 대안학교이다. 닐은 권위주의적인 교육에 반대하여 철저한 자유교육을 주장하고 실천했다. 그의 교육사상은 인간의 본성은 선하며, 교육의 목표는 행복에 있다는 것이다. 그는 어린이의 행동, 학습, 성적인 자유의 중요성을 역설했다(니일 2002, 399면).
2 이찬갑과 주옥로가 충남 홍성군 홍동면에 1958년에 세운 학교이다. 이 학교는 "노동의 참된 가치를 알며, 사람과 지역과 자연과 더불어 살 줄 아는 이 시대의 평민을 길러내자"는 목표로 설립되어 농촌에서 환경과 마을을 지키는 일꾼들을 배출했다. 밑에서 일군 생태적인 지역 발전 모델로 주목받는 홍성군 홍동면의 사례는 그 바탕에 풀무학교에서 공부한 사람들이 있었기에 가능했다.
3 루돌프 슈타이너(Rudolf Steiner)는 인지학의 창시자로서 1919년 독일 슈투트가르트에 최초로 자유 발도르프 학교를 열었다. 영국의 에머슨 칼리지는 발도르프 교

사 양성 학교이다.

5장 차별 없는 세상

1 민주주의는 대개 인류중심주의 경향이 있지만, 생태민주주의는 인간뿐 아니라 인간 이외의 동물과 생물, 그리고 자연의 존재 가치를 인정한다. 우리는 민주주의를 넘어 생태민주주의를 실현해야 한다고 본다.
2 이랜드 그룹이 까르푸를 인수하여 '홈에버'라는 이름으로 바꾼 후 노동자에 대한 회사의 통제가 심해지고, 비정규직 증가, 외주화, 직원수 감소 등으로 노동환경이 열악해졌다고 한다(권성현 외 엮음 2008, 19~35면).
3 이경옥 이랜드일반노조 부위원장의 말에서도 '권리' 의식을 발견할 수 있다. "요구안을 100퍼센트 따내는 게 문제가 아니라 살면서 내가 알지 못했던 것을 알게 되었다는 것, 정치도 그렇고 내 권리가 뭔가, 내 권리는 내가 목소리를 내야 되는구나, 한두 가지가 아니죠. 삶에 대해 느끼는 게 많아요. 이게 성과죠"(권성현 외 엮음 2008, 68면).
4 이러한 생각은 다른 조합원에게서도 발견할 수 있다. 황선영씨는 "정당한 일이라고 생각해서 시작했는데, 졌다든지 이겼다든지 결론이 났으면 모르겠지만 아무 결론이 안 난 상태에서 그만뒀을 때 나중에 나이 들어서라든지 다른 데 간다든지 했을 때 어디 가서 이야기를 못하잖아. 중간에 포기하면 내가 아무리 열심히 했어도 내 인생에서 1년을 지워야 하는 거니까, 그게 계속 남아 있을 거니까"(권성현 외 엮음 2008, 72면).
5 2007년 여름에 홈에버 할인점의 매장점거농성을 주도한 김경욱 위원장은 한 언론과의 인터뷰에서 다음과 같이 말했다. "어찌 보면 무모했어요, 점거농성도 치밀한 계획에 따라 한 것이 아니라 화가 나서 한 것이었고요"(경향닷컴 2008.11.23).
6 정미화씨의 구술 내용은 권성현 외(2008)의 책에서 인용한 것이다.
7 이랜드노조의 장기 파업과 부분적 성공은 남성 중심의 전투적 대기업 노동운동과 다른 새로운 노동운동의 지평을 연 것으로 평가된다. 김원은 이 운동의 특징으로 기혼 여성 노동자의 주체화, 비정규직과의 연대, 지역을 매개로 한 시민과 정당, 사회단체의 연대 등을 든다(권성현 외 엮음 2008, 273~288면).

6장 욕망과 불안을 넘어선 행복

1 콜롬비아의 가브리엘 가르씨아 마르께스(Gabriel Garcia Marquez)가 쓴 소설에 나오는 이야기이다. 이 책은 『백년 동안의 고독』으로도 번역됐다. 마콘도라는 가공의 마을을 무대로 부엔디아 가문의 고통과 절망을 다루었다. 여기서 우르술라는 마콘도를 처음 건설한 호세 아르카디오 부엔디아와 결혼하여 가문을 일으키는 중심인물이다(마르께스 1977, 461~62면).

8장 무엇이 문제인가, 누구의 책임인가

1 이 시기는 소위 3저호황(저달러, 저금리, 저유가)으로 수출이 급증하고 경제성장률이 치솟은 1986~88년이다.
2 〔부록 1〕의 박인희와 신나는조합(365면) 참조.
3 나찌가 건설하기 시작한 독일의 고속도로.
4 이 영화('에이리언'으로 국내 개봉)는 외계생물과 인간의 생존을 건 싸움을 그린다. 1979, 86, 92, 98년에 걸쳐 네편의 씨리즈가 제작되었다. 감독은 모두 다르지만 여주인공은 씨고니 위버(Sigourney Weaver)가 줄곧 맡았다. 위버가 우주에서 발견한 생물체는 인간을 숙주로 삼아 번식하는 괴물이다. 김민경씨는 3편을 이야기하는 듯하다. 3편에서 '회사'는 자신들의 이익을 위해 에일리언을 지구로 데려오려고 하지만 주인공은 이를 막기 위해 목숨을 걸고 싸운다. 결국 그는 자신의 몸 안에서 자라고 있는 에일리언 새끼를 죽이기 위해 용광로 속으로 몸을 던진다.
5 오지훈씨 인터뷰는 2008년 2월 20일에 했다.

9장 국가와 시민사회를 넘어서

1 안또니오 그람시(Antonio Gramsci)에 의하면 헤게모니는 강제와 동의의 결합으로 얻어진다.
2 People's Democracy의 약어로 맑스주의적 계급혁명을 중시하던 민중민주주의 지향의 사회운동 분파이다.

3 National Liberation의 약어로 민족문제, 남북화해와 통일 등을 중시하던 민족해방 지향의 사회운동 분파이다.

10장 새로운 세상의 꿈

1 먼 거리에서 화석연료를 이용하여 유기농산물을 수송하여 식탁에 올리는 생활을 지양하고 가까운 지역에서 나는 먹을거리를 이용하자는 운동을 말한다. 가까운 먹을거리 운동이라고도 한다.
2 여기에서 우리는 여성성, 남성성에 대해 좀더 생각해볼 필요가 있다. 쎅스(sex)는 생물학적이지만 젠더(gender)는 문화적이고, 사회적으로 구성된다. 이렇게 볼 때 직선적이고 폭력적이고 가부장적인 것을 남성성으로, 곡선적이고 유연하고 느린 것을 여성성으로 규정하면, 문화적 특성을 생물학적 특성과 직접 연결하는 오류를 범할 수 있다. 여성을 '어머니 자연' '돌봄'의 속성과 직접 연결하는 것도 마찬가지로 문제가 될 수 있다.

맺음말: 마을을 넘어서

1 2000년대 이후 주류 환경운동이 어려움에 처한 이유 중의 하나는 '환경'이 삶과 유리된 이슈로 대상화되는 것을 막지 못했다는 점이다.
2 여기에는 주류 환경운동도 포함된다. 주류 환경운동이란 환경운동연합, 녹색연합, 환경정의 같은 환경운동조직들이 주로 벌이는 중앙정부나 지방자치단체의 정책과 사업에 대한 반대, 입법, 정책개혁 운동 같은 주창(主唱) 중심의 환경운동을 말한다. 생태적 대안운동은 가치, 자원동원 방식, 이슈 등 여러 측면에서 주류 환경운동과 차이를 보인다(구도완 2007).
3 먹을거리가 최종 소비되기까지 이동하는 거리를 말한다. 푸드 마일리지가 클수록 생태적 부담이 늘어난다. 푸드 마일리지를 줄이기 위해 로컬 푸드(Local Food) 운동, 혹은 가까운 먹을거리 운동을 벌이기도 한다.

| 부록1 |

구술자와 일터 소개

구자인(남, 40대 초반) 대학에서 해양학을 공부하고 환경 관련 석사학위를 받은 후, 일본에 유학하여 농촌, 공동체에 관한 연구로 박사학위를 받았다. 2004년에 진안군 마을만들기팀장을 맡아, 진안군의 마을만들기 전반을 계획·조율하고 있다. 특히 귀농인이 마을 일꾼으로 일하며 농촌에 적응하도록 마을간사 제도를 도입하여 운영하고 있다.

전북 진안군청 마을만들기팀

진안군은 전라북도 동부 산악권에 위치한 전형적인 산간 고원형 농촌지역이다. 인구는 1966년에 10만이었으나 그후 점차 줄어 2005년 현재 2만 4000명에 불과하다. 진안군의 마을만들기는 임수진 전(前)군수의 주도로 시작되었다. 진안군은 마을간사 제도를 도입하여 일꾼을 채용하고 귀농자 적응을 지원하는 씨스템을 구축하고 있다. 2007년에는 군청에 '마을만들기팀'을 신설하였고, 마을만들기, 귀농 지원, 도농 교류를 3대 업무로 삼아 관련 사업의 기획과 조정, 교육을 진행하고 있다. 2007년 4월에는 제1회 마을만들기 전국대회를 개최했다.

권복기(남, 40대 중반)　한겨레신문 기자. 1998년 IMF 위기 때 실업극복국민운동을 취재하면서 풀뿌리 공동체운동에 관심을 갖게 된 후, 공동체 관련 기사를 10여년간 써왔다. 전국의 많은 공동체와 시민단체를 취재하여 자료를 축적했다. 영성과 수행, 공동체운동 등에 폭넓은 관심을 갖고 있다. 지금은 한겨레신문 노드콘텐츠팀에서 일하고 있다.

김경옥(여, 40대 중반) 1985년 사범대를 졸업하고, 1년간 교사 임용을 기다리면서 '좋은 교사가 되기 위한 공부 모임'을 진행했다. 1986년부터 도덕 교사로 임용되었으며, 전교협과 전교조 활동을 했다. 1989년에 결혼한 후 남편과 함께 일본에 가서 한국어 강사로 활동했다. 1994년 한국으로 돌아온 이후 1998년부터 민들레 출판사에서 일하기 시작했다. 1999년에는 잡지 『민들레』를 출판하고, 2000년에는 '자퇴생의 전화'와 '민들레 청소년 사랑방'을 열었으며, 2004년에는 대안교육 연구원을 만들었다. 현재는 출판사 민들레의 편집장으로 일하고 있다.

민들레 출판사

학교라는 틀을 넘어서는 대안교육을 지향하는 출판사이다. 기존 교육운동이 학교라는 제도를 넘어서지 못하자 이를 현장에서 고민하던 현병호씨가 '스스로 서서 서로를 살리는 교육, 삶이 곧 배움이 되는 새로운 길'을 열고자 창립했다. 1998년 8월 출판등록을 하고 첫 책 『학교를 넘어서』를 출간했다. 1999년부터는 대안교육 전문지인 『민들레』를 격월간으로 내고 있다. 나라 안팎에서 일어나는 대안적인 움직임을 소개하고, 생각을 같이 하는 사람들이 협력할 수 있도록 지원하기 위해 만들어졌다.

또 '공간 민들레'에서는 제도교육 안에서 대안을 고민하는 학생과 교사, 제도교육 안에서 아이들을 고민하는 학부모와 어른들, 제도교육 바깥에서 새로운 교육을 모색하는 다양한 사람들에게 관련 정보를 제공하고 네트워크를 지원한다. 『학교를 넘어선 학교』 『바보 만들기』 등 대안학교 및 대안교육에 관한 다양한 책들을 출간했다. 제도 내 학교 및 홈스쿨링, 대안학교를 고민하는 사람들과 함께하는 대안교육공동체를 꾸리고 있다(www.mindle.org 참조).

김명철(남, 50대 초반) 대학에서 약학을 공부하고, 약사로 일하다가 다시 한의대에 입학하여 지금은 한의사로 일하고 있다. '원(圓)모임'이라는 친교 및 교육, 공동체 교류 모임에 나가면서 공동체와 교육에 대해 생각해왔다. 산청 간디학교를 알게 되어 딸을 이곳에 진학시키고 학교 근처의 생태공동체인 안솔기마을로 이주하여 촌장으로 활동하고 있다. 간디학교를 통해 대안교육에 깊이 관여하였고 현재는 제천 간디학교 이사장으로 활동하고 있다. 최근에는 전국 대안학교 학부모회 결성을 추진하고 있다.

경남 산청 안솔기마을
경남 산청군 신안면 외송리에 있는, 우리나라 최초로 계획된 생태마을이다. 간디학교 사람들이 학교 주변에 생태마을을 만들면 좋겠다고 생각한 끝에 조성했다. 1999년에 간디학교 교사와 학부모들이 중심이 되어 모여 살기 시작해서, 2008년 현재는 열여덟 가구가 살고 있다. 초기 마을 이름은 '간디 생태마을'이었으나, 지금은 마을 안쪽에 소나무가 많은 터라는 뜻으로 '안솔기마을'로 부른다. 마을 주변에는 다양한 나무와 꽃, 곤충과 동물이 서식하고 있어 마을주민은 물론 외부 방문객에게 최대한 생태적 체험공간을 제공할 수 있도록 설계되었다. 이 마을 사람들은 재래식 화장실을 쓰고, 가로등을 켜지 않으며, 합성세제를 쓰지 않는 등 생태적 생활양식을 실천하고 있다.

간디학교
주입식 교육과는 다른 창의적 전인교육을 지향하며, 1997년 3월에 경남 산청에 설립되었다. 후에 특성화 고등학교로 전환하였고, 이 학교에 관련된 사람들이 2002년에 중고통합교인 제천 간디학교와 고등학교인 군위 간디학교, 2006년에는 중학교인 산청 간디학교 등을 설립했다. 학교별로 조금씩 차이가 있지만 이 대안학교들은 공통적으로 전인교육을 위한 창의적 교육, 감성

교육, 덕성교육, 그리고 자기 주도적 학습을 강조한다.

김민경(여, 50대 중반) 대학 졸업 이후 교사로 일했다. 1989년 KBS에서 방영된 '한혜숙 주부의 한살림 일기'를 우연히 보고는 한살림에 관심을 갖게 되었다. 공해추방연합 여성위원회에 참여했지만 1990년 한살림에 가입한 이후 주로 한살림에서 활동했다. 한살림공동체 활동을 시작으로 물품위원회 활동가, 매장운동가, 상근활동가를 거쳐 현재는 한살림 서울 이사장직을 맡고 있다.

한살림
생명의 가치관과 세계관으로 모든 생명이 한집살림하듯 더불어 살자는 뜻으로 지은 이름이다. 1986년 서울에 '한살림농산'이라는 쌀가게를 열어 유기농산물 직거래 사업을 시작하였고, 1988년 한살림공동체 소비자협동조합을 창립했으며 청주를 시작으로 지역 한살림이 결성되면서 전국으로 확대되었다. 생태적인 안전한 먹을거리의 생산과 소비를 중심으로 한 공동체운동을 지향한다. 이를 통해 생태계에 책임을 다하는 사회, 생산자와 소비자가 더불어 사는 협동사회 실현을 목표로 하고 있다.

김아영(가명, 여, 40대 초반) 1998년 결혼한 후, 다니던 직장을 그만두고 남편을 따라 울산에서 1년간 생활했다. 1년 후 다시 서울로 올라와 아이를 기르다가, 2000년 8월부터 까르푸에 입사해 샐러드바에서 일을 시작했고, 9개월 만에 정규직이 되었다. 몇년 후 업무가 외주화되면서 가전 코너로 자리를 옮겼고, 2007년 7월부터 벌어진 노조 파업에 참가했다. 2007년 12월 사측으로부터 일방적으로 해고 당한 이후 면접할 당시까지 이랜드노조의 농성에 참여하고 있었다.

이랜드일반노조
까르푸노조와 이랜드노조로 나뉘어 있던 이랜드 그룹 내의 양대 노조가 2006년 12월 20일 이랜드일반노조로 통합되었다. 이에 따라 기존 까르푸노조는 홈에버지부로, 이랜드노조는 이랜드지부로 조직 형태가 변경되었다. 창립과 동시에 민주노총 민간써비스연맹에 가입하였으며, 초대 위원장으로는 전 까르푸노조 위원장 김경욱씨가 선출되었다. 이랜드일반노조에는 직접 고용 노동자를 포함하여 간접고용(파견직) 노동자, 입점업체와 도급업체 노동자 등 이랜드 그룹 내 모든 사업장에서 일하는 직원들이 가입할 수 있게 되었다. 2007년 7월부터 비정규직법안이 시행된 이후 사업주에 의한 외주화 확대와 대규모 고용조정이 이루어지자, 이랜드일반노조는 파업을 벌이기 시작하여 무려 510일 동안 파업을 지속했다(이랜드일반노조 소식지 창간호). 조합원 수백명이 경찰에 연행되거나 고소, 고발을 당했고 250억원의 손해배상 소송을 당하기도 했다. 이랜드일반노조는 2008년 11월 13일 이랜드 홈에버를 인수한 홈플러스 테스코 주식회사와 '노사 합의문 조인식'을 열고 파업을 끝냈다. 대부분의 노조원들이 복귀할 수 있었지만 핵심 간부 열두명은 회사와의 합의에 따라 복직을 포기했다. 그러나 노조는 추가 외주화를 막고, 16개월 이상 근무한 비정규직은 계속 계약하도록 하는 성과를 얻었다.

김창준(남, 30대 중반) 컴퓨터공학과를 졸업한 후 컴퓨터 프로그래밍이나 쏘프트웨어와 관련된 일을 해왔다. 국내 매체에 위키와 익스트림 프로그래밍을 처음 소개했다. 한국 XP(Extreme Programing) 사용자 모임 설립자 및 코어그룹 멤버이다. 기업이나 일반인을 대상으로 멘토링, 컨썰팅, 트레이닝, 강의 등을 하고 있다. 현재 애자일컨썰팅(agile.egloos.com) 대표이다.

애자일컨썰팅

영어로 애자일이란 '민첩한, 기민한'이라는 뜻을 지닌 형용사로, 여기서는 일종의 고유명사로 쓰인다. '애자일 방법론'은 전통적인 컴퓨터 쏘프트웨어 개발 방법론인 '폭포수 방법론'과 대조적인 성격을 갖고 있다. 폭포수 방법론이 프로쎄스와 도구, 포괄적인 문서, 계약과 협상, 계획에 따르기 같은 요소에 중점을 둔다면 애자일 방법론은 개인들 및 개인들의 상호작용, 쏘프트웨어의 실제 구현, 고객과의 협력, 변화에 대한 대응 등에 중점을 둔다.

애자일 컨썰팅은 이같은 방법론에 담긴 생각을 바탕으로 IT 회사나 사회조직 등 여러 곳에 컨썰팅을 해주는 회사이다. 일반적인 컨썰팅이 고객의 회사에 방문해서 문제점을 발견하고 솔루션을 찾는 것이라면, 애자일 컨썰팅은 기술에 대한 컨썰팅 이상으로 멘토링에 가까운 작업을 진행한다. 즉 그 회사의 문화나 커뮤니케이션 방식, 협력방식 등에 관한 컨썰팅을 수행하고, 회사의 직원들이 실제로 쏠루션을 찾아서 구현하고 몸으로 실천할 수 있을 때까지 지원하는 것을 목표로 삼고 있다.(www.agilemanifesto.org).

박미현(여, 40대 중반) 결혼 후 첫 아이를 청주의 시댁에 맡기고 직장생활을 하다가 공동육아를 다룬 신문기사를 보고 '성미산'공동체에 참여하기 시작했다. 이후 성미산 지키기 운동에도 적극 참여했다. 2001년부터는 이 지역 두레생협에 공급되는 재료로 마을 주부들에게 유기농 반찬을 조리해주는 일을 시작했다. 2003년부터 공동투자 형식으로 마을 반찬가게인 '동네부엌'을 열어 운영해왔다. 반찬가게와 공동육아, 두레협동조합, 배수장 반대, 카 셰어링, 성미산학교, 취미 소모임 등 성미산 지역의 여러 활동에 적극 참여해왔다.

성미산 마을공동체

서울 마포구에 위치한 작은 동산인 성미산 주변에 공동육아를 계기로 함께 모인 사람들이 중심이 되어 만들어가는, 도시의 새로운 마을이다. 행정구역상으로는 마포구 성산동, 망원동, 합정동, 연남동, 서교동 지역에 분포하며, 1994년 공동육아를 위해 모인 젊은 부모들이 이 지역에 어린이집을 만들고 정착하면서 만들어지기 시작했다. 이 마을 사람들은 2001년 8월에 서울시가 성미산에 배수장을 건설하려 하자 반대운동을 벌이면서 강하게 연대하기 시작했다. 다양한 생산·소비 협동조합형 조직을 운영하고, 마을축제 같은 도시 속 공동체 문화활동도 활발하다.

박서희(가명, 여, 30대 중반) 대학을 졸업하고 지역 청년회 활동을 하다가 선배의 권유로 1997년부터 부산 반송동에서 지역운동을 시작했다. 10년간 '희망세상'이라는 지역단체에서 지역신문 제작과 배포, 회원 조직, 해맞이 행사, 어린이날 행사 등 수많은 행사를 꾸리고 진행했다. 특히 2007년에는 단체 회원을 중심으로 마을도서관을 짓고, 이와 관련된 다양한 사업을 진행하고 있다.

반송공동체 '희망세상'

부산시 해운대구 반송2동은 1968년부터 1975년까지 철거민들이 집단으로 옮겨오면서 지금 같은 마을의 기본틀이 만들어졌다. 이 마을 사람들은 1984년 화장장 반대운동, 1989년 산업폐기물 매립장 반대운동 등을 거치면서 자연스럽게 지역 공동체 의식을 형성했다. 희망세상의 전신인 '반송을사랑하는사람들'은 이곳 출신인 고창권씨를 비롯한 박서희, 배순덕, 이용태씨 등이 마을사람들과 함께 설립한 지역단체이다. 1997년 지역 소식지인 『더부러소식』을 펴내면서 지역활동을 시작했다. 이듬해인 1998년 6월에 반송시장 옆에 사무실을 얻어 창립총회를 개최하면서 지역발전을 위한 활동을 본격적으로 시작했다.

2005년 '희망을 꽃피우는 지역공동체, 희망세상'으로 이름을 변경하고 사무실을 이전한 이후 현재까지 지역에서 다양한 활동과 사업을 진행하고 있다. 간략히 정리해보면, 나눔을 실천하는 행복한 나눔가게, 느티나무도서관, 자원봉사, 아버지학교, 청소년 리더십 교실, 통일 기행, 지역 환경개선, 어린이날 행사, 마을신문 발행, 해맞이 등반 등이다. 현재 지역주민 10퍼센트가 구독하는 지역신문을 배포하고 있다. 이 단체가 개최하는 어린이날 행사에는 지역 인구의 약 20퍼센트가 참가하며, 최근 두 차례에 걸쳐 구의원을 배출했다.(고창권 2005; www.saesang.or.kr)

박신연숙(여, 40대 초반) 대학에서 여성운동 동아리 활동을 통해 여성으로 자기 정체성을 쌓아나갔다. 1992년에 여성의전화에 자원봉사자로 참여했으며, 1995년부터 상근활동가로 일하기 시작해, 2003년까지 여성의전화 상담가로 일했다. 2005년부터 가정폭력 예방을 위해 지역 여성들을 조직하기 시작해 이를 담당하는 나비쎈터를 만들어 활동해오고 있다.

여성의전화 나비쎈터

여성의전화는 1983년 창립된 여성인권운동단체로서 모든 폭력으로부터 여성의 인권을 보호하고 가정, 직장, 사회에서 여남평등을 실현하는 것을 목적으로 한다. 서울여성의전화 나비(飛)쎈터(나로부터 비상하는 지역운동쎈터)는, 여성의전화 내의 풀뿌리 지역여성운동쎈터와 '지사모(지역을 사랑하는 자매들의 모임)'를 계승하여 2005년부터 삶의 공간인 마을과 지역에서 여성을 조직하는 것을 목표로 풀뿌리 운동 주체를 형성하고 이들을 교육하고 역량을 강화하기 위해 설립되었다. '나로부터 비상하는 지역운동쎈터'라는 이름에 나타나듯이, 개인 역량의 성장이 조직의 성장 그리고 지역사회의 역량으로 이어지는 것을 지향한다.

박인희(가명, 여, 50대 중반) 대학시절 기독학생운동에 참여했고, 1975년부터 서울 사당동 판자촌 지역에서 빈민선교활동을 시작했다. 1979년 사당동 지역이 철거되면서 남편과 함께 부천 부평으로 옮겨 산업선교활동을 했다. 이후 1986년 부스러기사랑나눔회를 설립하는 데 참여했고, 1990년부터 빈민여성교육선교원을 운영하는 등 빈민층을 중심으로 선교활동을 했다. 1996년 신학대학원을 졸업하여 목사 안수를 받았고, 1999년 올해의 여성운동상을 수상하기도 했다. 그라민 은행을 본떠서 마이크로 크레디트(무담보 무보증 소액대출) 운동을 하는 신나는조합을 만드는 데 주도적인 역할을 했다.

신나는조합
노벨평화상 수상자 유누스가 설립한 방글라데시의 그라민 은행의 한국지부이다. 1999년 그라민은행의 지원과 씨티그룹의 지원금으로 설립되어 2000년부터 마이크로 크레디트(micro credit) 사업을 시작했다. 마이크로 크레디트는 물적 담보를 제공할 수 없는 절대빈곤층을 대상으로 소규모 생업자금을 무담보 무보증으로 지원하는 빈곤층 자활지원사업으로, 1976년 방글라데시에서 시작된 그라민은행을 모태로 한다. 신나는조합은 정부기금과 민간출연기금을 바탕으로 마이크로 크레디트 사업을 펼치며 공동체의 자활과 자립을 지원한다. 이와 함께 자활공동체의 사회적기업 설립을 돕고 있다. 2007년 현재 전국적으로 열한개 지회, 아흔개 공동체가 신나는조합의 지원을 받고 있다.

변현단(여, 40대 중반) 1983년 대학에 입학한 후, 학생운동과 노동운동, 진보정당 운동 등 다양한 활동을 했다. 민중당이 해체된 이후 1990년대 중후반에는 무역회사를 운영하고 베이징에서 어학원장 등을 하며 세계 각지를 여행하기도 했다. 그후 다시 적극적으로 사회운동에 뛰어들어 인터넷 신문 '대자보' 편집국장, 녹색대학 교육위원회, 민주노동당 기관지 편집국장 등의 일을 했다. 반다나 시바를 만나 생태주의적 시각을 갖게 되었고, '농'의 가치에 눈뜬 이후 이를 실현하기 위해 현재는 '연두농장' 운영에 집중하고 있다. 현재 전국 100여개 농장이 가입해 있는 자활영농네트워크의 대표를 맡고 있다.

경기도 시흥 영농공동체 연두농장

2005년 기초생활보장 수급자 여성 열명이 자활영농사업단을 꾸려 농사를 짓기 시작하면서 만들어졌다. 농사를 통해 경제적으로 자립하고 삶의 가치를 되찾는 공동체를 지향한다. 최근 연두농장은 시흥 물항리 일대에 전통농업 방식을 재현한 농장을 만드는 계획을 수립하여 추진하고 있다. 전통적 방식에 기초한 생태적 농업 모델을 찾아갈 뿐만 아니라 생태학습 프로그램을 운영하고, 주말농장을 여는 등 지역과 밀착된 도시형 영농공동체를 만들어가는 꿈을 키워가고 있다.

서은희(가명, 여, 50대 중반) 1987년 경동산업(현 키친아트)에 입사해 프레스 작업장에 배치되어 가공하는 일을 했다. 이 회사가 2000년 4월에 시장에서 퇴출되자 서은희씨는 회사 살리기에 참여했다. 2001년에 새롭게 노동자지주회사인 키친아트를 만들 때 노조원이자 주주로 참여했다. 이후 2005년에 대표이사가 횡령한 사실을 알게 된 이후 대표이사의 전횡에 대항하여 '민주개혁을 위한 인천시민연대'와 공동대책위를 꾸리는 데 참여해 회사를 다시 살리는 데에 크게 기여했다.

(주)키친아트

1960년 경동산업주식회사로 설립되어 1983년 키친아트 브랜드를 상표등록

한 이후, 1993년 1차 부도를 맞았고, 1997년부터 법정관리를 받아오다가 2000년 4월 퇴출되었다. 노조는 1996년부터 회사의 부도 위기에 적극 대응했다. 2000년 회사가 최종 퇴출되자 (주)경동산업에서 키친아트 상표권 및 채권을 인수한 이후, 2001년 (주)키친아트로 상호를 변경하면서 노동자지주회사를 탄생시켰다. 끝까지 남아 있던 조합원 288명이 받아야 할 퇴직금 약 100억원으로 회사를 인수했다. 이 회사의 주주들은 공동소유, 공동분배, 공동책임이라는 사훈 아래 회사를 운영한다. 회사 임원은 288명의 주주 회의를 통해서 선임하며, 임기가 정해져 있다. 매년 주주회의 및 주주들간의 친목 모임을 열며, 회사 인근 지역사회와도 긴밀한 관계를 맺고 있다. 특히 노동자지주회사로 거듭나는 데 지역 전문가, 노동단체, 시민단체의 도움을 받았고, 현재는 회사 수익의 일부를 지역사회에 환원하고 있다(매일노동뉴스 2001.3.28, 6.28; 키친아트 홈페이지 www.kitchenart.co.kr).

신승미(여, 35세) 부산에서 태어나 중고등학교, 대학교에서 줄곧 방송반 활동을 했으며, 대학 졸업 후 서울로 이주했다. 라디오 방송작가 일을 했고, 음반기획사에서도 일했다. 홍대에서 독립라디오를 모색하는 프로젝트에 참여하기도 했다. 연세대 문화인류학과 조한혜정 교수의 권유로 하자센터(서울시립청소년 직업체험센터)에 들어가 기획팀에서 일했으며, 2006년부터는 노리단에서 일하고 있다.

노리단

서울시가 설립하고 연세대가 참여하여 만들어진 청소년 직업체험센터 하자센터의 작은 프로젝트팀에서 출발하여 독립적인 공연단으로 발전했다. 2004년 6월 출범식과 단독 콘서트를 진행했다. 생태주의를 지향하는 문화그룹으로, 내적인 활력과 잠재성을 발휘하여 문화예술 활동을 한다. 악기를 만들 때도 PE파이프, 알루미늄 휠, 나무, 플라스틱 통, 고무장화 같은, 주변에서 쉽게 볼 수 있는 것들을 재활용한다. 워크숍(교육) 프로그램을 통해 참여자들이 자신의 몸, 그리고 주변 사람과 소통하는 방법을 생각하도록 도와준다. 해외는 물론 지역에서 다양한 형태의 공연을 하고 있다. 2007년 노동부로부터 사회적기업으로 인증 받은 이후 구성원을 다시 뽑고 기존 조직을 재편하는 등 예술과 교육 그리고 놀이가 통합되는 모델을 지향하고 있다 (noridan.haza.net).

안철환(남, 40대 중반) 출판사에서 농사 책을 출판하며 농삿일에 관심을 갖게 되었고, 귀농운동본부의 잡지 '귀농통문'을 만들면서 귀농 일을 본격적으로 시작했다. 지금은 귀농운동본부의 도시농업 관련 일을 하고 있다. 또한 안산에서 작은 농사공동체이자 학교를 운영하며 2000평가량의 땅에서 농사를 짓는다. 최근에는 토종 씨앗을 모으고 보급하는 일을 즐기고 있다.

귀농운동본부

인간과 자연이 조화롭고 유기적으로 순환하는 농촌과 농업을 만들기 위해 1996년 9월에 창립했다. 주요 사업은 귀농교육으로, 1996년 9월 9일에 제1기 귀농학교 기초강좌를 시작해, 2008년 8월까지 총 42기의 생태귀농학교 졸업생을 배출했다. 귀농에 관심이 있는 도시인들을 교육하기 위한 생태귀농학교, 도시에서 텃밭농사를 지도할 교육자를 양성하는 도시농부학교, 도시 주말 텃밭, 귀농정보지 '귀농통문' 발행 등 귀농 지원과 교육 등의 활동을 하고 있다

오지훈(가명, 남, 40대 중반) 경남 고성에서 태어나 부산 영도에서 자랐다. 의대를 졸업하고, 영상회사 대표로 활동하다가 1999년 영화 상영차 물만골에 들어갔다가 마을사람들과 자연에 반해서 눌러앉게 되었다. 현재는 부산 시내에서 성형외과를 운영하면서, 마을의 여러가지 일들을 하고 있다.

부산 물만골 공동체

부산시 연제구 연산2동 산176번지 일대에 있다. 한국전쟁 때 사람이 처음 살기 시작했고, 1953년에는 이곳에 방목장이 설치되면서 마을이 형성되기 시작했다. 1960년대 중반에는 토탄을 캐러 다니던 사람들과 도시 빈민층이 무

허가 판자촌을 짓고 살았다. 1976년 부산 초량동 부두 지구를 철거했을 때, 그곳 철거민들이 많이 이주해왔다. 1970년대에서 1990년대에 이르기까지 관할 구청이 여러차례 철거를 추진했고, 이에 반대하는 싸움이 일어나기도 했다. 이 마을 사람들은 주민 주도로 마을을 재개발하기 위해 1999년부터 땅을 공동으로 매입하기 시작했다. 2008년 현재 이곳에는 약 350세대, 1500~1600명의 주민이 살고 있다. 매년 당산제와 마을 행사를 진행하고 있으며, 공동체에서 제공하는 교육, 의료 지원 프로그램도 운영하고 있다. 환경부로부터 생태마을로 지정 받아 생태적으로 지속가능한 마을을 만들기 위해 계속 노력하고 있다.(서화숙 2005).

윤수정(가명, 여, 40대 후반) 1990년대 초반 방송국에서 운영하는 청소년 상담 일을 하면서 사회운동을 접하게 되었다. 주로 여성운동과 관련된 활동을 했으며, IMF 경제위기 이후 본격적으로 생산자 자활공동체 운동에 참여했다. 빈곤층 기혼여성을 중심으로 꾸려진 '아낙과사람들'을 통해, 쿠키 제조·판매, 출장뷔페 등을 했다. '아낙과사람들'에서 중추적인 역할을 했으나 현재는 관련 활동을 하지 않는다.

아낙과사람들

아낙과사람들의 모태는 1998년 여성의 경제적 독립을 돕고 직장 내 부당한 대우에 대응하기 위해 여성운동단체들이 중심이 되어 만든 프리워(FReE-War: Feminist Revolution in Economic War)이다. 아낙과사람들은 여성 가장들이 1999년 프리워에서 독립하면서 만들어졌다. 출장뷔페, 퀼트 등 다양한 사업을 시도했지만 빈곤층 여성 가장들이 안정적으로 자리를 잡기는 어려웠다. 여성자활공동체를 꿈꾸며 주로 우리밀로 만든 유기농 쿠키를 만들어 판매했고, 2007년에는 노동부로부터 사회적기업 인증을 받았다. 그러나 경제적 어려움과 구성원들 사이의 갈등 때문에 현재는 활동을 중단한 상태이다.

이미영(여, 40대 초반) 1986년 대학에 입학하였으나 학생운동과 노동운동에 참여하느라 졸업하지 못했다. 1992년 대선 이후 회의감에 젖어 활동을 정리하던 중, 1993년에 복적(復籍)되어 학교를 다시 다녔다. 1994년에 경실련 환경개발센터에 들어가서 활동을 재개했고, 1997년까지 일했다. 1998년에 남편과 함께 중국 북경으로 갔다가 1999년 귀국해 여성환경센터(2005년에 여성환경연대로 개편) 활동에 참여했다. 여성환경연대 활동을 하면서 여성과 환경, 국제연대에 바탕을 둔 구체적인 프로젝트에 관심을 갖게 되어, 2007년 여성환경연대 사무처장직을 그만두고 페어트레이드코리아 대표로 공정무역운동에 뛰어들어 활동하고 있다.

페어트레이드코리아

아시아의 가난한 여성들이 만든 자연주의 의류와 생활용품을 공정한 가격에 거래하여 지구촌 빈곤문제 해결에 기여하고자 설립된 시민주식회사이다. 공정한 거래, 전통기술과 문화적 다양성 보전, 환경과 건강 보호, 윤리적 소비의 확산 등을 목표로 하고 있다. 국내 최초의 공정무역 브랜드 그루[g:ru]를 선보였고, 최근에는 서울 안국동에 오프라인 1호점을 열었다(fairtradegru.com).

이해경 (남, 50대 초반) 『생명의 농업』이라는 책을 읽고 농사를 짓기로 결심하고, 전라북도 장수로 내려가 농사를 짓기 시작했다. 그러던 중 도법 스님의 제의로 남원 산내면에 있는 실상사 귀농학교 교장직을 맡아 1998년부터 5년간 학교를 운영했다. 이후 쌀 수매 중단을 계기로 귀농자 중심으로 친환경 농업조합인 '한생명'을 만들어 교육과 문화, 경제를 엮는 지역공동체를 만드는 활동을 하고 있다.

인드라망 생명공동체

귀농인 교육과 지원, 생활협동조합, 대안교육, 지역공동체 만들기와 도농 교류, 생명·환경 운동 등을 목적으로 1999년 창립되었다. 1998년에 생태순환적 농업과 농촌 살림을 가르치는 이론과정인 제1기 '불교귀농학교'와 전문실습과정인 제1기 '실상사귀농전문학교(실상사귀농학교)'를 개설하고 이후 각 2회씩 교육을 실시하고 있다. 2001년에는 대안학교인 '실상사 작은학교'를 열었다. 2003년에는 귀농운동과 연대한 도농 교류와 연대를 위한 '사찰불교 생협운동본부'를 창립했으며, 2006년에는 귀농인 정착에 필요한 농사 실습과 마을 정착 교육을 위한 '현장귀농학교'를 열었다.

사단법인 한생명

남원군 산내면 지역에서 생명농업을 하면서 인간과 자연이 조화를 이루고 인간과 인간이 서로 돕는 대안적 지역사회를 만들기 위해 설립되었다. '인드라망 생명공동체'와 연결된 '인드라망 지리산교육원'을 통해 '실상사 귀농학교'와 '생명문화학교' '생명살림강좌'를 운영하고 있다. '산내여성농업인쎈터'에서 여성과 어린이 교육과 보육 지원, 문화·교양 강좌를, '지역생태농업쎈터'에서는 환경농업지역 만들기와 생태마을 만들기, '실상사 작은학교'를 통한 교육문화사업을 실시한다. 그 밖에도 농촌과 도시 교류 사업, 농촌 살림 체험 등의 활동을 하고 있다.

이현민(남, 40대 초반) 1980년대 학생운동을 통해 사회운동에 뛰어들었고, 1990년 전북 부안으로 내려가 농민운동에 투신했다. 1990년대 중반까지 우루과이 라운드 반대운동 등 농민운동에 적극 참여했으며, 시화호 사건을 계기로 새만금문제에 관심을 갖고 새만금 간척사업 반대운동을 시작했다. 2003년 부안 핵폐기장 반대운동에 참여하면서 에너지문제에 관심을 갖게 되었고, 핵폐기장 반대운동이 일단락된 이후 부안 시민발전소를 통해 반핵운동의 성과를 이어가고자 노력하고 있다. 유기농업을 하고 있으며, 부안을 기반으로 지속가능한 자원순환형 사회의 모델을 구축하기 위해 활동하고 있다.

부안 시민발전

부안 핵폐기장 반대운동의 성과를 이어가고 부안의 에너지 자립을 위해 설립되었다. 주유소를 선택할 권리밖에 없는 획일화되고 집중화된 에너지체계의 전환을 위해 2005년 햇빛발전소 1호기를 세웠다. 4호기까지 설치된 햇빛발전소뿐만 아니라 지열난방씨스템을 도입하는 등 재생가능 에너지원의 다변화를 시도하고 있으며, 유채꽃을 재배하여 바이오디젤을 생산하는 사업에도 참여하고 있다.

임종한(남, 40대 후반) 고등학교 시절에는 물리학자가 되려고 했으나 핵무기 개발에 관여한 어느 물리학자의 책을 읽고 의사가 되기로 마음먹고 의대에 입학했다. 졸업 후 인천의 빈민지역인 부개동에 있는 평화의원 2대 원장으로 근무했다. 자신과 동료들의 헌신적인 노력에도 불구하고 지역주민의 자립역량이 자라지 않자 깊이 고민했다. 그러던 중 1994년 일본 의료생협 현장을 체험한 후, 인천 평화의원을 지금의 인천의료생협으로 전환하는 일을 주도했다. 이후 의료생협 의사이자, 실무자, 이사장 그리고 장기발전위원장으로 일해왔다. 현재는 인하대학교 의과대학 교수 겸 전국의료생협연대 상임대표로 활동중이다.

인천 평화의료생활협동조합

이 단체의 모태는 '기독청년의료회'가 1989년 인천에 설립한 '평화의원'이다. 평화의원은 열악한 처지에 놓인 노동자와 지역주민에게 공평하게 의료 혜택을 받을 수 있는 기회를 제공하고자 설립되었다. 더불어 질병의 치료뿐 아니라 예방과 재활을 포함하는 포괄적 의료 보건 활동을 지향했다. 평화의원의 정신을 계승한 인천의료생활협동조합은 1996년 11월에 주민이 직접 출자하여 협동조합을 만들고 운영에도 참여하는 방식으로 설립되었다. 이후 1999년 8월에 평화한의원을, 2002년 가정간호사업소를 열어 평화의원, 평화한의원, 가정간호사업소, 재가 케어 복지사업단 위탁, 데이케어 시범사업 등을 운영중이다.

장윤수(가명, 남, 40대 초반) 대학에 다닐 때부터 1990년대 초반까지 연청이라는 옛 평민당 청년조직에서 '재야운동'을 했다. 1992년 문민정부 출범 이후 1993년부터 3년간 자동차회사에서 마케팅 매니지먼트 일을 했다. 1999년부터 2003년까지 서울 외국인이주노동자센터(지금은 '외국인노동자와함께')에서 일했다. 2004년에 대학원 박사과정에 입학해서 외국인노동자와 관련된 주제로 박사학위 논문을 준비하고 있다. 논문을 준비하면서도 틈틈이 외국인 이주노동자 방송국, 마석 샬롬의집 등에서 이주노동자 관련 일을 계속하고 있다.

외국인노동자와함께(舊외국인이주노동자쎈터)

외국인 이주노동자 인권보호와 인권신장을 위한 정책 제안과 지원, 노동·의료·생활 상담과 지원, 각종 조사·연구·교육·언론홍보 활동, 긴급한 상황에 처한 외국인 이주노동자를 위한 쉼터 제공을 목적으로 1997년 설립되었다. 초기에는 주로 한글교실, 컴퓨터교실 등을 운영하였으며, 외국인 이주노동자 공동체 지원, 책자 발간, 법 제도 개선 노력, 국제연대, 음반 출시, 체육활동, 문화활동, 직업 교육, 의료활동 지원 등으로 활동 범위를 넓혀왔다. 그리고 임금체불, 산업재해, 폭행 등에 대한 피해상담과 의료상담, 그리고 출국문제, 가정문제, 송금문제 등을 상담하고 있다. 또한 병원에 입원하거나 수술하여 도움이 필요한 이주노동자들을 위한 긴급 의료비를 지원하고, 퇴원 후에는 요양할 수 있도록 쉼터를 운영하고 있다. 2000년 서울시 비영리 민간단체로 등록했으며, 2005년 4월 외국인이주노동자쎈터를 모체로 하여 '외국인노동자와함께'라는 이름으로 사단법인 등록을 했다. 최의팔 목사가 소장을 맡아 일하고 있으며 광주, 인천, 진천에 지부를 두고 있다(withmigrants.org).

정인재(남, 60대 중반) 1972년에 천주교 원주교구에서 지학순 주교가 주도한 남한강 홍수 수해복구사업에 참여하면서 원주와 인연을 맺었다. 주로 원주교구 활동을 하며 지역운동에 참여했는데, 농촌 상담원, 교구청 총무부장, 원주자활 후견기관 기획실장 등을 역임했고, 현재는 밝음신협 이사장직을 맡고 있다.

밝음신협

1971년 창립해 신용대출뿐만 아니라 다양한 교육·복지 사업을 하고 있다. 소방서에 구급차를 기증하고, 조합원 자녀를 대상으로 한 어린이날 행사를 원주시민의 행사로 발전시키기도 했다. 현재 원주지역 협동조합운동을 지원하는 거점 역할을 하고 있다. 의료생협 등 여러 협동조합이 밝음신협 건물을 이용하고 있다. 밝음신협은 저소득층의 자립과 자활을 위해 누리협동조합과 갈거리협동조합을 지원하고 있다.

조세진(가명, 남, 40대 중반) 1982년 대학에 입학해 학생운동과 노동운동을 거쳐 진보적 정치운동에 참여했다. 그러나 사회주의체제가 몰락한 후 1992년 대선이 끝나면서 자신의 운동을 성찰하게 되었다. 이후 고향인 원주로 내려가 자신의 사상과 운동방향을 근본적으로 전환하여 협동조합운동에 매진했다. 원주에 있는 호저생협을 시작으로, 의료생협 등 협동조합운동에 힘을 기울였다. 재충전을 위해 2002년경 잠시 원주생협을 그만두고, 대안학교 설립에 참여하여 수년간 활동하기도 했다. 현재는 원주 협동조합협의회 일에 참여하고 있다.

원주협동조합협의회

밝음신협과 의료생협, 노인생협 등 원주 지역 12개 협동조합운동단체의 협의체로서, 협동조합운동의 활성화를 위해 2003년 결성되었다. 상부상조와 생명존중 사상에 기초하여 협동과 자치의 지역사회 건설을 목표로 설립되었으며, 지역 내 협동조합간 소통과 협력을 강화할 뿐만 아니라 국내외 단체들과의 교류를 활성화하기 위한 활동들도 활발히 펼치고 있다.

| 부록2 |

구술자에게 던진 주요 질문

현장의 구체적인 질문
1. 지금 선생님께서 하고 계신 일을 간단히 설명해주시기 바랍니다.
2. 지금 하고 계신 일은 언제 어떻게 시작하게 되셨습니까?
3. 이 일을 하시면서 보람 있었던 때는 언제였습니까?
4. 이 일을 하시면서 어려운 점은 없습니까?
5. 지금 하시는 일을 앞으로는 어떻게 하실 계획입니까?
6. 지금 하시는 일과 관련하여 우리사회나 정부, 기업에 바라는 것이 있다면 무엇입니까?

일반적인 질문
1. 현재 우리사회의 가장 중요한 문제는 무엇이라고 보십니까?
2. 왜 이런 문제가 생겼을까요?
3. 그렇다면 우리나라가 어떤 나라가 되기를 바라십니까?

4. 그런 나라를 만드는 데 걸림돌은 무엇인가요?

5. 좀더 살기 좋은 나라를 만들기 위해 무엇을 어떻게 해야 할까요?

6. 누가 그 일을 나서서 해야 한다고 생각하십니까?

7. 선생님은 좀더 나은 사회를 만들기 위해 무슨 일을 하실 생각입니까?

| 참고문헌 |

가따리, 펠릭스 『세 가지 생태학』, 윤수종 옮김, 동문선 2003.
카라따니 코오진 『트랜스크리틱』, 송태욱 옮김, 한길사 2005.
_____ 『세계공화국으로』, 조영일 옮김, 도서출판b 2007.
고창권 『반송사람들』, 산지니 2005.
구도완 「한국 환경운동의 역사와 미래」, 『한국환경단체총람』, 한국환경민간단
　　　체진흥회·한국환경회의 2007.
구도완·여형범 「대안적 발전: 생태적 공동체와 어소시에이션을 넘어서」, 『경제
　　　와사회』 2008년 봄호.
권성현·김순천·진재연 엮음 『우리의 소박한 꿈을 응원해줘: 이랜드 노동자 이
　　　야기』, 후마니타스 2008.
니일, A.S. 『서머힐』, 손정수 옮김, 산수야 2002.
다이아몬드, 재래드 『문명의 붕괴』, 강주헌 옮김, 김영사 2005.
러쎌, 버트런드 『게으름에 대한 찬양』, 송은경 옮김, 사회평론 2005.
마르께스, 가브리엘 가르씨아 『백 년 동안의 고독』, 안정효 옮김, 문학사상사

    1977.

맑스, 칼·엥겔스, 프리드리히 『공산당선언』, 이진우 옮김, 책세상 2002.

모어, 토머스 『유토피아』, 주경철 옮김, 을유문화사 2007.

서화숙 『행복한 실천: 대안사회를 일구는 사람들 이야기』, 우리교육 2005.

소로우, 헨리 데이비드 『시민의 불복종』, 강승영 옮김, 이레 1999.

이정전 『우리는 행복한가』, 한길사 2008.

이희찬 「물만골 공동체: 도시 생태마을을 향한 꿈」, 『도시와빈곤』 2001년 51호.

장원봉 『사회적 경제의 이론과 실제』, 나눔의집 2006.

장일순 『나락 한 알 속의 우주』, 녹색평론사 1997.

_____ 『무위당 장일순의 노자 이야기』, 이아무개(이현주) 대담·정리, 다산글방 1998.

조승헌 『행복을 디자인하라』, 한스미디어 2008.

조한혜정 『다시 마을이다』, 또하나의문화 2007.

천규석 「진정한 복지는 자급 자치의 삶이다: 민주노동당의 녹색정치와 복지 구상에 대해」, 『녹색평론』 2007년 9~10월호.

칸트, 임마누엘 『영구평화론』, 이한구 옮김, 서광사 2008.

폴라니, 칼 『거대한 변환』, 박현수 옮김, 민음사 1991.

황주석 『마을이 보인다. 사람이 보인다』, 모심과살림연구소 2005.

희망제작소 프로젝트
우리시대 희망찾기 **08**

마을에서 세상을 바꾸는 사람들
생태적 대안운동을 찾아서

초판 1쇄 발행 • 2009년 11월 13일
초판 4쇄 발행 • 2014년 9월 30일

지은이 • 구도완
펴낸이 • 강일우
책임편집 • 김도민 박기효
펴낸곳 • (주)창비
등록 • 1986년 8월 5일 제85호
주소 • 413-120 경기도 파주시 회동길 184
전화 • 031-955-3333
팩시밀리 • 영업 031-955-3399 편집 031-955-3400
홈페이지 • www.changbi.com
전자우편 • human@changbi.com

ⓒ 희망제작소 2009

ISBN 978-89-364-8562-7 03300
ISBN 978-89-364-7984-8 (세트)

* 현장의 목소리를 전하는 '우리시대 희망찾기' 씨리즈는 희망제작소가
　SAMSUNG 에서 연구비를 지원받아 집필하였습니다.
* 이 책 내용의 전부 또는 일부를 재사용하려면
　반드시 저작권자와 창비 양측의 동의를 받아야 합니다.
* 책값은 뒤표지에 표시되어 있습니다.